Johannes Gross
Nachrichten aus der Berliner Republik

Johannes Gross

Nachrichten aus der Berliner Republik

Notizen aus dem
inneren und äußeren Leben

1995 – 1999

Siedler

Inhalt

Editorische Anmerkung

Die *Nachrichten aus der Berliner Republik* sind zuerst als Notizen für das Magazin der Frankfurter Allgemeinen Zeitung geschrieben worden; die Datumsangaben beziehen sich auf den Zeitpunkt der Veröffentlichung, geschrieben sind die Notizen jeweils zwei oder drei Wochen zuvor. Der Text ist nicht nachträglich verändert, so daß die Leser auch an den Irrtümern des Autors teilhaben können.

Vorwort

Seit Jahren schon leben die Deutschen in der Berliner Republik –
auf höchst unterschiedliche Weise. Für alle Deutschen ist durch die
Wiedervereinigung eine gänzliche Veränderung des politischen
Status ihres Landes eingetreten, die Einkehr in eine Normalität, die
ihnen die Geschichte noch nie gegönnt hatte; mit ihrem persönlichen Status verhält es sich ganz anders. Für die Ostdeutschen hat
sich das politische und soziale Leben wie ihre ökonomische und
private Existenz von Grund auf verändert, für die Westdeutschen
beinahe gar nichts. Sie nehmen das politische System als das der
westdeutschen Bundesrepublik wahr, sie haben nichts an Freiheiten oder an Lebensstandard hinzugewonnen, sie registrieren den
gewandelten Status des Landes, doch mögen für sich selbst keine
Wandlung wahrnehmen. Was die Ostdeutschen aus Selbstachtung
an DDR-Eigentümlichem noch hochhalten oder vor sich her tragen, findet bei Westdeutschen ein Interesse wie die kitschigen
Devotionalien einer Religion, die einen nichts angeht, doch Höflichkeit und staatsbürgerliches Wohlverhalten schreiben ihnen vor,
nicht öffentlich zu spotten.

Die Berliner Republik unterscheidet sich von der Bonner vornehmlich, wie die Vokabel es ausdrückt, durch die Hauptstadt Berlin. Die bis zum Ende Adenauers stetig wachsende, dann mit jeder
Einigungsbewegung Europas wiederum reduzierte Souveränität
Deutschlands stellt sich in der neuen Hauptstadt, historisch legitimiert und die lang vermißte Identität stiftend, als eine Einladung
an die Deutschen dar, wieder ein politisches Selbstbewußtsein zu
begründen, das in den beiden Teilstaaten nicht einmal rhetorisch
auszudrücken war.

Das entstehende Selbstbewußtsein, kaum unterschieden von dem
der Briten, Franzosen oder Italiener, bewirkt die Herstellung von

9

Unbefangenheit im Umgang mit sich selber und den Nachbarn, trocknet die bundesdeutsche Weinerlichkeit aus, die nun alle Nützlichkeit verloren hat, verdünnt auch die Faszination, die alles Deutsche nach Hitler auf alle Welt ausübte.

Ein Mensch in dieser Republik erhöht nicht etwa, was pädagogisch noch gefordert wird, seine persönliche Teilnahme an den öffentlichen Angelegenheiten, sondern – dies eine private Einkehr in die Normalität – reduziert sie. Die privaten Verhältnisse sind wichtiger als die politischen, solange diese nur einigermaßen geordnet sind; das Engagement an öffentlichen Vorgängen nimmt eher wieder den Geruch von Philistertum an, den schon Goethe wahrnahm und den wir als das Aroma jeder Gesprächsrunde im Fernsehen riechen.

Auch in diesen Notizen, die vom Februar 1995 bis zum August 1999 reichen, ist viel mehr die Rede von Begebnissen und Begegnungen, die einer Seele vorkommen, die, nichts zu suchen, in ihrer Wirklichkeit umherläuft. Die großen Themen der Zeit, die in den Medien abgelagert werden, treten schon zurück, als wären sie Erinnerung. Der Aufenthalt im eigenen Leben erlaubt die gelassene Laune, die von Panik so weit entfernt ist wie von Euphorie und sich so wenig von Hoffnung stimulieren läßt wie von Furcht.

Köln, August 1999   *Johannes Gross*

1995

Es gibt in Deutschland, aber in anderen Industriestaaten genannten   1
Ländern auch, ausgedehnte Regionen, in denen in Jahrhunderten
kein Wirtschaftsunternehmen auch nur bescheidener Größe begründet worden ist; werden heutzutage Betriebe als Folge der so-
genannten Strukturpolitik (dem Stück Planwirtschaft, das sich die
Marktwirtschaft guten Gewissens vorschreibt) in diese Gegenden
verpflanzt, so bleiben sie Brückenköpfe, die leicht wieder verschwinden, wenn der personelle oder finanzielle Sukkurs von
draußen nachläßt. Dann kehrt die Stille wieder ein, die Einheimischen sind in ihrer Landschaft wieder unter sich.

Der Geschmack der Speisen und Getränke, so hat man schon früh   2
vernommen, werde durch die Geschmacksknospen im Mund bestimmt. Dem widerspricht mit Nachdruck der Neurophysiologe
Patrick MacLeod, nach dessen Forschungen neunzig Prozent des
Geschmacks in Wahrheit retronasale Wahrnehmung sei. Im Oktober hat ein Feldversuch in Paris diese Auffassung, daß der Ge-
ruchssinn der des Geschmacks sei, vollauf bestätigt. Durch kompli-
zierte Vorkehrungen von der Nutzung ihrer Nasen abgeschnitten,
konnten die Versuchspersonen so gut wie keine Geschmacksunter-
scheidung mehr treffen, weder das Süße noch das Salzige, weder das
Bittere noch das Saure wahrnehmen. Die Geschmackspapillen des
Mundes sind nur eine von vielen Stationen bei der Integration einer
sinnlichen Botschaft. Wer je verschnupft war, weiß, wie sein Ge-
schmacksvermögen nachläßt; nun soll er wissen können, daß er
ganz ohne Nase so gut wie ohne Geschmack sei. Die französische

Forschungsgruppe, angemessen im Hotel Crillon tagend, störte noch eine andere Lehrmeinung: daß es den wahren Geschmack einer Speise gebe. Die individuelle Apperzeption stellt sich als so unterschiedlich heraus, daß der eine vier Stücklein Zucker im Kaffee benötigt, um ihn als so süß wahrzunehmen, wie ein anderer eines. Die feinen Restaurants, die keine Gewürze auf die Tafel stellen, demonstrieren das Selbstbewußtsein ihrer Köche, aber kein Verständnis für ihre Gäste.

3   Wie wirklich sind die Konversionen der Konvertiten? Ein Konvertit wendet sich von seinem alten Glauben ab und nimmt eifrig oder eifernd einen neuen an, den er als den richtigen gefunden, erfunden hat und dem schon andere anhängen; freilich unvollkommen, wie der Konvertit meist findet, der zu verbessern, zu verändern, zu verinnerlichen suchen muß; am Ende hat der große Konvertit den neuen Glauben zu sich selber konvertiert.

4   Der Schriftsteller Erwin Wickert begrüßt seine Gäste zum achtzigsten Geburtstag in gelassener Heiterkeit und »in the prime of senility«, gedenkt der Freundschaft der vielen Freunde, die sich seit dem siebzigsten Geburtstag schon verabschiedet haben, und erinnert an die alte Übung der italienischen Armee, die beim zeremoniellen Appell auch die Namen der gefallenen Kameraden aufrufen ließ, worauf die ganze Kompanie antwortete: presente! In seinem Alter ist das unter Freunden die natürliche Form des Appells, die Unterscheidung zwischen den Anwesenden in der Erinnerung und in der Gegenwart wird schemenhaft gegenüber den Lebenden und Toten, die das Gedächtnis nicht behalten will.

5   Jede Hausfrau weiß, daß ein Schmorbraten nicht größer wird, wenn sie ihn in mehr Scheiben aufschneidet; praktisch ist es zuweilen dennoch. In der Finanzwelt ist die kleinere Stückelung zuweilen nicht nur praktisch, sondern vergrößert auch das ganze Stück. Viele

Aktiengesellschaften haben in letzter Zeit den Nominalwert ihrer Papiere herabgesetzt, aus einer Hundert-Dollar-Aktie zwei Fünfziger gemacht – und siehe da, der Kurs hat angezogen. Vielleicht glaubt die leichtgläubige Börse, die Halbierung des Nominalwerts zeige die Überzeugung der Firma an, daß ihr Anteilschein unterbewertet sei, und honoriert sogleich die Selbsteinschätzung, vielleicht liegt's einfach daran, daß der Handel mit einem Papier kräftig wächst, dessen vordem sehr hoch erscheinender Kurs mit einem Schlag in die Griffweite vieler Anleger gerät. Finanzmathematik: dividieren = multiplizieren.

Fürs tägliche Leben (und es ist das wichtigste, das wir kennen) teilt 6
sich die Menschheit nicht in reich und arm, gescheit und dumm, schön und häßlich, glücklich und unglücklich, deutsch und undeutsch, sondern in umgänglich und unangenehm. Keine Tugend wiegt Langeweile auf, keine Macht schlechte Laune, keine edle Gesinnung das Selbstmitleid. Es gibt leider Menschen, die man hochschätzen und dennoch fliehen muß, und Lumpen, deren Gesellschaft erfreulich ist.

24. FEBRUAR 1995

Konkurrenz belebt das Geschäft. Aber auf unterschiedliche Weise. 7
Die Vielzahl von Programmen hat das Fernsehen insgesamt banalisiert. Gibt es zwei Nachrichtenmagazine anstelle von einem mit pontifikalem Anspruch, nimmt das Prestige der Gattung Schaden. Wo viele Religionen das Heil gleichermaßen anbieten, läßt die Gläubigkeit nach.

Einer der eindrucksvollsten Unternehmer unserer Tage teilt mir 8
eine Erfahrungsregel mit, die nur wenige Ausnahmen kenne. Die Unternehmenschefs, die mit fünfundsechzig in den Ruhestand gehen, hätten in ihren letzten fünf Jahren so gut wie nichts oder

15

Falsches bewirkt, man hätte die Leute mit sechzig verabschieden sollen.

9   Eine Ausnahme macht gewiß Gianni Agnelli, der jetzt noch mit 74 Jahren Fiat aus der Krise geholt hat. Freilich hat Agnelli sein Unternehmen nie wirklich geführt, sondern immer nur in Krisen interveniert und sich im übrigen auf persönliche Public Relations beschränkt, dies mit Meisterschaft. Einmal konnt' ich's selber wahrnehmen. Er war wie ich aus der Langeweile eines Kongresses in der Biblioteca Cini geflüchtet, ich lief ihm vor San Giorgio über den Weg, und er begrüßte mich, den er lange vorher und nur ganz beiläufig getroffen hatte, mit Nennung des Namens. Das Vergnügen daran hat keinen Schaden genommen, als ich bemerkte, daß er ihm von einem Assistenten, den er als Nomenklator beschäftigt, zugeflüstert worden war. – Einen solchen könnten viele gebrauchen, ich auch.

10   Als Stefan Heym, auf Gregor Gysi gestützt, den Saal betritt, fühlt Freund Peter sich an Chateaubriands Bemerkung über die Audienz erinnert, die Talleyrand und Fouché bei Ludwig XVIII. hatten: das Verbrechen, gestützt vom Laster. Der Vergleich war zu hoch gegriffen, in jeder Hinsicht – in der Berliner Medienwelt wußte kaum einer, wer Talleyrand, niemand, wer Fouché und schon gar keiner, wer Chateaubriand gewesen war.

11   Zum Jahreswechsel die beliebten Umfragen. Auf die Frage, welche der gesellschaftlichen Veränderungen als nachhaltig folgenreich anzusehen sei, gibt es tausend Antworten, für mich vor allem zwei. Erstens die Tatsache, daß vor achtzig Jahren achtzig Prozent der Weltbevölkerung auf dem Lande lebten, doch heute in großen Städten. Und zweitens das Verschwinden des Alters als einer Menschenform, der Achtung und Ehrfurcht gilt. Wenn auf hundert Zwanzigjährige ein Siebzigjähriger entfällt, wird ihm als außergewöhnlicher Erscheinung Respekt gezollt, zumal die bloße Dauer als

Leistung wahrzunehmen ist. Wenn die Zahl der Jungen nicht mehr
größer ist als die der Greise, deren Existenz sich überwiegend dem
medizinischen Fortschritt verdankt, erscheint das Alter vornehmlich als Gegenstand der Fürsorge, der Pflege, oft genug als gesellschaftliche Störung – zumal der Fortschritt auch dafür sorgt, daß
die Vielzahl der Alten über nichts an Kenntnis und Erfahrung ver-
fügt, das an die Jungen weiterzugeben wäre. Die Figur des edlen,
geachteten Greises wird zur Ausnahme, die eine individuelle Le-
bensleistung voraussetzt. Eine Gesellschaft, der die Ehrfurcht vor
dem Alter völlig abhanden kommt, hat es bisher nicht gegeben; die
heutige weiß nicht einmal, was sie verloren hat.

In jeder zivilisierten Gesellschaft gilt die Unschuldsvermutung.   12
Ihre seelische Basis ist die Überzeugung, daß die Untat die Ausnahme, das redliche Verhalten das Normale sei. Doch wenn man
sich dem kriminellen Morast des Naziregimes oder der DDR zuwendet, kann die Unschuldsvermutung für Funktionäre und Helfer der Regime ganz leicht zum Freispruch werden. Die Entnazifi-
zierung in der amerikanischen Besatzungszone hatte die Beweislast
umgedreht: Das war als Prinzip richtig, doch war die Praxis unzulänglich und dumm.

Allerorten sind jüngere Herren zu sehen, die zwischen ungeniert   13
und ostentativ ein tragbares Telefon benutzen und sich damit als
Mitwirkende am Wirtschaftsgeschehen darzustellen wissen. Was
sie nicht wissen: daß sie zugleich mitteilen, nicht über ein eigenes
Sekretariat zu verfügen und eine Stellung innezuhaben, zu deren
Prestige eben auch die Nicht-Erreichbarkeit, die Nicht-Verfügbar-
keit gehört. Wer überall angepiepst werden darf, wer sich von überall melden muß, gehört zum Personal.

Zu dem Streit über die Brandt-Aufzeichnungen habe ich nichts   14
beizutragen – außer der gewissen Überzeugung, daß Brigitte See-
bacher-Brandt Glauben verdient, ihre Gegner aber nicht.

15 »Sein Lächeln verriet die melancholische Milde der Leute, die viel gelebt haben und nichts Besonderes mehr erwarten.« (Simenon, Les 13 coupables)

16 Andauernde Naivität in Sachen richterlicher Unabhängigkeit. Wie bei jeder garantierten Unabhängigkeit ist sie um so verläßlicher, je weniger sie in Anspruch genommen wird. Im übrigen: Die Justiz ist Teil der öffentlichen Meinung.

17 Paul Newman, von der Interviewer-Frage belästigt, wie er empfinde, daß er der Hälfte der weiblichen Weltbevölkerung begehrenswert erscheine: Wo waren die eigentlich, als ich sie dringend gebraucht hätte!

18 Zum Jubiläum des großen Denkers Hans-Georg Gadamer sind zahlreiche Würdigungen erschienen. Aus den vielen hundert Zeilen der Schüler und Bewunderer konnte kein Leser faßlich entnehmen, was die philosophische Leistung des Hochbetagten ausmacht, und keine weckte ein Interesse, das Werk zur Hand zu nehmen. Ich bleibe gern bei dem Minimalisten Odo Marquard, der seine Unsterblichkeit Reclambändchen anvertraut, oder Hans Albert oder Friedrich Wilhelm Korff, dessen jüngstes Büchlein »Der Philosoph und die Frau. Zur Geschichte einer Mesalliance« die allererfreulichste Lektüre ist. Bei dem hochverdienten Karl Popper kann ich leider keinen Text ein zweites Mal anschauen – er wird so platt wie eine Gebrauchsanweisung, die man verstanden hat.

19 »... daß ein allmähliches Sinken, ein zunehmendes Erschlaffen der schaffenden Kraft weder abzuleugnen noch zu verhehlen sei, sondern sich in allen Zweigen offenbare und folglich der Verfall die-

ser Künste im ganzen westlichen Europa als unvermeidlich heran-
nahend müsse betrachtet werden, davon sind wir zwar schmerzlich
gerührt, aber auch im Innersten überzeugt und glauben solches,
obwohl nur in flüchtigem Abriß, doch wahrscheinlich genug gemacht, ja selbst bis zur Gewißheit dargetan zu haben.« So die letzten Worte des Hofrats Heinrich Meyer, Goethes Kunschtmeyer, in
seiner Geschichte der Kunst; er schrieb sie, als Füssli, David und
Friedrich malten, Turner zu seiner Größe aufbrach, als Schinkel
baute.

Was Moralprediger nicht freuen wird: Es gibt keine Dekadenz bei   20
wachsendem Sozialprodukt. Doch wenn die besitzenden Klassen
(dazu gehören heut' in den Industriegesellschaften zwei Drittel der
Bevölkerung) ahnen, daß ihnen die Zukunft nichts mehr verheißt,
dann beginnt der Niedergang.

Nur bei deutschen Journalisten kommen Männerfreundschaften   21
unter Staatslenkern vor, nicht in Wirklichkeit; allenfalls, und erst
neuerdings, Kumpelhaftigkeiten, die nichts bedeuten. Auffällig das
Verschwinden eines selbstverständlichen politischen Einverständ-
nisses unter Staatspersonen, wie es zwischen Adenauer und Robert
Schuman oder John Foster Dulles bestanden hat. Die Männer-
freundschaft zwischen Ronald Reagan und Margaret Thatcher hat
nur in der tiefen Überzeugung bestanden, daß man gegen alle andern im Recht sei, sie ist ganz folgenlos geblieben.

Zuweilen erfreut unser Fernsehen durch Meisterwerke aus der   22
Schublade, die bei der Erstaufführung als solche nicht aufgefallen
waren. Wenn zu später Stunde ein Stück vom »Alten« oder ein altes
Stück vom »Tatort« gezeigt wird, rührt sich Bewunderung für die
handwerkliche Kunst im Vergleich zu den neuen drehbuchfreien
Schludrigkeiten vornehmlich amerikanischer Produktion.

23 Von der Liebsten mit dem Auftrag versehen, ein Gemüs' zu kaufen, soll ich zwischen Broccoli und Blumenkohl wählen. Doch die Liebste mag keinen Blumenkohl und ich nicht Broccoli. Da wird mir Romanesco empfohlen, eine Kreuzung zwischen beidem. Er war auch eßbar, aber Mangold wäre besser gewesen.

24 Nach einer Wahlniederlage räumen Politiker selbstkritisch heuchelnd ein, daß sie es leider nicht verstanden hätten, ihre frohe Botschaft an den Wähler zu bringen. Natürlich ist das Gegenteil richtig: Es war ihnen gelungen.

25 Der Wohlfahrtsstaat ist der Staat des öffentlichen Mißmuts. Den einen wird zuviel genommen, den andern zuwenig gegeben. Und keiner ist seines Glückes Schmied; der eine kann es nicht, der andere darf es nicht sein.

24. MÄRZ 1995

26 Die Umwandlung von Dreck zu Gold ist kein chemischer Vorgang, sondern ein ökonomischer. Das haben die Alchimisten nicht gewußt.

27 Ein neuer Bischof wird inthronisiert. In seiner ersten Predigt warnt er seine Schäfchen vor Eigensucht und Eigennutz. Das ist immer richtig; richtig ist auch, daß die deutschen Katholiken die spendenfreudigsten der Erde sind, ihre Kirche zur reichsten der Welt gemacht haben und einem Volk angehören, das so hoch besteuert wird wie kaum ein anderes.

28 Fernsehsprecher betonen jetzt Charisma auf der zweiten, Konsens auf der ersten Silbe. Es gilt im Medium die Regel: Du kannst sprechen, wie du willst, es muß bloß falsch sein.

Bei manchen Leuten ist die Eitelkeit so stark, daß sie sogar den 29
Selbsterhaltungstrieb besiegt. Wie wäre es sonst zu erklären, daß
Menschen Einladungen zu Fernsehsendungen annehmen, in denen
sie zum Vergnügen der Zuschauer rituell geschlachtet werden?

Ja-Sager sind verachtet und geschätzt, Nein-Sager sind gefürchtet 30
und verhaßt. Was vor allem sie unterscheidet: Die einen stehen
unten, die anderen sitzen oben.

»Wenn Du so bumst, wie Du parkst, kriegst Du ihn nie rein.« Der 31
Spruch ist dem Auto vor mir aufgeklebt, ein Beispiel für Tausende;
in Deutschland hat die Zote längst öffentliche Geltung erlangt. Das
hat eine Gesellschaft davon, die das Gesindel nicht zu zähmen wagt.

Ein alter Freund trägt Grüße an »deine Gattin« auf; die Wendung 32
kommt mir liebenswürdig-altmodisch vor. Redet ein Fremder von
»Ihrer Gattin«, deklassiert er sich.

Die Finanzdelikte sind nicht selten, bei denen Eigennutz keine 33
Rolle spielt. Der Nato-Generalsekretär Claes war in einen Korrup-
tionsfall verwickelt, dessen Erträge der sozialistischen Partei zu-
gedacht waren; Graf Lambsdorff hatte Steuern verkürzt, um der
finanzschwachen FDP aufzuhelfen; Erzbischof Marcinkus hatte
gelogen und betrogen, um der Kirche zu dienen. Edle Regungen
sind es, wie Treue zu Freunden oder Loyalität zu einer Sache, die
den braven Mann die Achtung vor dem Gesetz guten Gewissens
mißachten lassen.

Die Menarche, die erste Menstruation der Frauen, fällt bei den 34
Eskimos ins 23. Lebensjahr. In unseren Breiten fand sie nach den
sorgfältigen Statistiken in England um 1830 im achtzehnten Le-

bensjahr statt, 1890 im sechzehnten und liegt heute durchschnitt-
lich im dreizehnten. Dergleichen Zahlen zu kennen ist nützlich,
wenn vom Ideal der Jungfräulichkeit und der Klage über sexuelle
Verwilderung der Jugend die Rede geht.

35 Man braucht nur einen Buckel, um nicht Narziß zu werden.

36 Vor vielen Jahren hatte Wolf Jobst Siedler eine festliche Abendge-
sellschaft in den Club des Springer-Hochhauses in Berlin geladen.
Ehrengäste waren Ernst Jünger und Albert Speer als Erfolgsautor
des PropyläenVerlages. Der Reichsminister, der sich diese meine
Anrede vergeblich verbat, ließ das herzlichste Bedürfnis erkennen,
mit dem großen Schriftsteller ins Gespräch zu kommen. Allein, es
gelang nicht. Mit bewundernswerter Behendigkeit, die niemand
verletzen oder stören konnte, ja von den meisten nicht bemerkt
wurde, war Jünger immer dann mit einem anderen beschäftigt,
wenn Speer sich wieder zu einer Frage oder einem Beitrag an Jünger zu wenden anschickte. Der lange Abend ging ohne die Begegnung der beiden Ehrengäste zu Ende, statt dessen mit der Klage
Jüngers, daß die Jungen der Anstrengung des Trunkes nicht mehr
gewachsen seien.

37 Es genügt, die zwei Stücke über die Kaufläden in einem der unver-
gänglichen Bücher des Jahrhunderts, dem Abenteuerlichen Herzen,
zu lesen, um sich des Autors gewiß zu sein. In der Öffentlichkeit
bleibt er dennoch, gottlob, umstritten; unumstritten ist nur Max
Schmeling oder jemand, bei dem es sich nicht lohnt.

7. April 1995

38 Der eine läßt durchblicken, daß er ein Feinschmecker sei; der
andere, er sei kein Kostverächter. Beide sind keine angenehmen
Tischgenossen.

Die Sinnfrage bleibt gerade dann ohne Antwort, wenn sie sich 39
dringlich stellt. Einem Tod wird ein Sinn gegeben wie einem
Opfer – und nur selten, weil er ihm innewohnt; es wird das Bedürfnis befriedigt, Sinn anzuheften. Ein Satz hat einen Sinn oder
keinen, wie eine Überlegung. Der Sinn von Ereignissen bleibt dunkel, weil sie keine Auskunft geben. Voltaire protestierte gegen das
Erdbeben von Lissabon im Namen der Vernunft: Es hatte keinen
Sinn, und das empört die Vernunft.

Ein deutscher Schriftsteller steigt tief und tiefer ins eigene Innere 40
hinab, findet nichts Rechtes und macht tausend Seiten daraus. Der
deutsche Mangel an Neugier auf Welt und Umwelt fällt bei jeder
Lektüre der gleichen Generation in England oder Amerika auf, so
parochial die Hauptthemen auch sein mögen. Die Weltläufigkeit
gar Umberto Ecos, den als Romancier hochzuschätzen keine spon-
tane Regung ist, speist sich auch daraus, daß nichts seinem Interesse entgeht. Von der »odd knowledge« seiner Belesenheit, die kein
philosophisch-theologisches Theorem ernst nimmt, aber alle als
Stoffe des höchsten Small talk unter Bereicherung der eigenen Subjektivität verwertet; über die narrative Technik des Hardcore-Por-
nos oder der Popmusik, darin sich die Jugend der Welt bildet; über
die unterschiedliche Technik des Feilschens auf südlichen Märkten
und die Semiotik der Gesten, in die sich das Kommunikationsbe-
dürfnis der von der Kommunikationsindustrie gemach um die eigene gebrachten Menschen flüchtet: Nichts ist beiläufig, nichts
unerheblich, die Oberfläche diejenige, auf der die Menschen wohnen, und der Augenblick ist Ewigkeit.

Churchill ist vielleicht der einzige Staatsmann der Geschichte, der 41
seine große Rolle nur in einem großen Krieg spielen konnte. Zu
Friedenszeiten ist ihm nichts eingefallen.

42 Wer das Freund-Feind-Verhältnis praktiziert, tut gut daran, es zu verurteilen.

43 Das Patienten-Piesacken muß als therapeutische Anstrengung gewürdigt werden. Das strenge Nüchternheitsgebot, auch wenn nicht streng erforderlich, die diätetischen, aber immer auf Verbot und Askese abstellenden Moden – allenfalls ein Gläschen leichten Mosels! Nehmen Sie Margarine statt Butter, essen Sie so salzlos wie möglich! – werden meist nach einer Weile vom wissenschaftlichen Fortschritt dementiert; doch findet sich Neues. Wer nach dem Schmerzmittel verlangt, muß dem prüfenden Blick standhalten, ob er nicht suchtanfällig sei, auch der längere Aufenthalt im Wartezimmer, das als wichtige Institution darum besteht und benannt ist, weil zur Ordination gehörig wie das Fegefeuer zur Beknirschung vor dem Urteilsspruch – alles ist im Heilsplan eingeordnet. Es gibt Patienten, die gute und gütige Ärzte zu finden verstehen. Sie bezahlen für ihr Behagen mit dem schlechten Gewissen, das sich zunächst immer einstellt, wenn man ein Privileg genießt, bis man sich daran gewöhnt hat.

44 Was für Berlin spricht: Berlin ist die einzige deutsche Stadt, die Hauptstadt sein muß – sonst ist sie gar nichts. Will sagen – sie hat zwar vielerlei, doch überhaupt kein Selbstbewußtsein als Metropole unter Metropolen.

45 Wer die Macht wirklich liebt, redet nicht zynisch von ihr.

46 In Deutschland ist es in der ersten Hälfte des Jahrhunderts beliebt gewesen, die Japaner als die Preußen Asiens zu preisen. Es wäre nicht phantasielos, sich vorzustellen, daß Asiaten, in die umgekehrte Richtung blickend, den Obrigkeitsstaat und die Rolle der Militärkaste in Deutschland wahrnehmend, die plötzliche, verspä-

tete, Imitation nicht scheuende erfolgreiche Industrialisierung und den machtvollen Eintritt in den Welthandel ins Auge faßten, die gleichzeitige Pflege eines intellektuellen Sonderwegs, gekoppelt mit dem Bewußtsein einer überlegenen Weltmission, und uns als die Japaner des Westens gesehen hätten.

Münchner Freunde halten sich darüber auf, daß Bernhard Minetti   47
sich einst innig mit den Nazis eingelassen habe und heute verehrt sei wie kein zweiter. Der Vorwurf gegen den großen alten Schauspieler trifft aber nicht – er ist doch Charakter-Darsteller.

21. April 1995

»Sehr geehrter Herr Professor, schönen Dank für Ihren Brief und   48
die schmeichelhafte Unterstellung, daß ich einer Elite angehöre. Ich bin im Augenblick durch ein Buchprojekt so belastet, daß ich mich nicht freuen würde, eine ausführlichere Auskunft geben zu müssen. Wenn Sie eine andere Begründung für meine Absage lieber hören: Es ist vielleicht ein Kennzeichen von Elite, daß ihre Angehörigen für solche Befragungen nicht zur Verfügung stehen.«

Neulich kritisierte ein Gelehrter der Politik das Küchenkabinett   49
Erhards (der »Sonderkreis«), weil es dem Bundeskanzler nicht wirklich habe helfen können – wegen mangelhafter Verbindung zu Fraktion und Partei pp.. Aber gerade wegen dieser Mängel hatte Erhard sich mit ein paar Ratgebern eingerichtet, deren Loyalität er sich sicher sein konnte. Wo die formellen Strukturen versagen, bilden sich regelmäßig informelle heraus. Erhard präsidierte einem Kabinett, dessen Auffassungen geteilt waren, hatte hinter sich einen Vorgänger und Parteivorsitzenden Adenauer, der gegen ihn intrigierte, und eine Unionsfraktion im Bundestag, die ihn nur für den Wahlkampf brauchte und in der die Anhänger einer Großen Koalition längst auf dem Vormarsch waren. Als das Straußsche Waf-

fengeschäft mit Israel aufgeflogen war, hat es gar keine verläßliche Meinungsbildung mehr gegeben. Der Außenminister trat energisch dafür ein, die beschädigten Beziehungen zu den Arabern auf Kosten der Zusammenarbeit mit Israel zu reparieren, von allen Seiten erreichten den Kanzler so undeutliche wie widerspruchsvolle Signale. Sein kleines Küchenkabinett hat ihm geholfen, die richtige Entscheidung zu treffen, diplomatische Beziehungen zu Israel aufzunehmen und auf Zeit und Wirtschaft zu vertrauen, daß sich die zu den Arabern wiederherstellen würden. – Küchenkabinette, dem Verfassungspuristen verdächtig, wird es immer geben, solange es Kabinette auf der einen und Küchen auf der anderen Seite gibt.

50 In Krickenbeck erfährt der Gast, daß die Neuerwerber des großen Schloßgeländes beim löblichen Versuch, ein großes Waldstück ökologisch sauber zu verwalten, bei der Landschaftsbehörde auf eine unerwartete Schwierigkeit stießen. Nach dem Krieg waren zur Wiederaufforstung auch ausländische Gewächse verwendet worden, darunter die praktischen und schönen amerikanischen Redwood-Bäume. Diese Überfremdung des deutschen Waldes, so der grüne Bescheid, müsse schleunigst wieder ausgemerzt werden. Die deutsche Gesellschaft soll multikulturell sein, der deutsche Wald nicht.

51 Endlose und törichte Auseinandersetzungen um die deutschen Feier- und Trauerakte zum 8. Mai. Warum lassen wir uns auf dergleichen ein? Spätestens seit Bitburg müßten wir wissen, daß solche Inszenierungen mißlingen, heikel in der Vorbereitung und peinlich in der Wirkung. Daß die Siegermächte ihren Sieg, die Befreiten ihre Befreiung feiern, ist das Selbstverständlichste von der Welt. Wir sind besiegt und befreit worden und fühlen uns gedrängt, Karfreitag und Ostern zugleich zu begehen. Eine bescheidene Friedensfeier im Reichstag mit den üblichen Reden der Notabeln, die sorgsam berichtet und von niemandem beachtet werden, hätte vollauf genügt.

»Einem großen Autor, der sein eigenes Jahrhundert vollendet hat,
Glück- und Segenswünsche zuzurufen, kommt mir läppisch vor.
Salut sollte man schießen, einundzwanzig Schuß wie für einen Sou-
verän, einen Triumphbogen bauen oder eine Säule aufrichten ...
Weil ich das nicht kann, ziehe ich den Hut und trete beiseite.« Bei
den nächsten Geburtstagen wird es noch penibler. Im Uralter will
jeder Geburtstag wahrgenommen und gefeiert sein; das wird Ernst
Jünger nicht freuen. Anders bei der Vollendung des hundertfünf-
ten Lebensjahres. Dann mag ein rauschendes Fest dem einzigen
Schriftsteller der Welt gelten, der in drei Jahrhunderten gelebt hat.

Reizüberflutung. Mitnichten. Dreißig Fernsehprogramme wettei- 53
fern in Wiederholung und Gleichartigkeit, reizen kaum mehr als
die wenigen früher. Das gleiche bei der Multiplikation der Zeitschriften, den Erklärungen der Meinungsinhaber, der reichhaltiger
und stumpfsinniger werdenden Werbung für immer gleiche Produkte. Wir werden gewiß überflutet, aber nicht von Reizen.

»Der Friede, welcher höher ist als alle Vernunft.« Mit einem ver- 54
nünftigen Frieden wäre man schon zufrieden.

5. Mai 1995

Ah, Sie sind unermüdlich tätig! Nein, sehr ermüdlich, leider. 55

In Amerika ist ein wundersames Spektakel zu beobachten, vielleicht 56
zum erstenmal in der Geschichte – die Verwandlung der legalen
Opposition in eine legale Gegenregierung. Was Newt Gingrich in
den ersten hundert Tagen der republikanischen Mehrheit im
Kongreß und seines »Vertrages mit Amerika« geschafft hat und nur
im System der amerikanischen Gewaltenteilung schaffen konnte,
ist die Umwandlung einer Legislative, die, oppositionell geführt,

einen Präsidenten immer bis zur Hilflosigkeit behindern kann, in eine gesetzgebende Versammlung, die ein eigenes Regierungsprogramm entwirft, in allem das Gegenteil von dem des Präsidenten, und ihn zwingt, sich daran zu orientieren.

57 Ein vom Autor aufs Papier gesetzter Text ist ein Lebewesen eigenen Rechts. Eine authentische Interpretation gibt es nur in den trivialsten Bezügen. Wer sich als Autor selbst kommentiert, verkürzt, beschneidet, verengt das von ihm Geschaffene, seine Wirkung, seinen Inhalt und seine Bedeutung. Kein Autor ist noch Herr des eigenen Textes, nachdem er ihn entlassen hat.

58 Notwendige Erinnerung. Als die Bundesrepublik 1949 errichtet wurde und Adenauer zum Kanzler gewählt war, traf der Wirtschaftsminister Erhard auf eine Denkweise, von der seinigen grundverschieden. Adenauer hatte sein Leben im öffentlichen Dienst verbracht, war mit städtischen Regiebetrieben gut gefahren; der Patriarch konnte nicht mehr verlernen, was in seinem ganzen Leben richtig gewesen war – daß es auf die Grundstoffindustrien von Kohle und Stahl ankomme, daß auch Wahlen im Ruhrgebiet entschieden würden und daß die politische Führung sich vornehmlich mit den organisierten Interessen gutzustellen habe. Diesen Grundüberzeugungen verdanken wir bis heute die unsinnigen Subventionen, die Rücksicht auf den in Wahrheit unwichtigen Sozial-Flügel der CDU und die Wiederaufrichtung eines allzu mächtigen Verbands- und Zünftewesens. – Hans-Christoph Seebohm, ein deutschnationaler Eichbaumschüttler und guter Verkehrsminister, hatte versucht, die Bahn als Hauptverkehrsträger für Güterferntransport zu erhalten, aber den Kampf gegen die von Adenauer begünstigten Verbandsinteressen verloren. Am Ende mußte er die gute Sache aufgeben und war so verbittert, daß er sich letztwillig ein Staatsbegräbnis verbat, auf das damals noch verdiente Bundesminister einen Anspruch machen konnten.

»Sehr geehrter Herr Ministerpräsident Rau, am vergangenen Sonntag ist innerhalb der Europäischen Union die Sommerzeit eingeführt worden. Über Sinn und Unsinn der Zeitmanipulation verliere
ich kein Wort, stelle mir jedoch die Frage, welche politische Autorität das Recht hat, dergleichen zu verfügen. Mir ist das Prinzip des
Grundgesetzes erinnerlich, daß die politischen Zuständigkeiten, die
nicht ausdrücklich dem Bund übertragen worden sind, den Ländern zustehen. Mithin obliegt die verbindliche Festsetzung der Zeit
den Bundesländern. Ich weiß auch von keinem Staatsvertrag, durch
welchen die Länder sich zu einer bundeseinheitlichen Regelung
akkordiert hätten, weiß auch nicht von einer Übertragung dieser
Länderrechte auf Institutionen der EU. Ich wäre Ihnen dankbar,
wenn Sie sich energisch für das Recht Nordrhein-Westfalens ein-
setzen würden, seine eigene Zeit festzusetzen.« Die Antwort der
Landesregierung kommt sofort: »Wir sind zwar momentan nicht in
der Lage, zu der von Ihnen angesprochenen Zeit-Kompetenzfrage
umfassend Stellung zu nehmen, haben uns aber entschlossen, die
Initiative zu einer am persönlichen Biorhythmus orientierten Bür-
ger-Zeit zu ergreifen.« Eine gute Regierung.

H. J. Friedrichs ist gewiß ein guter Journalist und angenehmer Zeit-
genosse gewesen, aber mußtet ihr ihn deshalb verabschieden, wie
ihr's für vier Nobelpreisträger nicht tut? fragt einer aus dem Publikum den Pressemann. Das war schon recht, erwidert der, jeder
Beruf feiert seine eigenen Größen, zumal wenn er weiß, daß sie in
einem Jahr vergessen sind.

Es ist zu lesen, daß sich junge Türken in großer Zahl melden, die
deutsche Staatsangehörigkeit zu erlangen. Eine schöne Meldung,
die Freude macht. Die meisten werden angenehme, strebsam-ak-
tive Deutsche sein, und alle verbessern die Alters- und Sozialstruktur. Doch sind sie mit einem Nachteil behaftet, an den unsere
Multikulturellen nie denken: Sie haben nicht die deutsche Lar-
moyanz geerbt, werden nicht dazu neigen, ihre Staatsbürgerschaft

für genierlich zu halten, und fallen für die meisten Bekundungen
öffentlichen Mißmuts aus.

62 Einen Gedanken zu haben und zehnmal zu verkaufen, das ist höchste und schönste Lebenskunst.

63 John Maynard Keynes hat das Gesetz vom Niedergang in der zweiten Generation hinterlassen – vom Enkel ist anzunehmen, daß er
das ererbte industrielle Vermögen wieder zugrunde richtet. Auch
hier ist Akzeleration eingetreten: Oft leistet das schon der Sohn.
Keynes' Gesetz gilt nicht für die großen Vermögen in Hochfinanz
oder Grundbesitz, weil mangelndes Talent der Erben durch ihre
Untätigkeit kompensiert werden kann.

64 »Vorübergehend geschlossen« ist keine geglückte Wendung.

65 Die wichtigste Entdeckung des Jahrhunderts könnte die sein, die
John C. Chura und Jarat N. Hanouch vom Institut für empirische
Mathematik in Boulder, Colorado, gemacht haben. Die empirische
Mathematik, die erst im Computer-Zeitalter erblühen konnte, befördert die Wissenschaft, indem sie Dinge zählt. Ihre Formeln kann
ich nicht verstehen, nur die Ergebnisse referieren. Es ist der Wissenschaft aufgefallen, daß alles zunimmt – das Universum, Fern-
sehkanäle, Kriminalität, Erwerbstätige, Arbeitslose, Bevölkerung
etc. Der ständige und nicht durch Rückgänge ausgeglichene An-
stieg des Zählbaren beruht, so die Forscher, nur auf der Inflation
der Zahlen, die erst bei den sehr großen, den Trillionen beispielsweise, gut sichtbar wird. Dieser Inflation entspricht, wie der des
Geldes, kein reales Wachstum: Die Athleten springen gar nicht
höher, das Universum dehnt sich nicht, und es gibt keine Bevölke-

rungsexplosion. Die Zahlen sind es, die abgewertet werden müssen, wobei die Abwertung ihnen selber gelten muß wie ihren Zwischenräumen. Die Stimme der Wissenschaft: Die großen Probleme sind nicht lösbar, sie existieren gar nicht. (»Interim Report on Integer Hystere and Secular Subpolynomial Drift«, Osiris: The Journal of Mathematics and Society, Winter 1995)

Die Beliebtheit der Utopie bei Intellektuellen ist leicht erklärbar. 66
Sie wird nie durch Argumente widerlegt oder dank Realisierung banal.

Der englische Schriftsteller Philip Larkin will festgestellt haben, 67
daß die erstklassigen Themen zweitklassige Texte hervorbringen.
Für Homer und Tolstoi möchte man's nicht gelten lassen; die umgekehrte Beobachtung trifft besser, das Alltägliche, der Allgemeinheit Belanglose bringt das Außerordentliche hervor. – Solche Mutmaßungen gelten für die mittleren gehobenen Begabungen; der große Autor kann schreiben, worüber er will.

»Der Blick ins Gesetz erleichtert die Rechtsfindung.« Den alten 68
Juristenspruch hätt' ich beherzigen sollen, eh ich bei der Düsseldorfer Landesregierung wegen der Kompetenz für die Festsetzung der Sommerzeit vorstellig geworden war. Die hatte freundlich, aber auch nicht sachverständig geantwortet. So mußte ich Belehrung von höchster Stelle annehmen, von Bundespräsident Herzog nämlich, der trocken bemerkte, ich möge mal Art. 73 Nr. 4 GG lesen; dort steht, daß der Bund die ausschließliche Gesetzgebung über »das Währungs-, Geld- und Münzwesen, Maße und Gewichte sowie die Zeitbestimmung« hat. Der Bundespräsident braucht nicht mit dem Grundgesetz unterm Arm herumzulaufen, er kann es auswendig.

69   Die Bettler in Manhattan verstehen sich aufs Marketing. Vor dem
     Algonquin macht einer gute Geschäfte mit dem Ruf »Zwanzig
     Dollar Minimum!«, vor Weihnachten abgemildert »Sonderange-
     bot – nur zehn Dollar!« Zwei Straßen weiter lärmt einer mit zwei
     Büchsen statt einer und gibt die Auskunft, das Geschäft laufe so gut,
     er mußte eine Filiale eröffnen. Bescheidener, aber auch erfolgreich,
     der junge Mann auf der 42. Straße: »Wenn Sie mir einen Dollar
     geben, Sir, verspreche ich, nichts Gutes damit anzufangen.«

70   Weil die Nazis gute Bücher verbrannt haben, halten die Verfasser
     der schlechten ihre für sakrosankt. – Die Barbarei der Bücherver-
     brennung ist in der Geschichte nicht selten. Beim Wartburgfest 1817
     zündelten patriotisch aufgeregte Freiheitsfreunde, im amerikani-
     schen Süden haben Bibelfeste gelegentlich zum Streichholz gegrif-
     fen wie fanatisierte Moslems bei Schriften gegen Mohammed und
     Koran. – Merkwürdig, daß der gleiche Abscheu gegen die Untat aus
     ungezügelter Überzeugung nie die Bilderstürmer getroffen hat.

71   Wer Glück bringen will, muß Glück haben.

                                                        14. JULI 1995

72   Was nie einer sagt: »Dafür, daß ich bei Ihnen nicht rauchen darf,
     sind Speis und Trank nicht gut genug.«

73   Der glückliche Zufall hatte es gefügt, daß beide Gelehrte zur glei-
     chen Zeit in der Stadt eintrafen und im Elephanten der eine, im
     Weißen Schwan der andere abgestiegen waren. Albrecht Schönes
     Ausgabe des »Faust« war gerade in zweiter Auflage erschienen und
     Zimmermanns polemische Kritik im Jahrbuch veröffentlicht.
     Schöne hatte den geheimnisvollen Schluß im Lichte der apokata-
     stasis panton, der alten, nie untergehenden Häresie von der endli-

chen Versöhnung aller Dinge, dem Publikum faßlich gemacht, und der Kölner Germanist war dem Göttinger als entschieden irrend entgegengetreten. Der eine hatte sich über Professor Riemer, der andere über Doktor Eckermann an Goethe mit dem herzlichen Wunsch gewendet, es möge ihm die Ehre widerfahren, von Seiner Exzellenz empfangen zu sein. Beiden wurde sie zuteil. Pünktlich fanden sie sich ein am Frauenplan, überschritten das begrüßende Salve und fanden schon eine kleine Mittagsgesellschaft vor, zu der neben den beiden Gehilfen und Fürsprechern die Schwiegertochter Ottilie als Hausfrau, der Kanzler von Müller, Oberbaurat Coudray und der Prinzenerzieher Soret gehörten. Goethe trat erst ein, schwarz angetan mit dem Ordensstern, als alle versammelt waren. Er begrüßte die Freunde gemütlich, die Fremden zunächst steif, doch bat er sie, neben ihm bei Tische Platz zu nehmen. Indian mit Trüffeln gab es zur Hauptspeise. Es dauerte nicht lang, bis die Rede auf das große Menschendrama kam, dessen jenseitige Heiterkeit Früh- und Spätgeborene beschäftigte. Goethe ließ nicht merken, daß ihm Schönes ruhige Darlegung besser gefallen hatte als die mit Ausrufungszeichen übersäte R.C. Zimmermanns, bat beide darum, sich und ihn zu explizieren, was sie anfänglich schüchtern, dann immer beherzter taten. Als sie geendet, richteten sie den Blick verehrungsvoll auf den Geisterkönig, weil der den Streit mit einem Wort entscheiden konnte. Goethe brauchte eine Weile, ehe er, süddeutsch-behaglich sprechend, norddeutsch-satirisch lächelnd, gravitätisch sagte: Nun, das sind eigene bedeutende Unternehmen, für welche ich dankbar zu sein habe – aber alle Ansichten und Versuche sind zu ehren.

Beim Festbankett hat der achtzigjährige Altbundeskanzler seiner 74
Tischnachbarin Elisabeth Noelle-Neumann sehr ernsthaft erzählt, daß er 1944, vor dem Luftangriff in einem Berliner Keller Schutz suchend, sich über die heftige Angstbekundung der schon Versammelten verwundert habe – und wie gerne hätte er ihnen gesagt: Fürchtet euch nicht, Ludwig Erhard ist unter euch.

75 Im Dezember 1984 hatte der Londoner ›Economist‹ ein Weih-
nachtsquiz ausgeschrieben, die künftige wirtschaftliche Entwicklung betreffend. Die gleichen Fragen hatte die Zeitung an vier
Finanzminister von OECD-Ländern gerichtet, vier Vorstände mul-
tinationaler Firmen und an die gleiche Zahl von Oxforder Studenten und Londoner Müllkutschern. Jetzt, da zehn Jahre vergangen
sind, liegen die Ergebnisse vor. Die Manager waren es, die das reale
Wachstum richtig vorhergesagt hatten wie auch die Inflationsrate.
Beim Ölpreis waren die Leute vom Müll am besten wie bei der Pa-
rität des Pfundes. Auf die letzte Frage – »Wann wird das Sozialprodukt pro Kopf in Singapur höher sein als in Australien?« (damals
war das australische doppelt so hoch) – hatten sieben der sechzehn
geantwortet: niemals. 1993 war es geschehen; zwei Müllmänner und
zwei Vorstände hatten richtig prognostiziert. Gesamtergebnis: Die
Müllfahrer und die Industriellen waren die besten, die Finanzminister am schlechtesten.

76 Der kritische Deutschenfreund Alfred Grosser hat es mit der politischen Logik. In seinem Bekenntnisbüchlein »Was ich denke« bemerkt er, daß jemand eine Sache gedacht haben müsse, wenn er sie
undenkbar nenne, daß er etwas verglichen habe, wenn er es als un-
vergleichbar bezeichne. Zu den Auftritten deutscher Notabeln zum
8. Mai hat er jetzt hinzugefügt, sie hätten alle mit Inbrunst »Nie
wieder!« gerufen, während gleichzeitig der Ausrottungsfeldzug
gegen die Tschetschenen ins Werk gesetzt wurde – mit leiser Bene-
diktion der Bundesregierung, die Jelzin vor seinen Gegnern schützen wollte.

77 Reagans Sohn hat nach einem Besuch bei seinem kranken Vater
mitgeteilt, daß der sich noch daran erinnere, Präsident gewesen zu
sein, und darüber lache, aber nicht wisse, daß nun Bill Clinton regiere. Woran der alte Herr auch leidet, es muß nicht Alzheimer sein.

78 Nicht tröstlich, daß Vegetarier auch oft intellektuell genügsam sind.

Auf der altberühmten Savon de Marseille, der guten Kernseife aus   79
Olivenöl, ist neuerdings eingeprägt: Nicht im Tierversuch getestet.
Das tut der Seele des Touristen gut wie die Lektüre des Diploms an
der Wand, das Jean Pierre in seinem Gasthaus der Gorges du Loup
aufgehängt hat – es weist ihn als Meister der Courtoisie Française
aus; sie kommt ihm unfehlbar zustatten, weil niemand eine Tugend
nicht übt, deren Besitz er öffentlich angezeigt hat.

Die Erinnerung folgt Konventionen. Früher war die Kindheit ein   80
Paradies, heute ist sie immer ein Schrecken gewesen. Dabei war es
die gleiche Kindheit.

Ist das Kunst? Die Frage war wieder zu hören, als Christo seinen   81
Reichstag vorgestellt hatte. Es ist eine der dümmsten, der spießig-
sten Fragen. Joseph Beuys hatte sich ihrer entledigt mit der Feststellung, jeder sei ein Künstler. Einige Jahrzehnte früher hatte Marcel Duchamp gesagt, so wie es gute und schlechte Emotionen gäbe,
gäbe es gute Kunst, schlechte Kunst und indifferente Kunst; aber
Kunst bleibt Kunst. – Christo war in Deutschland gelungen, was
andernorts nicht möglich gewesen wäre. Er gab seinem Werk noch
höhere Weihen, den herrschenden Hang zur politischen Korrektheit ausnutzend, indem er den Reichstag nicht einfach verpackte,
sondern »verhüllte«; beim Pont Neuf mußte er mit »emballé« zufrieden sein und im Englischen mit »wrapped«, was beides schlicht
»eingewickelt« heißt.

An guten Klerikern fällt ihre Kindlichkeit auf. Sie freuen sich an   82
kindischen Scherzen, auch ihre Raffinesse, ihre Listigkeit und ihr
Scharfsinn sind, wie man sie bei gescheiten Kindern wahrnimmt.
Es ist, als sei ihnen die Pubertät erspart geblieben.

83 Hat sich Ihr Leben dadurch verändert? Ja, erwiderte er, früher war ich glücklich, mit Unterbrechungen; heute bin ich unglücklich, mit Unterbrechungen.

84 Unter allen Gehilfen, deren ich bedurfte, habe ich immer die Gärtner am halsstarrigsten gefunden. Sie hören sich Wunsch und Anregung an, erheben meist keine Einwendungen und tun dann, was sie für richtig halten. Gegen Sachkunde im Verein mit Überzeugungstreue, nicht eingeweicht und abgeschliffen durch allzuviel menschlichen Verkehr, läßt sich nichts ausrichten.

85 Warum Verbote beliebt sind. Alle Woche tritt irgendein Politiker mit dem Vorschlag auf, ein bestimmtes Verhalten müßte mit Strafandrohung erzwungen, ein anderes verboten werden. Er täte es nicht, wenn er sich nicht des Beifalls sicher wäre. Den erhält er auch, weil der Mensch, vor allem der deutsche, zwar nach Freiheit strebt, doch ihm die Gleichheit lieber ist. Mit jedem Gebot/Verbot wird ein Stücklein Gleichheit verwirklicht, während jeder Atemzug mehr Freiheit Ungleichheit erzeugt.

86 Auf einmal finden alle Leute Kohl ganz prima. Aber nicht der Kanzler hat sich verbessert, bloß das Urteilsvermögen des Publikums. Und den Mißmut der Intellektuellen hat er ausgesessen.

87 »Bildende« Kunst. Ein deutsches Sonderwort, kein gutes.

88 Als das ZDF gegründet war, wurde Walter Dirks, der einst so berühmte und heute ebenso vergessene katholische Publizist, von einer Verzweiflung übermannt; die innere Einheit der Nation war dahin. Vordem gab es nur ein Programm, das dem ganzen Volk zum Austausch diente; über nur ein Fußballspiel, ein politisches Maga-

zin, ein aufklärendes Fernsehspiel sich verständigen zu können –
das war gemeinschaftsbildend, gesinnungsstiftend gewesen. Aber
nicht nur die Multiplikation der Programme hat den bösen Indivi-
dualismus befördert; wie noch nicht Dirks, erst ein späterer Großer
bemerkt hat, trägt daran die Erfindung der Fernbedienung größere
Schuld. Seitdem ist Programmtreue ein leerer Wahn, jagt das ganze
Volk, vor dem Schirm sitzend, nicht der Pflicht, sondern dem Vergnügen nach, wankelmütig von Viertelstunde zu Viertelstunde.

Es ist gewiß falsch, es für ebenso ridikül zu halten, wenn ein Deut-   89
scher auf Goethe Stolz, wie wenn er für Hitler Scham empfindet,
da er mit beiden doch wenig zu schaffen habe; Schuld infiziert, Verdienst aber nicht.

11. AUGUST 1995

Wer etwas kauft, macht immer ein bedenkliches Geschäft. Er   90
tauscht Geld gegen Ware, eine Möglichkeit gegen eine Realität, ein
Stückchen Freiheit gegen ein Stückchen Eigentum. Selbst das
größte Vergnügen am erworbenen Gegenstand bleibt im hintersten
Kopf getrübt durch den Verdacht, sich betrogen zu haben.

Was die Politiker zu spät merken: Wahlgeschenke bringen nichts.   91
Wahlversprechen leisten mehr. Wer Hoffnungen verkauft, darf sich
selbst welche machen, wer nur Erfahrung anbietet, gewinnt nur
eine dazu.

Das Urbild des Optimisten ist der Bremer Stadtmusikant, der zu   92
seinen Genossen sagt: Etwas Besseres als den Tod findest du überall.

37

93 Nach alter Tradition ist Macht gut, weil sie von Gott kommt; Gregor der Große ist der bedeutendste Zeuge. Nach neuerer Tradition, die zur herrschenden geworden ist, ist Macht böse; Lord Acton hat das von aller Macht gemeint. Das Urteil über die Macht wird von der Position bestimmt. Der Machthaber hält zur ersten, der Ohnmächtige zur zweiten Auffassung. Die Machthaber guten Gewissens unterscheiden genauer: Die eigene Macht ist gut oder ist gar keine, die der Gegner oder der Feinde ist böse. Der alte Adenauer konnte in tiefster Empörung ausrufen: Meine Damen und Herren, täuschen Sie sich nicht, wonach die SPD strebt, das ist die Macht.

94 Seit der Krieg geächtet ist, wird er alltäglich.

95 Das Jüngste Gericht ist keines. Am Ende der Zeit wird nicht gerichtet über die böse Tat und ihren Urheber, sondern über Menschen mit all ihren Gesinnungen und Taten, den bösen wie den guten: Das kann, das tut kein Gericht. Vor einer allwissenden Instanz kann kein Ankläger, kein Verteidiger plädieren, kein Zeuge aussagen. Andere Sprachen reden nicht vom Jüngsten Gericht, sondern vom letzten Urteil; das wird nicht gegen einen Angeklagten verhängt, es wird über ein Leben gesprochen.

96 Wann ist die politische Dummheit in die Literatur gekommen? Bei den Alten nicht feststellbar. Die Großen unter den Neueren, mit Regierungskünsten vertraut, von Montaigne bis Goethe, Heine, Balzac, Trollope, die Goncourts; Fontanes Kennerschaft dank sorgsamer Beobachtung. Eindruck der Naivität bis zur Bösartigkeit des guten Gewissens bei den Orateurs de la Révolution Française. Dergleichen Sekundärliteratur infiziert allmählich die primäre. Paradoxe Wirkung der Demokratie – Entfremdung der Intellektuellen vom Politischen. Dafür Pflicht, Partei zu nehmen, Missionar einer Idee zu sein (Erfolg des Missionars setzt Unkenntnis und Verachtung des Vorgefundenen voraus; darunter alle Erfahrung mit Tech-

nik der Macht und Forderungen der Ökonomie). Im zwanzigsten Jahrhundert steckt in fast jedem Literaten ein politischer Dummkopf. Es schneiden noch gut ab hochintelligente Opportunisten wie Thomas Mann und Leute, die sich in ihrer politischen Tradition halten, sie nicht um ein Ideal verraten wollen, wie Mailer, Buckley, Vidal, Updike oder Shaw, Jünger, Bernanos.

Wo von humanitärer Hilfe geredet wird, soll wirkliche nicht erbracht werden.   97

Als ich nach sechs Monaten Tanzschule bei Elly Kolb in Marburg   98
vor dem Abschlußball ein hochgeschätztes Fräulein fragte, ob wir uns nicht duzen könnten, hat sie freundlich erwidert: Dazu kennen wir uns nicht lang genug. Wir waren beide siebzehn.

Auf dem Markt der Meinungen ist die falsche Münze soviel wert   99
wie die echte.

Der Fluch des Ruhms. Der schlanke, schöne und gutgekleidete   100
Schauspieler Christopher Lee kommt bei Berliner Filmfestspielen zu einem Empfang, will wohlerzogen die Nahestehenden begrüßen, doch weicht die Dame zurück, der er zulächelt. Offen schreckhaft die eine, rasch kontrolliert die zweite: Graf Dracula hatte sie angeblickt.

25. AUGUST 1995

Julia, die junge Diplomatin, will am liebsten einen Miniaturen-   101
maler heiraten – der ist geduldig, kann überall arbeiten und braucht wenig Gepäck.

102 Die Entwicklung unserer Volkswirtschaft. 1960 gab es in Westdeutschland unter der Erwerbsbevölkerung dreiundzwanzig Prozent Selbständige, dreißig Jahre später nur noch halb so viele. Derzeit sind 6,8 Millionen (wiederum in Westdeutschland) im
verarbeitenden Gewerbe tätig und 6,2 Millionen im öffentlichen
Dienst. In drei Jahren werden sich die Kurven schneiden, ohne daß
der öffentliche Dienst anzuwachsen braucht.

103 Es steckt also in dem bloßen Besitz des Vermögens was Angenehmes, indem man dadurch alles haben kann, wenn man will. Daher
gehen reiche Personen, die geizig sind, schlecht gekleidet, denn sie
achten die Kleider nicht, indem sie doch das Geld dazu haben, sie
dürfen, nur wenn sie wollen, sich Laken abschneiden lassen und sich
solche Kleider machen lassen … Sie nähren sich also mit dem Gedanken an den Genuß, den sie in ihrer Gewalt haben. Sie gehen alle
in prächtigen Kleidern, sie fahren in Kutschen mit sechs Pferden,
sie essen täglich zwölf Gerichte, aber alles in Gedanken, denn wenn
sie nur wollten, so könnten sie solches allemal haben. Der Besitz
des Vermögens dient ihnen zum wirklichen Besitz alles Vergnügens. Sie können durch den bloßen Besitz des Vermögens alle Vergnügen genießen und auch alle Vergnügen entbehren. – So Kant
laut Nachschrift der Ethikvorlesung.

104 Daß die Summe der Laster gleich bleibe, ist eine gern gebrauchte
Wendung, mit der einer ein kleines Laster entschuldigt, das er beim
Nächsten wahrnimmt, aber selbst nicht hat. Daß die Summe der
Tugenden gleich bleibe, ist auch im Scherz nie behauptet worden.

105 Es fällt schwer, die Vorlieben von Autoren zu teilen, für die man
selbst eine große Vorliebe hegt. Ich mag Gottfried Benn bewundern,
doch bleibt seine lebenslange Erschütterung durch Nietzsche
fremd. Ernst Jünger zieht häufig Léon Bloy heran, den ich schwer
erträglich finde. Borges preist Chesterton und Kipling über alle

Maßen, die ich nur mit Maßen lesen mag. – Wie die Großen gar ihre Zeitgenossen einschätzten, bleibt oft gänzlich unerfindlich, doch verständlich, weil das Urteil durch Freundschaft, Klugheit, Rücksicht eingetrübt.

Vor Jahren hat es im Britischen Museum eine Ausstellung über die 106 Kunst der Fälschung gegeben; wenn man will, ist das Gebäude, in dem sie stattfand, selbst eine. Die Kunstwerke, die schon im Altertum gefälscht wurden, sind uns längst als solche ehrwürdig geworden; von vielen werden wir gar nicht wissen, ob sie nicht untergegangene Vorlagen kopierten. Im Lauf der Zeit kann das Unechte immer echter werden, wenige Jahrzehnte genügen, die historischen Rekonstruktionen mit einer Patina von Original zu überziehen – Goethe-Haus, Römerberg, Nikolaiviertel sind historisch geworden. Das gleiche gilt für den Palast von Westminster, selbst für das eindrucksvolle Zeremoniell des Unterhauses, das uns als Ausdruck vielhundertjähriger Tradition der Mutter der Parlamente vorkommt, aber dem bescheidenen Auftritt des Bundestages, der nicht zum wenigsten Eugen Gerstenmaier zu danken ist, zeitlich viel näher steht.

Der gemeine Menschenverstand möchte annehmen, daß ein Gott, 107 der sich umständlich offenbart hat, Lehrer und Ausleger legitimiere, aber nicht der Priesterschaft bedürfe, welche Mysterien verwaltet. Es gehört zu den Einzigartigkeiten der römischen Kirche, daß sie sich diesem Menschenverstand entzogen hat.

Für die großen Stunden der Geschichte ist die große Rhetorik 108 vonnöten; da haben de Gaulle und Churchill ihr Gewicht. Für die normalen Anlässe ist eher die Rhetorik des Präsidenten Calvin Coolidge vorbildlich. Sein Wahlslogan »What this country needs is a good five cent cigar«, die Feststellung »The business of America is business«, die Warnung »A man who does not pray, is not a pray-

ing man«. – Ronald Reagans Reden vom »godless atheism« der
Kommunisten war nur den Intellektuellen lächerlich, aber beim
Publikum hilfreich.

8. September 1995

109 Ich habe am gleichen Tag Geburtstag wie Sigmund Freud, Rabin-
dranath Tagore und Christian Morgenstern, auch wie Robespierre
und Rudolph Valentino. Ich habe das Zusammentreffen immer für
eine Bestätigung bzw. Widerlegung der Astrologie gehalten.

110 Beim Wort sozial sagt sich der Mensch, hier kann ich was kriegen,
beim Wort Leistung, da ist für mich nichts drin.

111 Spöttisch registriert Gottfried Benn ein Gespräch am Nebentisch
über Frankfurter Hotelqualitäten. Öder noch sind Simpeleien über
Qualitäten der Automobile. Heut' sind alle Automobile gut, sicher
und bequem. Als ich anfing, gab es noch Reifenpannen, sprang der
Motor bei Kälte nicht an – vorbei, vorbei. Wer jetzt Auto fährt, kann
durchs Leben und die Welt kommen, ohne den vorderen Deckel
ein einziges Mal geöffnet zu haben. Auch umweltverträglicher ist
das unentbehrliche Instrument geworden, vielleicht ist's gerade
darum Lieblingsobjekt des Hasses der fortschrittsfeindlichen Sozi-
alpeiniger; es läuft schneller als die Klischees, die es aufhalten sollen. – Schade, daß die frühere Lieblingsmarke Mercedes so gelitten
hat. Flugzeugelchen wie Fokker oder Hausmannskost wie AEG
hätte man in das feine Haus nicht einladen dürfen, selbst wenn sie
Gastgeschenke hätten mitbringen können. Auch der massive Auftritt im Fernsehen war nicht hilfreich; TV-Werbung für das Alltägliche ist nützlich; doch sie macht gemein, gerade wenn sie vor-
nehm tut.

Wem theologische Umständlichkeiten verdrießlich werden, mag sich an den Propheten Micha halten, der schlicht zusammenfaßt, was Gott verlangt, nämlich seine Gebote halten, Liebe üben und vor ihm demütig sein.

Die schwarzen Amerikaner wurden früher colored genannt, dann setzte sich mit ihrer Zustimmung die Benennung negro durch, bis sie black besser fanden, jetzt verlangt ihr Minoritätenstatus und schwankendes Selbstbewußtsein den Namen Afro-Amerikaner; die Träger italienischer Namen, sich unter Mafia-Verdacht wähnend, kämpfen als Italo-Amerikaner gegen Diskriminierung. Jedermann soll sich nennen dürfen, wie er mag, doch nicht von allen anderen verlangen, daß eine alte, nicht kränkende Benennung aufzugeben sei. Die deutschen Zigeuner nennen sich Sinti und Roma und hätten's am liebsten, wenn das Wort Zigeuner verschwände, auf französisch heißen sie immer noch tzigane. Sie meinen, Zigeuner sei unverwendbar geworden, weil ihr sympathisches Volk von den Nazis unter diesem Namen grausam verfolgt wurde. Die Juden sind nicht auf den Gedanken gekommen, sie müßten Hitler die Ehre erweisen, den eigenen Namen preiszugeben, weil er Judenhetze und Judenausrottung betrieben hat. Mir ist das schöne Wort Zigeuner, früh vertraut aus Lyrik und Musik, lieb geblieben; und ich will, da ich die Sinti auch nicht von den Roma unterscheiden kann, dabei bleiben.

Er ist ein netter Kerl! Länger als eine Viertelstunde mag es niemand mit ihm aushalten.

Der niedersächsische Innenminister tritt nach den Chaostagen in Hannover sowenig zurück wie sein Düsseldorfer Kollege Schnoor nach dem Geiseldrama von Gladbeck, für das er politisch verantwortlich war. Leute wie Möllemann, Gauweiler, Tandler und viele andere haben ihre politischen Ämter aufgegeben; und nicht nur deshalb, weil sie nicht Sozialdemokraten waren, wenngleich die unterschiedliche Solidarität mit den eigenen Würdepersonen eine Rolle spielt. Der Hauptunterschied ergibt sich aus dem Charakter der vorgeworfenen Verfehlung. Ein Rücktritt wird freiwillig erklärt oder von Partei und öffentlicher Meinung erzwungen, wenn persönlich schuldhaftes Verhalten vorgeworfen werden kann; der Gedanke der politischen Verantwortung ist es, der aus den Köpfen verschwunden ist. Er ist verschwunden mit dem Begriff der Ehre, die in deutscher Politik und Gesellschaft nicht mehr vorkommt. Einzustehen für eigene Schuld wird noch von jedermann verstanden, eintreten für Fehler anderer, für deren Handeln ein Anführer öffentlich einzustehen hat, aber von niemand mehr – eine Schuld suchende, Schuld zuweisende, aber ehrlose Gesellschaft. – Der Fall des IM »Sekretär« Stolpe ist anders. Warum soll einer zurücktreten, der nie hätte antreten dürfen? Hier bleiben Nervenstärke und Standfestigkeit, mitten im Morast, zu preisen, die auf den Rang der Tugend Anspruch machen können und jeden Gedanken an Ehre entbehrlich.

6. Oktober 1995

116 Die Deutschen sind die frömmsten Leute. Sie haben gar nicht so viele Backen, wie sie zum Streich hinhalten wollen.

117 Liebe Alice, ... wenn ich trotzdem die Resolution nicht unterzeichnen mag, liegt es nicht einmal daran, daß ich eine fast unüberwindliche Abneigung gegen das Unterschreiben öffentlicher Resolutionen habe, weil sie fast immer wie wichtigtuerische Manifestationen mittelmäßiger Talente aussehen, die durch ihr Zusammenrotten Eindruck machen wollen – der Grund ist ein anderer und tatsächlich unüberwindbarer: Ich bin zur Meinung gekommen, daß der Friedenspreis abzuschaffen wäre, weil er nichts anderes ist als eine aus der frühen Nachkriegszeit zu erklärende Albernheit. Was hat ein Buchhändlerverein mit dem Weltfrieden zu schaffen?

44

Die Messe ist ein achtbares kommerzielles Unternehmen, dem mit dem Friedenspreis humanitär-intellektueller Glanz übergossen werden soll ...

Russischer Seufzer: Als Stalin regierte, waren wir verhaßt und ge- 118
fürchtet, jetzt sind wir Demokraten und verachtet.

Die Zitrone ist eine Geißel der Kochkunst: Einen Salat macht sie, 119
statt Essig genommen, ungenießbar. Aus dem Mineralwasser muß
man das Scheiblein mühsam herausfischen, weil es den Geschmack
verdirbt. Ein Fisch, mit Zitrone garniert, muß Verdacht erregen, er
sei nicht frisch. Der Zitronenschnitz (oder das gehackte Ei, das
Zwiebelwürfelchen, die Sauersahne) zum Kaviar zierten bloß den
Teller. Wer Zitrone auf Austern tröpfelt, zeigt an, daß er ihren Geschmack eigentlich nicht mag, sich aber gesellschaftlich bemüht.
Nur zwei Verwendungen gibt es für das schreckliche Obst: das Wiener Schnitzel, die Panade vergessen zu machen, und die Zitronen-
torte.

Am VJ-Day in St. Margaret's, der Kirche des Unterhauses. Des Sie- 120
ges über Japan wird in freudiger Demut gedacht, eine Fürbitte dem
alten Feind geweiht. Der Prediger Rvd. Holloway geht auch auf den
Atombombenabwurf ein, wie segensreich – recht verstanden! – er
doch gewesen, für Japan selbst, die Christenheit, ja die Menschheit.
Das war nicht Gleisnerei – eine echte Staatskirche glaubt, was im
nationalen Interesse liegt.

Das Computerzeitalter bedeutet erstens Kommunikation auf der 121
Basis der Isolation und zweitens einen großen Verlust an Münd-
lichkeit. Wer nicht gut lesen oder schreiben kann, ist verloren und
ausgeschlossen. Die Klassengesellschaft der Zukunft.

45

122 Am Donnerstagmorgen war mir am Mühlenberger Weg Lamme entgegengekommen: Du kommst zur rechten Zeit, Horst Janssen ist um zwei Uhr früh gestorben. Der liebe Freund, der so viel gelitten, war im Sterbezimmer aufgebahrt, die Züge von einer strengen Heiterkeit, die beim Lebenden nie hervorgetreten waren. – Die Leichenfeier in der Hauptkirche St. Lamberti zu Oldenburg hätte Janssen wohlgefallen. Vor meinem Platz lag ein Blumengebinde mit gelber Schleife: »Von den Kollegen des Taxianrufs Blankenese als letzter Gruß zur letzten Tour.« Die Kollegen waren mit ihren sechzehn Taxen von Hamburg gekommen, ihren schwierigsten und liebsten Fahrgast zu ehren; gewiß auch der Tatsache eingedenk, daß er einen Einheitstarif eingeführt hatte: Jede Fahrt hatte er mit einem Hundertmarkschein gelöhnt.

123 Was man durch Studium, Vorbereitungsdienst und zwei Staatsprüfungen erwirbt, ist angeblich die »Befähigung zum Richteramt«. Weit gefehlt.

124 Es könnte eine kleine Buchmesse mit den Werken von Autoren, die zugleich Verleger, von Verlegern, die zugleich Autoren sind, bestritten werden. Der erfreulich talentierte Romancier Alfred Neven, Michael Naumann, der weltläufige Essayist, Siedler natürlich, der immer melancholischer Preußens Gloria evoziert (beliebte Verlegervokabel), Unseld, der akribische Biograph von Geld und Geist, der Sozialphilosoph Michael Krüge, Frank Planitz als Anekdotier und nicht zuletzt Hubert Burda mit seinen Maximen und Reflexionen zu Kultur und Kunstgeschichte … Eine Liste, mit der die Verlegerschaft des restlichen Erdkreises nicht aufwarten könnte.

125 Traurige Regel. Der Mensch wird nicht in Würde geboren und stirbt nicht in Würde.

Wer den Pfennig hoch ehrt, ist des Talers nicht wert. 126

20. OKTOBER 1995

Bonn wollte Hauptstadt bleiben, ohne es werden zu müssen. Das   127
konnte nicht gelingen.

1938 hat zum erstenmal eine Fernsehübertragung live aus einer Zir-   128
kusvorstellung stattgefunden (Bertram Mill's Circus). Das Publikum, das für seine Eintrittskarten bezahlt hatte, durfte wählen, ob
es im Einzugsbereich der Kamera sitzen wollte oder nicht. Heute
zahlen die Leute gern, um ins Bild zu kommen.

Die Sinn-, die Unsinnsfrage. »Sinn« hat nur das vom Menschen Ge-   129
schaffene – von der Gewaltenteilung bis zur Nähmaschine. Nichts
Natürliches hat Sinn, er wird ihm zugetan, beigemengt, angeheftet
von den sinnbedürftigen Menschen. »Die Ros' kennt kein Warum,
sie blühet, weil sie blühet.«

Invasive Medizin sind die diagnostisch-therapeutischen Bemühun-   130
gen benannt, die nicht ohne Eingriff in des Körpers Unversehrtheit
vorgenommen werden können; die Patienten lieben sie nicht. Es
gibt auch eine moralisch invasive Medizin. Der pflichtbewußte und
gutmeinende Arzt darf glauben, durch Anamnese des Patienten und
eine Auswahl von Symptomen und dank dem geübten klinischen
Blick in Lebensführung und Lebensgestaltung des Kranken inter-
venieren zu dürfen. Der Rat ist sanktionsbewehrt, wird als obrig-
keitliche Weisung verstanden und nur vom Gleichgültigen oder
Hochsüchtigen mißachtet. Viele Jahrzehnte haben viele Patienten
unter dieser invasiven Medizin gelitten, sich des Salzes, des Weines
enthalten, nach Vorschrift gegessen, um des Cholesterins, der
Triglyzeride Herr zu werden etc., und erfahren nach den vielen Jah-

ren des Abschneidens der eigenen Bedürfnisse und Vorlieben, daß alles vergeblich gewesen ist. Schon kündigt sich eine neue Wendung an; Rauchen ist schädlich, doch kann Nikotin nützlich sein, manches im Hirn munter zu halten, scheint auch zuweilen Streß besser zu bewältigen als gutes Zureden oder Valium. Der Laie wünscht sich nichts anderes, als daß mit der moralisch invasiven Medizin so behutsam umgegangen werde wie mit der anderen.

131 Es waren einige Monate vergangen, seitdem die beiden Gelehrten an Goethes Mittagstafel ihren höflichen Streit über den Schluß des Menschheitsdramas vorgetragen hatten. Kaum aus den böhmischen Bädern heimgekehrt, empfing der Hausherr am Frauenplan den jungen Freund Sulpiz Boisserée, der, nachdem die mitgebrachten Risse altdeutscher Baudenkmäler beifällig betrachtet worden waren, auf jenen Streit zu sprechen kam. Er habe Zimmermann in den Rheinlanden kennengelernt, der ihm recht souverän und in eleganter Rede von der denkwürdigen Mahlzeit berichtet, aber doch bedauert habe, des Meisters Meinung als Entscheidung nicht erfahren zu haben. Auf den hoffenden Blick des jungen Kunstfreundes hob Goethe eher verdrießlich an: Was soll ich dazu sagen? Das sind Geheimnisse, die Geheimnis bleiben müssen. Fast wünsch' ich, ich hätt' die Siegel nicht mehr erbrochen, mit denen meine Helfer sie gesichert. Es sind Geheimnisse, über die der Urheber nicht nur nicht reden will, sondern auch nicht reden kann, denn er hat ein Geheimnis gestiftet, das ihm selber eins bleibt. Aber die Allversöhnung, wagte Boisserée zu fragen, den griechischen Ausdruck meidend. Ja, die Allversöhnung, kam die zögernde Antwort; aus meiner Jugendbeschreibung können Sie erfahren, daß ich mit manch frommer Spekulation befaßt war und in jenem Kreise Idealgestimmter auch dem alten Gedanken des Origines nahetrat, am Ende der Zeiten werde sich alle Feindschaft, alle Zwietracht in göttlicher Seligkeit auflösen. In den Mannesjahren, im tätigen Leben, in dem ein jeder sich gegen Widerstand behaupten, gegen Widerspruch fortschreiten muß, um das Richtige zu tun und zu erkennen, ist mir die Allversöhnung so ferngerückt, wie sie auch ge-

dacht ist. Was sollt' ich, und hier hob sich seine Stimme, davon hoffen, daß Neptunisten und Vulkanisten einander in den Armen liegen; oder sollt' ich ernstlich glauben, daß die Newtonschen Irrtümer sich in die Farbenlehre einpaßten oder ich zum Irrtum überliefe? Nein, der Teufel muß verlieren und nicht Genosse der Versöhnung sein. Die Weltgeschichte ist nicht, wie Schiller meinte, das Weltgericht, aber auch nicht ein Hornberger Schießen, bei dem alles umsonst gewesen.

Manche Länder weisen sich in ihrer Selbstbenennung als Teil von   132
größeren aus – Südafrikanische Union, USA, Jugoslawien; andere
benennen sich praktisch nach Einwohnern: Reich der Franken,
Land der Deutschen, Britannien. Schöner sind die Namen, die eine
seltene, geschätzte Eigentümlichkeit ausdrücken. Thailand ist das
Land der Freien, Korea das Land der Morgenstille und Japan das
der aufgehenden Sonne. Am schönsten Grönland: das Land, wo die
Menschen wohnen.

3. NOVEMBER 1995

Charles S. Peirce, der Vater des philosophischen Pragmatismus,   133
wirkte als junger Mensch in Cambridge gern im »Metaphysischen
Club«, dessen Name »all die abschrecken sollte, die sich davon abschrecken ließen«. Die Satzung des Clubs sah vor, daß es in ihm
keine Ämter gebe und daß vom Club keinerlei Aktivität ausgehen
dürfe.

Wie Machthaber die Macht gebrauchen. Die CDU schwächt ihre   134
Koalitionspartner, die SPD stärkt sie.

Preise für moralische Höchstleistungen sind bedenklich. Wer ein   135
Serum gegen Aids oder Mucoviszidose findet, hat nachweislich öf-

fentlichen Lobpreis verdient. Wer ein großes Kunstwerk geschaffen, sei wenigstens für die sichtbare Mühe bedankt. Wer durch Tapferkeit den Feind der Heimat in die Flucht geschlagen, soll es öffentlich gepriesen sehen. Wer aber für den Frieden eingetreten ist oder die Menschlichkeit oder Edelmut im Verkehr mit Tier und Pflanze, untersteht einem Urteil, dem aller Maßstab fehlt. Wenn er die Verdienste hätte, für die er ausgezeichnet wird, würde er sich genieren. Die vielen Preise für gute Gesinnung, meist mit den Namen von Parteiheiligen ausgestattet, die sie nicht in Anspruch nahmen, sind auch solche für Schamlosigkeit, beim Spender wie beim Empfänger. – Die Schulkinder wissen noch: Man darf stolz sein auf eine Eins in Mathematik, aber nicht in Fleiß oder Betragen.

136 Wenn die Hälfte einer Klasse mit Ungenügend abschneidet, steht der Lehrer so blöd da wie seine Eleven.

137 Der Wechsel im Parteivorsitz hat Klaus Kinkel erleichtert, aber nicht die FDP. Der Freund des Liberalismus wagt die Erinnerung an ein genuin politisches Talent in der Partei, schon jetzt bekannter als alle Amtsträger, an einen erfolgreichen Unternehmer und überzeugten Marktwirtschaftler, von keinem politischen Makel bespritzt, an einen Redner, gleich wirkungsvoll vor der Menge wie vor der Kamera. Ignatz Bubis heißt der Mann, der die FDP retten könnte.

138 Das allerhöchste Wesen, Allmacht und Allweisheit vereinend, dem von sich selber zu sagen genügt, ich bin, der ich bin, ist das Wesen, dem es gleichgültig ist, ob es geglaubt oder geleugnet wird.

139 »Seit Hunderten von Jahren ist von einigen Philosophen, von andern nicht, gedacht worden, daß der Determinismus in der natür-

lichen Welt mit der Willensfreiheit unvereinbar sei … ich zähle mich zu den andern. Jemand ist frei im gewöhnlichen Sinne des Wortes, wenn er das tut, was er will oder richtig findet, daran ändert die Tatsache nichts, wenn es denn eine Tatsache ist, daß das, was man will oder richtig findet, seine Gründe hatte. Die Vorstellung, daß Determinismus die Willensfreiheit ausschließe, ist leicht begründet. Wenn jemandes Wahlmöglichkeiten durch vorhergehende Vorgänge und am Ende durch Kräfte außerhalb der eigenen Person bestimmt werden, wie kann man dann noch frei wählen? Nun gut, man kann es nicht. Aber die Freiheit, anderes zu wählen als das, was man will oder richtig findet, wäre ein trauriger Segen.« So behend, so beherzt geht ein zeitgenössischer Philosoph mit einer Jahrtausendfrage der Menschheit um. (W. V. Quine, Quiddities)

Das deutsche Drängen in der EU, Vetorechte gemach und am Ende sämtlich abzuschaffen, statt dessen überall Mehrheitsentscheidungen einzuführen, entspricht gewiß demokratischer Überzeugung und einer Forderung der Praxis – aber auch dem nationalen Interesse? Wenn ein Mächtiger von weniger Mächtigen umgeben ist, ein Reicher von weniger Reichen, ein bereitwilliger Zahler von weniger freundlichen, wird er kaum gut beraten sein, auf die Chance zu drängen, überstimmt zu werden.   140

Ich bin mir nicht sicher, daß dies die richtige Antwort ist. Wer so redet, will sagen, er sei sich ganz sicher, daß es die falsche sei, doch will er es höflich tun und sich auch einen unauffälligen Rückweg offenhalten, im Fall unerwarteter Sinnesänderung.   141

Eine geheime Offenbarung ist keine, sondern ein Scherz mit dem Leser.   142

143 Beim Gespräch mit Michael Stürmer überkommt es mich: Geschichte ist das, was nie wieder geschehen darf.

17. NOVEMBER 1995

144 Der grobianische Strunk in der Bundestagsfraktion muß einen Kostümverleih haben, weil er aussehen kann wie ein Schauermann um 1900. Wenn es ihm stinkt, redet er von Scheiße, wenn andre sich noch mit »manipuliertem Budget« begnügen, spricht er von Schweinerei. Er allein erzeugt mehr Stallgeruch, als die ganze Partei braucht und ihre Wählerschaft erst recht.

145 An außerirdische Wesen glauben viele, die an Engel nicht glauben würden. Und umgekehrt.

146 Die Einwohner Sodoms bleiben bis ans Ende der Zeiten verrucht, weil sie mit Engeln Unzucht treiben wollten (Gen. 19,4). Die englische und französische Umgangssprache leitet von Sodom ihr Wort für den geschlechtlichen Umgang der Männer mit Männern ab; im Deutschen heißt Sodomie die Unzucht mit Tieren. Haben unsere Vorderen, gegen die Schrift, die Engel dem Tierreich zugerechnet?

147 Eine Gesellschaft, in der »Heil Hitler!« als Gruß durchgesetzt werden konnte, ist nie eine bürgerliche gewesen.

148 Viele Seiten in Zeit- und Weltgeschichte sind umzublättern, eh' eine solche Epoche politischer Unzulänglichkeit sichtbar wird. Frankreich seit Jahr und Tag schwächlich regiert; Spaniens Regierung gelähmt und in Erwartung der Anklage; Major seit Amtsantritt der Niederlage entgegentaumelnd; Italien von Kabinetten verwaltet, die ihren Abschied als Hauptvorsatz verkünden; für Ruß-

land genügt die Nennung des Namens Jelzin; von Japan weiß niemand, ob Regierung stattfindet; Clinton innenpolitisch gelähmt, außenpolitisch gottlob noch eben handlungsfähig; der Papst hat seine Nützlichkeit schon um fünf Jahre überlebt. Gut verständlich, daß Kanzler Kohl sich noch größer vorkommt, als er ist, und aus lauter Überlegenheit wieder den Bauersmann herauskehrt. – In der im Fernsehzeitalter fortschreitenden Demokratie verheißt die Politik ihren Professionellen kaum mehr Reichtümer, wenig Prestige und noch weniger Macht; kein Wunder, daß die guten Köpfe andere Felder bestellen wollen.

In der Jugendzeit gab es eine Spruchweisheit – Pfarrers Kinder, 149 Müllers Vieh gedeihen selten oder nie. Von Müllers Vieh weiß ich nichts, von Pfarrers Kindern weiß ich, daß sie von Lichtenberg bis Gottfried Benn die Glorie Deutschlands stellten. So ist es mit den Sprichwörtern; wenn sich das Volk auf eine Beobachtung, eine Erfahrung geeinigt hatte, mußte sie nicht richtig, sondern dienlich sein, den Tugenden, den Klugheiten der kleinen Leute und ihrem bescheidenen Selbstbewußtsein.

In den Berliner Tageszeitungen ist der Lokalteil überschrieben 150 »Hauptstadt Berlin«. Wenn die Stadt schon eine Hauptstadt wäre, würde sie es nicht beschwören.

Freund Pierre will seinem erfolgreichen Buch gleich ein zweites 151 hinterherschicken. Da kommt mir Chamforts Mahnung zuhanden: Man muß dem Neid die Zeit lassen, sich den Geifer abzuwischen.

Was das Leben von der Schule lernen sollte: Eine Entschuldigung 152 vom Unterricht muß nicht wahr, doch muß sie akzeptabel sein.

153 Aus der guten alten Zeit. Ende 1858 war es soweit, den drei erfolg-
reichsten Schriftstellern Englands, Charles Dickens, Thackerey und
Bulwer-Lytton, waren die Verdrießlichkeiten mit ihren Ehefrauen
leid geworden; alle drei hatten es geschafft, sie in Irrenanstalten zu
stecken.

154 Es scheint mir, als ob im Widerstand gegen die Nazi-Greuel diejeni-
gen Berufe, deren Ethos sie am ehesten hätte bewegen müssen –
Mediziner, Juristen, Theologen – , sich mitlaufend, mitmachend
verhalten hätten und gerade der Beruf, dessen Ethos sich auf
Gehorsam gründet, sich durch Mut gegen den Tyrannen hervor-
getan hat, nämlich die Militärs. Um so auffälliger, als Theologen
bekämpft und Soldaten begünstigt waren; die Ärzteschaft wird von
allen Machthabern einfach benutzt.

155 In den Sudelbüchern heißt es (F 1154): »Wenn einem zum Tod Verurteilten eine Stunde geschenkt wird, so ist sie ein Leben wert.« Hier
irrt der große Mann gewaltig. Die Stunde ist gar nichts wert, sie vergeht dem Verurteilten in dumpfem Brüten oder Qual; nur für Lichtenberg selber wäre sie ein Stück Leben gewesen.

1. DEZEMBER 1995

156 Ein feiger Mord. Wann immer ein Anschlag auf eine Person der
Zeitgeschichte, womöglich eine geachtete und hochverdiente, verübt worden ist, reden deutsche Politiker und deutsche Medien nicht
nur von Trauer, Entsetzen, Scham und Empörung, sondern von fei-
gem Mord. Das springt so von der Lippe, das fließt so in die Feder
wie die anderen Vokabeln, um der Betroffenheit genügend Abscheu
beizumengen; an den Sinn der Worte wird kein Gedanke verschwendet. Der verblendete Jüngling, der Rabin ermordete, hat
niederträchtig gehandelt, doch feige ist er, das eigene Leben riskie-
rend, seine Freiheit mit Absicht opfernd, gerade nicht gewesen. Er
wollte nicht Rabin, er wollte sich selbst zum Märtyrer machen.

54

Dem unschätzbaren Dictionnaire de la Betise ist zu entnehmen, daß
ein Patient des Doktors Moreau aus Tours ein Buch mit Tausenden
von Adressen mit sich zu führen pflegte; so sehr quälte ihn die
Furcht, er könne sich an einen Namen nicht erinnern, grad wenn
er ihn benötige. Diese Furcht, die so manchen quält, wird in der
Medizin unter der Bezeichnung Onomatomanie behandelt.

Von einem der Präsidenten des UN-Treuhandrates wird die Geschichte überliefert, mit der er die Bedeutung der Weltorganisation
zu erklären liebte: Bei einem Konflikt zwischen zwei kleinen Ländern wird der Konflikt verschwinden, bei einem Konflikt zwischen
einem großen Land und einem kleinen wird das kleine Land verschwinden, bei einem Konflikt zwischen zwei großen Ländern verschwindet die UN.

Die Geschlechter beim Zahlen an der Ladenkasse. Fast alle Frauen
zücken eine Börse, suchen darin, die Rechnung bis auf den Pfennig
genau mit Münzen zu zahlen, und stecken herausgegebenes Geld
sorgfältig zurück – die Scheine in eine Tasche auf der Rückseite, die
Münzen in das Beutelchen davor. Ein Mann, der noch zum Leben
zählt, gibt beim Bezahlen einen Schein und steckt das Wechselgeld
ungezählt in die Rocktasche.

Ein Autor, der von der Kritik förderlich behandelt worden ist, kann
als unverdächtig gelten, wenn er ihren Zustand kritisiert. Beim Vergleich der Rezensionen in deutschen und fremdländischen Publi-
kationen fällt mir seit langem die nörgelnde Grundstimmung bei
den unsrigen auf. Auch ist die alte Regel, mit einem nichtswürdi-
gen Buch die Leser gar nicht erst zu behelligen und einen Verriß
nur zu bringen, um Schaden vom publico abzuwenden, weil das
Buch von einem bekannten Autor signiert, von einem großen Verlag heftig propagiert ist, außer Kraft. Die andere Regel; daß eine
Kritik mehr vom Buch und seinem Autor als vom Rezensenten und

seinen Auffassungen handeln solle, ist bei uns nie gültig gewesen; dagegen die Angelsachsen die erzählende Rezension vorziehen, die das Gehirn des Autors plündert und womöglich die Lektüre überflüssig macht. Anderwärts werden häufig Personen zur Kritik geladen, die selber als Autoren oder Kenner öffentlich Prestige genießen und sich dem Produkt eines anderen mit Souveränität, ja Großmut nähern können. Bei uns geschieht dies nur ausnahmsweise. Es dominiert die akademische Kritik mit der scheint's unvermeidlichen Ranküne der Gelehrten. Wenn Vidal, Mailer, Updike, Amis, Eco oder Kissinger ein Buch besprechen, fehlt nie der Respekt vor der Leistung, selbst wenn sie nicht glänzend war, und es wird noch das Gute erwähnt, auf das man nicht selber gekommen ist. Bei deutschen Rezensionen, die nicht redaktionell verfaßt, sondern bei Experten in Auftrag gegeben sind, wird umständlich der Neid kaschiert, der insgeheim die Feder führt. Das Beispiel des Publizisten Harpprecht kommt in den Sinn, dem schon die verdienstvolle Biographie Georg Forsters zu verdanken war. Als er sich in jahrelanger Arbeit Thomas Mann zugewendet hatte und endlich eine so umständliche wie gut lesbare Lebenserzählung vorlegte, fand sich das Werk universitären Thomas-Mann-Forschern überantwortet, die auch schon monographisch hervorgetreten waren: Die konnten, die durften den Band nicht gut finden, jedes Lob wäre Selbstverdammung gewesen. – Doch ist es ungerecht, die Literaturkritik auszusondern, die öffentliche Meinung des Vaterlandes ist insgesamt auf den Nörgelton gestimmt. Wer sich duldsam oder ironisch oder gutgelaunt äußert, fällt aus der Rolle, hat eine Tasse zuviel im Schrank.

161 Bisher konnte man sich darauf verlassen, daß ein Privileg die Privilegierten hervorbringt. Wenn ein Vorrecht geschaffen wird, finden sich genügend Leute, es in Anspruch zu nehmen. In einem Fall nicht: Es gibt mehr Behindertenparkplätze als parkende Behinderte.

Sie werden sich gut amüsieren, allerdings unter Ihrem Niveau! Eine 162
weltkluge Empfehlung. Es gibt ein tiefes Wohlbehagen, für das man
sich geniert, wenn es ruchbar wird.

15. DEZEMBER 1995

Nach Scharping. Mitleid ist keine politische Regung. Es mag auf- 163
treten oder nicht – nichts folgt daraus. Der, dem es gilt, mag es als
Einladung zum Verweilen empfinden, es ist eine zum Abtreten. –
Die wahren politischen Empfindungen heißen Haß oder Liebe,
Furcht oder Vertrauen; mit der Dankbarkeit steht es wie mit dem
Mitleid.

Wenn eine Gesellschaft immer mehr auf Wissen und Kapital auf- 164
baut, wird die herkömmliche Arbeit weniger wert, weniger nachgefragt, schlechter bezahlt. Vom Fluch der Arbeit befreit zu sein,
ist immer der Traum der Menschheit gewesen, nun droht er als
Schrecknis in Erfüllung zu gehen.

Herbert Henzler, der Chef von McKinsey, will alles genau wissen. 165
Meine frühere Mitteilung, die ich einem ganz verläßlichen amerikanischen Kollegen verdankte, daß unter der Regierung des Präsidenten Hoover die Schließung des Patentamts ins Auge gefaßt worden sei, »weil doch schon alles erfunden worden ist«, hat ihm
gefallen, aber nicht eingeleuchtet. Seine Nachforschungen beim
U.S. Patent and Trademark Office erbrachten, daß die Anekdote
zwar in den amerikanischen Sagenschatz eingegangen, aber historisch nicht belegbar ist. Sie geht wahrscheinlich zurück auf den Jah-
resbericht des Amtsvorstehers Ellsworth 1843, in dem es heißt, daß
der jährliche Fortschritt längst unsere Vorstellungskraft überan-
strenge »und die Heraufkunft jener Epoche anzukündigen scheint,
wo menschliche Fortschritt zum Ende kommen muß«. Richard
Nixon hatte in seinem Buch »Victory without War« diese historisch

gesicherte Aussage dem Patentamtspräsidenten Charles H. Duell (1899) zugeschrieben, aber der hat es nie gesagt.

166 Ein neuer Zweig der Scharlatanistik tritt achtungheischend hervor. Nach dem Auslaufen der Managementtheorien, die ihren Urhebern viel Nutzen, den Managern nur wenig gebracht haben, wird die Verhandlungstheorie zu einem neuen Zweig der Sozialwissenschaften. Erste Ergebnisse liegen schon vor: Der mächtige Verhandlungspartner hat bessere Durchsetzungschancen als der schmächtige; wer mit mehreren Optionen in eine Verhandlung geht, als einer mit einem Unikat, desselbigengleichen.

167 Im hintersten Hinterkopf ein Rumoren, das für die CDU nichts Gutes anzeigt. Es hat nichts mit Lafontaines Machtergreifung zu tun; nur ein Ermatten, eine Müdigkeit gegen die selbstgefällige Zukunftslosigkeit, der noch der zögerlichste Anlauf zur Veränderung, vom Umzug über die Steuer zum Ladenschluß, zu mühsam und überflüssig erscheint. Selbst hinter dem Kanzler, von Glorie umstrahlt, hebt sich unsichtbar, schwach ruchbar ein Hauch von Vergänglichkeit. Auch Churchill hatte es wenig geholfen, daß er der Retter war; de Gaulle ohne Glanz verabschiedet; Walesa fiel rascher noch – als Vater des Vaterlandes in die Einöde geschickt. Jetzt, da alle Welt den Kanzler für unbezwingbar hält, sollte es einen geben, der's nicht tut.

168 Chateaubriand vermerkt in den »Mémoires d'outre-tombe«, bei der Lektüre seines früheren Buches »Les Natchez«, ihm sei passiert, was vielleicht niemals einem Autor passiert sei, »nach dreißig Jahren ein Manuskript wieder zu lesen, das ich vollständig vergessen hatte«. Ich vermute im Gegenteil, daß das vielen Autoren passiert ist; jenen, die viel gesehen, viel gelesen, viel geschrieben haben; die Erinnerung an das Eigene muß nicht kräftiger sein als an das Fremde.

Als Georg V. erfuhr, daß einer seiner Höflinge sich mit kleinen Kna-   169
ben vergnügt hatte, hat er bloß gesagt: Ich dachte immer, daß solche Leute sich die Kugel geben. Das tat der Höfling nicht und tut
heute keiner mehr. Der Übeltäter hält die Stellung, solange er kann.
Übersteht den Prozeß, macht anschließend die Runde durch die Be-
troffenheits-Talkshows und gründet Selbsthilfegruppen der Ano-
nymen Pädophilen.

Von dem großen Komiker W. C. Fields wird überliefert, daß er   170
Hunde nicht ausstehen konnte, Schaumbäder, das Wiegenlied von
Brahms und das Gemütsbild vom Stall in Bethlehem. – Ein Frage-
bogen, der nur die Antipathien abfragt, möchte aufschlußreich sein.

Über seinen Schatten springen kann niemand. Wem es dennoch an-   171
geraten oder abverlangt wird, soll etwas tun, das seinem Charakter
oder seinem Interesse zuwider läuft.

29. DEZEMBER 1995

Schriftsteller sind selten Bibliophile, und nicht nur, weil ihnen die   172
dritte Auflage wichtiger ist als die Erstausgabe.

Nietzsche meinte, der Staat sei das kälteste der kalten Ungeheuer.   173
Er hat den Wohlfahrtsstaat nicht gekannt, das wärmste der warmen
Ungeheuer.

Eine Gesellschaft, die mehr tut für die Alten als für Kinder, für Aus-   174
wärtige als Einheimische, für Kranke als Gesunde, darf sich nicht
allzusehr wundern, wenn sie selber krank wird und alt und un-
gastlich.

175 Die großen ostdeutschen Boxer, denen die Nation so viel Hochge-
fühl und der Boxsport seine Renaissance verdankt (gerade rechtzeitig, als Tennis beinahe wertlos wurde), haben als Staatsamateure
der DDR begonnen, was zu ihrem kommerziellen Wert nicht wenig
beiträgt. Sie haben gelernt, wie einer fair, taktisch klug und tech-
nisch überlegen kämpft; sie haben nicht gelernt und brauchten es
nicht zu lernen, sich auf einen machtvollen Entscheidungsschlag zu
konzentrieren, den Kampf durch K. o. zu beenden. Der Veranstalter kann ziemlich sicher sein, daß unsere Helden sich nicht niederschlagen lassen und nicht niederschlagen, sondern über die volle
Distanz durchhalten: Und alle Werbepausen von der ersten bis zur
zwölften Runde können genutzt werden.

176 Bill Gates, dem Schöpfer von Microsoft, ist der tiefe Blick gegeben,
unsere Zukunft ahnungsvoll zu schauen. In seinem visionären Buch
über die Informationsgesellschaft teilt er mit, daß wir künftig »nur
ein begrenztes Vokabular verwenden dürfen« und daß die erzählende Prosa aus der elektronischen Entwicklung keinen Vorteil
ziehen werde.

177 Der wenig gelesenen, aber lesenswerten Zeitschrift für Parlaments-
fragen ist zu entnehmen, daß die Zahl der sicheren Wahlkreise für
CDU und SPD in den letzten zwanzig Jahren auf die Hälfte gefallen ist, daß das Durchschnittsalter der Abgeordneten entgegen dem
herrschenden Eindruck konstant geblieben, die Anzahl der weiblichen Abgeordneten vom 8. bis zum 13. Bundestag von 7,3 auf 26,3
Prozent gestiegen ist, daß im gleichen Zeitraum die monatlichen
Gesamtbezüge der Mitglieder des Hohen Hauses verdoppelt wurden (DM 8090,-/16 131,-), daß die Zahl der Plenarreden sich verdreifacht hat, aber nicht die Zahl der Ordnungsrufe, daß heute doppelt so viele Drucksachen verteilt, doch nur ein Drittel mehr
Gesetze verabschiedet werden, daß nach der Wiedervereinigung die
Vertreter der Landesregierungen weit mehr als doppelt so oft im
Bundestag zu Wort kommen. An der Sozialstruktur des Parlaments

hat sich wenig geändert, es ist ein Funktionärsparlament geblieben; doch hat es vor 25 Jahren im Bundestag nur fünf Naturwissenschaftler gegeben, heute sind es beinah hundert (im Vergleich zu ausländischen Parlamenten ist das unsrige juristenarm). Dank der Wiedervereinigung hat sich die Zahl der Pastoren und Diakone verdreifacht, nämlich von drei auf neun, sie werden vom Statistiker einer »Übergangselite« zugerechnet, die mit fortschreitender Normalisierung wieder schwinden mag. Erwähnenswert schließlich, daß von den Richtern und Staatsanwälten, von den Berufssoldaten und Polizisten im Hohen Haus die Mehrheit nicht den Regierungsparteien angehört – eine Folge gewiß der systematischen Vernachlässigung aller Justizpolitik bei der Union, ihrer eigentümlichen Staatsferne gegenüber dem Staat, sobald er nicht als Verteilungsstaat auftritt. Im Grund ihrer Funktionärsherzen und außerhalb Bayerns mag die Union noch immer ein wenig Volksverein für das katholische Deutschland geblieben sein.

Unausrottbare Schwindeleien. Es gibt jetzt einen deutschen (oder italienischen oder spanischen oder kalifornischen) Sekt, der so gut ist wie Champagner. Der Krieg ist kein Mittel der Politik. Der Staat, das sind wir alle! Ist fortzusetzen. 178

»Denn eines wissen wir: Der Staat ist wandelbar, die Gesetze sind veränderlich, Richter und Justiz sind nicht stets gleich würdig und dem Irrtum ausgeliefert. Das Gewissen allein hat zu allen Zeiten, wenn der Irrtum zu triumphieren begann, den Irrtum wieder überwunden und den Menschen zurückgeführt zu Wissen, Erkenntnis und Wahrheit.« Wer hat das wohl geschrieben? Adolf Hitler ist's gewesen, im Völkischen Beobachter am 28. Oktober 1930. 179

»Ich habe mir darum drei Regeln fürs Schreiben aufgestellt, die für mich selber absoluta sind: Nimm nie einen Rat an. Zeig oder diskutier nie ein Werk, das noch in Arbeit ist. Antworte nie einem Kritiker.« (Raymond Chandler in einem Brief vom April 1954) 180

1996

Kaiser Wilhelm kommt wieder zu Ehren. Nachdem erzkonserva-   181
tive Engländer festgestellt hatten, der deutsche Anteil am englischen Königshaus sei der übelste nicht gewesen, wird nun der Witz
des Enkels von Königin Victoria entdeckt. Wilhelm II. habe auf die
Nachricht, daß das englische Königshaus sich in kriegerischem
Patriotismus in »Windsor« umbenannt habe, bemerkt, daß er dergleichen nicht hinnehmen könne und das Hoftheater anweisen
werde, von nun an »Die lustigen Weiber von Sachsen-Coburg-
Gotha« zu geben.

Große Erfolge stehen ins Haus. Wenn auf unseren Druck termin-   182
gerecht die Europäische Währungsunion (mitsamt den folgenden
Stabilitätskontrollen) erreicht ist, werden wir wieder die bestge-
haßten Leute in Europa sein.

Mir kommt die Menschenrechtsdiskussion morastig vor. Daß ein   183
Land wie China Hunderttausende vom Hunger befreit hat, zählt
nicht gegen die Einkerkerung eines Dissidenten; daß in Saudi-Ara-
bien Dissidenten gar nicht vorkommen, ebensowenig. Daß in unzähligen Ländern Frauen prinzipiell den Status unterer Menschen
haben, wird erwähnt, doch nicht gebrandmarkt. Der öffentlichen
Meinung scheint die Meinungsfreiheit die oberste von allen, höher
als die Würde des Menschen, des Leibes Unversehrtheit, die Heilig-
keit von Wohnung und Familie. Das ist verständlich; unverständ-
lich nur, daß diese Rangfolge, den Verfassungen fremd, auch dem
Publikum einzuleuchten scheint.

184 Daß der Mensch von Natur aus böse sei, wird doch im Straßenver-
kehr widerlegt. Allem Schimpf zum Trotz, der auf Autofahrer von
denen gehäuft wird, die kein Auto benützen oder sich chauffieren
lassen, tritt nicht selten zarte Rücksicht zutage, die von keiner Vorschrift gefordert wird. Die meisten Autofahrer nehmen es mit
wohlwollendem Gleichmut hin, daß die Radfahrer sich nicht auf
ihrem Weg, sondern im rechtsfreien Raum bewegen; sie mögen
zwanzig Minuten in einer Schlange gestanden haben und halten
doch gern, um jemanden von rechts aus einer Einfahrt einzulassen;
im doppelspurigen Stau kommt immer der Strang rascher vorwärts,
auf dessen Seite sich das stauende Hindernis befindet. Das Auto als
Schule des bürgerlichen Anstands hat nie eine Würdigung gefunden; bisher.

185 Paris, 14. Dezember. Daß die Stadt sich im Chaos befinde, ist gänzlich falsch. Nur die Geschwindigkeit des Verkehrs ist wie vor hundert Jahren, es sind auch nicht mehr Amerikaner, Engländer oder
Deutsche da, als sich zur Weihnachtszeit der Belle Epoque aufhiel-
ten – Japaner kamen damals noch nicht vor. Paris den Parisern! Ihre
Verwandlung beeindruckt alle Besucher, gelassen, freundlich, hilfs-
bereit; die Restaurants dem Gast erfreulich, die Museen leer oder
geschlossen, manche Theater zu, was ja niemanden stört, und in den
Läden der Service, den sie immer versprechen. Es bliebe unerfindlich, worauf die weihnachtliche Stimmung beruht (und es bleibt
unerfindlich, wenn an die Motive der Streiks gedacht wird, die auf
einer Koalition der Unvereinbarkeiten beruhen), wenn man nicht,
an der Assemblée vorüberschlendernd, dächte, daß hier eine Bevölkerung ihren Oberen die Zunge rausstreckt, sich daran vergnügt,
wenigstens eine Weile lang die Regierung regieren, das Parlament
parlieren zu lassen, ohne etwas zu bewegen. Anarchen gegen En-
archen. Das hat viel gekostet. Den Parisern ist der Preis nicht zu
hoch gewesen. Nun gehen sie wieder unter die Fuchtel, brave
Staatsbürger, die sie sind.

Für die termingerechte Errichtung der EWU spricht vornehmlich, 186
daß sie noch in eine Amtsperiode des Einigungskanzlers fiele und
er das zweite große Einigungswerk würde feierlich einweihen können. Vielleicht erwöge er den Verzicht auf den Hohen Akt, wenn
die Europäer sich vornähmen, ihr neues Geld, wie es würdig und
recht wäre, nach ihm zu nennen. Kohl klingt in allen europäischen
Sprachen gleich und gleich angenehm, anders als der elende Euro,
dessen Name schon das Vertrauen zerstört, das wir in die Münze
setzen sollen.

Mauvais coucheur. So nennen Franzosen einen Menschen von 187
schwierigem Charakter. Der Ausdruck stammt aus dem Leben in
der Kaserne oder im Gefängnis, aber paßt ganz gut aufs Zivile. Die
schlechten Schläfer fallen leicht zur Last.

Harold Wilson soll einst im allerengsten Kreis beklagt haben, daß 188
die Politikerinnen keinen Charme und auch darum keinen Erfolg
hätten. Das ist gewißlich falsch; es wird sich schon noch zeigen.

26. JANUAR 1996

Ruhestand. Ich kenne keinen, der geglückt wäre. Also trete man ihn 189
am besten nicht an.

Unausrottbare (unentbehrliche) Schwindeleien (und Ernsthaftig- 190
keiten). Wir werden ihm ein ehrendes Andenken bewahren. Ich
weiß begründete Kritik zu schätzen. Nein, durchaus nicht, Ihr
Anruf ist immer willkommen. Ich übernehme die volle Verantwortung. Es ist mir gleich, wen meine Tochter heiratet – Haupt-
sache, sie wird glücklich. Sein Werk ist uns Mahnung und Ver-
pflichtung zugleich. Das macht gar nichts, wir wollten das Ding
schon lange wegwerfen.

191 Ein Opfer und Genießer der karnevalistischen Kampagne in Köln
wagt einen Verbesserungsvorschlag: das Dreigestirn abzuschaffen.
Prinz, Bauer und Jungfrau werden alle Jahre von einer Oligarchie
ausgewählt, die nur Erwin Scheuch einen Klüngel nennen würde,
die aber eher Kurfürsten zu heißen wären, so weit sind sie vom köl-
nischen Volk entfernt, sie werden umständlich und vielfach öffentlich präsentiert, ihr Erscheinen wird auf jeder karnevalistischen
Sitzung als Höhepunkt ausgegeben. Doch der ist er mitnichten.
Zwar antworten die patriotischen Kölner auf Tusch und huldvol-
les Winken mit pflichtgemäßem Applaus, der nur deshalb heftig
ist, weil sie sich sonst eingestehen müßten, wie öde sie den Auftritt
finden. Dabei liegt gegen die Tollitäten regelmäßig nichts vor, das
polizeiliche Führungszeugnis ist einwandfrei, die Vermögensver-
hältnisse sind geordnet. Doch sind es regelmäßig Personen, gegen
die Rudolf Scharping sich als mitreißender Redner und Mensch
geistsprühenden Witzes in die Erinnerung eingräbt. Der Freund des
Karnevals glaubt nicht mehr, daß ein anderes Wahlverfahren die
Misere wenden könnte, die Urwahl durch die Bürgerschaft beispielsweise oder die Bestimmung durchs Domkapitel – nein, das
Dreigestirn muß weg.

192 »Die Medien«. Allgemeinbegriffe richten meist Unheil an; die Sam-
melbezeichnung Medien ist verhängnisvoll. Was die gedruckten
mit den elektronischen verbindet, ist im Vergleich zu den Unterschieden belanglos. Die Leute, die sich durch Lektüre informieren
und orientieren, und die Leute, die sich dem Fernsehen anvertrauen, leben auf verschiedenen Planeten.

193 Das Reichsgericht mußte in letzter Instanz entscheiden, ob der Angeklagte, der Elektrizität entwendet hatte, wegen Diebstahls be-
straft werden könne (RG in Strafsachen, Bd. 32, 1900). Nach § 242
StGB begeht Diebstahl, wer eine »fremde bewegliche Sache« weg-
nimmt, um sie sich rechtswidrig zuzueignen. Daß der Angeklagte
diebisch gedacht und gehandelt hatte, war klar. Aber ist der Strom

eine Sache? Das Reichsgericht sagte, eine Sache sei nur ein Stoff der raumfüllenden Materie, und lehnte eine erweiternde Auslegung oder analoge Anwendung ab, »als dieselbe nie dazu führen kann, eine bestehende Lücke des Gesetzes auszufüllen, um eine Handlung unter Strafe zu stellen, für welche im Gesetze diese Strafe nicht bestimmt ist. Der … Satz nulla poena sine lege bildet für den Richter eine streng zu wahrende Schranke, über welche ihn auch das Bestreben, einem sittlichen Rechtsgefühle, einer Anforderung des Verkehrslebens auf Schutz gegen Beeinträchtigung von Rechtsgütern gerecht zu werden, nicht hinwegtragen darf.« Hätten rechtsstaatlich denkende Juristen die Zehn Gebote interpretieren und anwenden müssen, wäre der Christenheit viel Elend erspart geblieben. Aus dem sechsten Gebot hätte nicht eine monströse Sexualmoral entwickelt werden können (s. Thomas Sanchez, De Matrimonio), aus dem vierten nicht die Respektspflicht gegen Kaplan und Kurdirektor, aus dem achten nicht ein Wahrheitsfetisch, dem Kant sogar eigenes und fremdes Leben zu opfern befiehlt.

In seinem schönen Erinnerungsbuch erzählt Lord George Weidenfeld, daß ihm der erfahrene Kollege Sir Stanley Unwin zu Beginn der eigenen Verlegerkarriere den Rat gegeben habe: »Bücher über Maria Stuart verkaufen sich immer, Bücher über Südamerika verkaufen sich nie. Darüber hinaus haben Sie freie Hand.« 194

Die scheinbar erhebende, herabsetzende Verwendung der Vorsilbe »mit«. Der Mitarbeiter ist der untergebene, der Mitbürger der unmündige, der Mitmensch der hilfsbedürftige; vgl. auch Mitbruder, Mitläufer, Mitautor, Mitstreiter, Mitbestimmung, Miteinander. 195

Abzeichen des Chefs: In seiner Hand ist kein Mobiltelefon und in seinem Zimmer kein Computer. 196

197 »Da die Personen dieses Romans wirklich sind, ist jede Ähnlichkeit mit imaginären Individuen rein zufällig.«

198 Das neue Jahr hat damit begonnen, daß ich den »Choral von Leuthen« ansah, den ich als Knabe im Marburger »Gloria«, es muß 1944 gewesen sein, zum ersten und einzigen Mal kennengelernt hatte. Damals hatte mich das Filmwerk ungemein beeindruckt; die Erinnerung daran ist nie gelöscht worden. Nach der erneuten Besichtigung wird sich die unauslöschliche Erinnerung vielleicht in eine löschliche verwandeln; ein Meisterwerk der Filmkunst liegt nicht vor. Die Fotografie ist stellenweise nicht ohne Reiz, die Darstellung der Schlacht völlig unzureichend, wenn an die historische Bedeutung des Treffens und die Vorgeschichte der schiefen Schlachtordnung von Epaminondas gedacht wird. Der Weg von der Kriegs-UFA bis zu Spielberg ist halt doch einer des großen künstlerischen Fortschritts gewesen, allem Kulturpessimismus zum Trotz. Beim Wiedersehen fiel mir auf, wie entschieden das Regime in der schwierigen Kriegsphase auf seine eigene Ideologie verzichtet hat, die Religion wieder fürs Durchhalten in schwerer Zeit einzusetzen bereit war (der Widerstandskämpfer Werner Finck gibt einen sympathischen Kandidaten der Theologie), wie nicht ungeschickt Preußens Gloria mit dem Schonungsbedürfnis der Ostmärker amalgamiert wurde. Dem Elf- oder Zwölfjährigen war vor allem eine Szene im Film unvergeßlich geblieben: Nach der siegreichen Schlacht reitet Friedrich der Einzige ohne Begleitung nachts zum Quartier und verirrt sich in das vom österreichischen Stab belegten Schloß Lissa, klopft mit dem Krückstock an, wird eingelassen und hätte von den Offizieren des Feldmarschalls Daun mühelos gefangengenommen werden können, die den Krieg damit praktisch zu ihren Gunsten entschieden hätten – das taten sie aber nicht, sondern wichen vor der Person des Königs zurück, servierten ihm auf Verlangen Speis und Trank und ließen ihn unbeschädigt ziehen, nachdem nur einer der ihrigen, ein beherzter Kroat, den Versuch

70

gewagt hatte, Friedrich um den Degen zu bitten. Diese Szene ist die Illustration des hohen Begriffs von Charisma, von der Aura eines Menschen, die die Widerstandskraft anderer völlig lähmen kann. Die Darstellung des Vorgangs im Film wäre einem großen Regisseur überzeugender gelungen – aber immerhin.

Politisches Charisma ist rar geworden. Bei de Gaulle und Adenauer   199
mochte davon noch gesprochen werden; aber bei nicht einem der gegenwärtigen Herrscher, auch nicht beim Papst, dessen Amtscharisma den Mangel an persönlichem überdeckt. Kohl, dem es zuzuwachsen schien, wird mit dem Hang nicht fertig, es selbst zu zerteilen. Als typische Non-Charismatiker bleiben Helmut Schmidt oder Karl Schiller in Erinnerung, die klug genug waren, sich intelligent zu explizieren, doch nicht klug genug, es zu unterlassen. Ganz ohne Mysterium oder Orakelhaftes entsteht kein politisches Charisma. – Die Völker sehnen sich nach Charisma, doch fahren oft besser, wenn die Sehnsucht ungestillt bleibt.

Die Nazi-Barbaren haben die Kunst, die sie verfolgten, »Entartete   200
Kunst« genannt. Das Schmähwort stellt nicht in Abrede, daß es sich beim Entarteten um Kunst gehandelt hat.

In meinem alten Kirchengesangbuch aus der kurhessischen Kirche   201
gab es ein Lied von Lazarus Spengler »Durch Adams Fall ist ganz verderbt menschlich Natur und Wesen«, das dem Konfirmanden vom Pfarrer Gellert zum Auswendiglernen aufgegeben wurde. Die zweite Strophe enthält in Kurzfassung, was ein Lutheraner von Erbsünde und Erlösung wissen sollte: »Wie uns nun hat ein fremde Schuld/ in Adam all verhöhnet,/ also hat uns ein fremde Huld/ in Christo all versöhnet;/ und wie wir all/ durch Adams Fall/ sind ewgen Tods gestorben,/ also hat Gott/ durch Christi Tod/ verneut, was war verdorben.« Als ich in die Rheinlande kam, war das Lied im Gesangbuch nicht zu finden; im neuen gesamtdeutschen ist es weggefallen.

202 Was ein Politiker nicht sagen sollte. Noch nie ist einer Regierung, außer in Zwangswirtschaft oder Kriegsvorbereitung, ein wirkungsvolles Rezept gegen Arbeitslosigkeit eingefallen. – Maastricht I war ein Fehlschlag. Mit gemeinsamer Außen- und Sicherheitspolitik der Europäer sieht es schlecht aus, mit den Chancen termingerechter Währungsunion nicht minder, die verheißene Subsidiarität und Bürgernähe steht nur im Text. Wenn es Maastricht nie gegeben hätte, wäre das europäische Befinden besser. Mit den europäischen guten Vorsätzen ist es nicht anders als mit denen von Neujahr, sie werden entweder vergessen oder hinterlassen einen Kater.

203 Irgendwo in Deutschland hat die Behörde versucht, die hohen Kosten, die die allzu vielen Wohlfahrtsdienste verursachen, zu senken. Da wird ihr geantwortet, das widerspreche aller Subsidiarität; sie gibt nach, und das Kartell der Überflüssigen bleibt stabil.

23. FEBRUAR 1996

204 Wie ist es zu erklären, daß ansonsten wohlerzogene Männer sich des Jacketts entledigen, sobald sie ein Flugzeug betreten? Nur die wenigsten würden es im Restaurant, im Konferenzsaal tun.

205 Engagierte Reformkatholiken wollen, daß Geistliche heiraten und Frauen Geistliche werden können und daß die Sexualmoral der Kirche modernisiert werde. Es gibt eine Kirche, die diese Wünsche längst erfüllt, nämlich die protestantische. Trotzdem kommt keiner dieser Katholiken auf die Idee, sich ihr anzuschließen. Ja, warum denn wohl?

206 Mit den ganz Armen und den ganz Reichen darf man sich nicht streiten. Bei beiden ist nichts zu gewinnen.

Ungepflegte Erinnerungen. Bundespräsident Heinemann tat sich
was darauf zugute, sich gegenüber dem Schah bei dessen großem
Fest als Flegel aufgeführt zu haben. Das Regime Chomeinis hätte
ihm womöglich besser gefallen – zwar wurden die Menschenrechte
noch weniger geachtet, aber wenigstens war auch öffentliche Heiterkeit verboten. – Im Golfkrieg machte ein deutscher Gelehrter
großes Aufsehen in den Medien mit der Vorhersage, daß die ange-
zündeten Ölquellen durch die von ihnen generierte Wärme und
Rußmenge großes Ungemach über die Welt, wenn nicht die letzte
Katastrophe bringen würden. Das war alles Unsinn gewesen, doch
schuldet der Mitwelt nur der eine Erklärung, der ohne Grund op-
timistisch war. Vergleichbares ist gegenwärtig vom Waldsterben zu
erfahren. – Von den Klerikern, die das Diesseits noch undeutlicher
wahrnehmen als das Jenseits, wird gern festgestellt, daß die
Menschheit den Gedanken an den Tod verdränge und ihn nicht
wahrhaben wolle. Dabei ist genau das Gegenteil richtig. Nie hat der
Tod eine so große öffentliche Rolle gespielt, ja ist zum Gegenstand
öffentlicher Anbetung geworden. Die Leichenbegängnisse schwel-
len immer mächtiger an, auf Mord folgen Betroffenheitsorgien, der
Tod ist als Gegenstand der Ausfüllung des Zeit- und Gesinnungs-
budgets ganz unentbehrlich geworden – wenn auch gewiß nicht der
eigene, sondern der der anderen, ja der Menschheit, zu der man
sich, wie fast immer bei Verwertung der Vokabel, nicht zählt.

Niemand erwartet von einem Anwalt, daß er öffentlich zugibt, sein
Mandant habe unrecht oder solle nachgeben. Aber jedermann erwartet, etwa von den Gewerkschaften oder anderen Interessenver-
tretern, daß sie in aller Öffentlichkeit sich bereit zeigen, Zugeständnisse zu Lasten ihrer Mitglieder zu machen. Diese Naivität bei
der Beurteilung der politischen Rituale steht einem erwachsenen
Publikum nicht an, es kann wissen, daß Gespräche über die Interessen von Interessenverbänden öffentlich zu führen keinerlei Erfolg verheißen kann.

209 Eine Anregung für Hotelführer: Es sollten keine Übernachtungs-
stätten aufgeführt werden, die statt der Seife im Bad Schwenkbe-
cher haben montieren lassen, denen eine widerliche Flüssigkeit ent-
strömt, die der Gast zur Säuberung sich auf die Handfläche gießen
soll.

210 Zu Adam und Eva, von denen sich das Ideal der lebenslangen Ehe
und Treue herleitet, bleibt anzumerken, daß ihnen nichts anderes
übrigblieb.

211 Taki erinnert daran, daß Sir Winston Churchill im Sommer 1957,
zwischen Tina und Ari Onassis am Roulettetisch sitzend, andau-
ernd verloren habe, obgleich sich die Croupiers um seine Zahlen
viel Mühe gemacht hätten. Doch plötzlich sei das Glück des Alten
umgeschlagen, zehnmal hintereinander wurde ihm ein Gewinn zu-
geschoben. Das Glück war nicht die Fortuna gewesen, sondern der
Eigentümer Onassis, der die Croupiers angewiesen hatte, die Chips
des ehrwürdigen Staatsmannes fingerfertig auf die Siegnummern
zu setzen, nachdem sie gefallen waren. Churchill sei hoch vergnügt
gewesen, zumal er ja vom Ursprung seines Glücks keine Ahnung
gehabt habe. An dieser Stelle der Anekdote sind Zweifel erlaubt.
Leicht denkbar, daß Churchill das Spiel durchschaut hatte, sich am
Gewinn erfreute und an der ihm angemessenen Huldigung nicht
minder.

212 Der Berliner Kunsthändler: Die Lage ist so schlecht – es kaufen
nicht einmal die Leute mehr, die eh nicht bezahlen.

213 PDS-Parteitag Magdeburg. In der ostdeutschen Heimatpartei sind
ostdeutsche Dialekte seltener als in den westdeutschen. Die Füh-
rungskader reden wie gebildete Berliner, akademisches Altperso-
nal.

Zu später Stunde tritt im Fernsehen ein Unterhalter auf, Harald 214
Schmidt, nicht ohne Witz, Bildung und Zynismus, dem schwere
Zotigkeit vorgeworfen wird. Mit Recht. Der Mann hat nicht
kapiert, daß in Deutschland jede Ferkelei öffentlich verhandelt
werden kann, doch am besten von jungen Frauen und nur in Be-
troffenheitsprosa, nie im Scherz.

»Lassen Sie mich bitte ausreden!« Das ist ein Ausruf, der selten 215
Gutes verheißt. Da will einer selber bestimmen, wie lang er reden
dürfe und die andern schweigen müssen, oder stellt sich ein Gespräch als Abfolge von Monologen vor. Das Leben selber läßt niemanden »ausreden«; in andern Sprachen ist gar kein Wort für das
maßlose Verlangen vorrätig, nur die oft begreifliche Bitte möglich,
einen Gedanken zum Ende bringen zu können.

Selbstbewußte Unternehmer glauben gern, daß sie auch als Staa- 216
tenlenker erfolgreich wären; die meisten Politiker trauen es sich zu,
ein Unternehmen wenigstens so gut zu leiten wie die, die es von
Berufs wegen tun. Historische Belege lassen sich nicht beibringen:
Es ist ein Aberglaube. Die großen Staatsmänner sind vielleicht auch
darum groß, weil sie gar nichts anderes können, als Völker (und
vorher auch Armeen) zu führen; Bismarck, Churchill oder de Gaulle
hätte niemand eine Fabrik oder eine Bank anvertrauen dürfen. Von
großen Unternehmern weiß man, daß sie zum Schwächeanfall neigen, wenn sie nur in die Nähe einer politischen Situation geraten.

Auch in den Luftschlössern gibt es einen Hofstaat, ein Protokoll mit 217
Regeln für Präzedenz und Placement und Kammerherren, die einander beneiden und bekriegen. Die Intrigen der Machtlosen, in
Exilregierungen oder Redaktionen oder Fakultäten, sind nicht weniger intensiv und bösartig als die, die wirklicher Macht gelten.

218 Obacht bei einer Sache, die sich als alternative bezeichnet! Da will sich ein Interesse andienen, das auf eigenem Fuß nicht stehen kann, sich an seinem Gegensatz festhält und, das Bessere zu sein vorgebend, ihn bewirtschaftet.

219 Alec Guinness hatte, als er den Hamlet spielen sollte, darauf bestanden, daß auf der Bühne keine Treppe aufgebaut würde. »Ich habe es nie erlebt, daß ich auf der Treppe in meinem Haus mit irgend jemandem eine intelligente Unterhaltung geführt hätte.«

220 Die Zeitung war kaum ausgetragen, da hielt der liebenswerte Nachbar R.J. Bartsch schon die Information bereit, auch er habe als Zehnjähriger den »Choral von Leuthen« gesehen, allerdings zehn Jahre vor mir. Daß der Film unvergessen ist, erfuhr ich aus den Zuschriften vieler liebenswürdiger Leser, die meinen Irrtum korrigierten, das Heldenlied sei ein Produkt der Nazizeit gewesen; tatsächlich ist es in der Weimarer Endzeit hergestellt und im Februar 1933 in Stuttgart zum erstenmal gezeigt worden. Historisch bin ich doppelt klüger geworden: Ich weiß nun auch, daß, wie und warum ein Film von 1932 erscheinen kann wie einer aus dem Jahr 1944. – Der freundliche Rat eines Lesers, besser zu recherchieren, würde gern aufgegriffen, wenn nicht selbst der Gewissenhafteste die Neigung hätte, nur nachzuforschen, wenn er sich seiner Sache nicht sicher ist; in meiner Erinnerung war ich's aber; dann hilft keine Recherche, nur die Belehrung durch die Älteren und die Wissenden.

221 »Nicht länger sei dir leid, was du getan –/ Rose hat Dornen, Schlamm der Silberbronn ...« (Sonett 35, Übers. von Stefan George)

222 Alles Pathos der Freiheit ist auf ihre Erlangung gerichtet, auf den Kampf um die Freiheit. Ihr Besitz wird den Völkern rasch langweilig, es wächst die Bereitschaft, sie stückchenweise gegen Wohltaten einzutauschen.

76

Die berühmte Ecole Nationale d'Administration, um die wir Frank-   223
reich so beneiden, bildet weder Politiker noch Unternehmer aus,
sondern den Typ des vorzüglichen Präfekten, der beide Rollen darstellen kann.

MBA, Master of Business Administration, ist einer der dümmsten   224
Titel, die es gibt. Aber dumm müssen die nicht sein, die ihn tragen;
viele haben das Studium dank Kopf und Charakter unbeschadet
überstanden.

22. MÄRZ 1996

Als die ersten Menschen sich aufrichteten, um auf zwei Beinen zu   225
gehen, ist gleich ein Deutscher herbeigeeilt, um dringlich zu warnen: Das sei gefährlich, es drohe der Sturz, besonders den Kindern
und Alten; vor allem sei es unsolidarisch gegen die übrigen Vier-
beiner, auch theologisch bedenklich, denn es wende das Men-
schengesicht ab von der Erde, dem mütterlichen Grund.

Neue Bücher in Amerika gehen der Frage nach, welche Bedeutung   226
George Washington für die Begründung der USA in Wahrheit gehabt habe und worauf sich die tiefe Verehrung seiner Landsleute
zurückführen lasse – an der Unabhängigkeitserklärung oder der
Formulierung der Verfassung hatte er keinen Teil, war auch kein
großer Schriftsteller wie Jefferson oder die Verfasser des Federalist,
kein Pfiffikus wie Benjamin Franklin und von einem gläubigen Demokraten wie Thomas Paine ganz weit entfernt. Aber er war ein
Führer, hielt die Armee und die Gesellschaft im Aufstand gegen die
Krone zusammen; jedermann, auch die geistig Überlegenen, re-
spektierten, daß er der Erste war. Seine Schweigsamkeit half ihm
mehr als ihre Beredsamkeit den anderen, er pflegte seine überle-
gene Körpergröße auszuspielen, sich in einer selbst entworfenen
Uniform eindrucksvoll herauszuputzen, so daß die anderen schä-

big aussahen. Von Jugend an hatte er nach Ehren gestrebt und, wie so viele Große in der Politik, geehrt sein wollen. Er war ein Meister der Delegation, des Fernhaltens von Kontroversen, in denen nichts zu gewinnen war. Als er, siegreich, den Oberbefehl zurückgab und wie Cincinnatus an den Pflug zurückkehrte, wie es Caesar oder Cromwell nicht getan hatten, war sein Ruhm schon unerschütterlich, noch bevor er zum ersten Präsidenten gewählt wurde. – Über seine ersten Berater im politischen Amt sagt der Autor Brookhiser: »Hamilton war ein Alleswisser, der (noch schlimmer) oft alles wußte. Madison war unter seiner Schüchternheit ungeheuer starrköpfig, während Jefferson die tiefe Verschlagenheit hatte, die nur denen reinen Herzens gegeben ist.«

227 Der Kritiker kann zwar nichts so gut wie der Künstler, weiß aber, wie der es besser machen könnte.

228 Richard Rogers, Renzo Piano, Arata Isozaki, Giorgio Grassi, Helmut Jahn etc., die großen Namen, die das neue Berlin bauen. Ein englischer Architekturkritiker, Gavin Stamp, sieht sich die Pläne und Projekte im Informationspavillon an und teilt mit, daß er mutig ins Gästebuch eingetragen habe: »Komm zurück, Speer! Alles ist vergeben« oder es unmutig unterlassen, aber jedenfalls in Ansehung der klassischen Tradition Berlins das aufrichtig gemeint habe.

229 Der Erste kriegt alles. Die Entzerrung der Einkünfte für persönlich zurechenbare Leistungen schreitet fort von Jahr zu Jahr. In einem Zwei-Personen-Sport wie Tennis wird es üblich, daß der Mann, die Frau an der Spitze viel mehr verdienen als der Nächstbeste, der nur um ein ganz Geringes schwächer sein mag als die Nummer eins. Genauso bei dem Manager, der sich den größten Ruf als Sanierer verschaffen konnte – seine Honorarforderung mag um das Doppelte höher sein als die seines Nächsten. In den Künsten gilt der

gleiche Tatbestand schon länger, bei Entertainern, Sängern, Schau-
spielern; der Regisseur Spielberg hat 1994 165 Millionen Dollar verdient, nicht eben dicht gefolgt von dem zweiten der Branche, Syl-
vester Stallone, mit 24 Millionen. Summa: In den Berufen freien
Wettbewerbs wird ein relativ kleiner Leistungsunterschied zuneh-
mend unterschiedlich honoriert. Das ist leicht erklärbar bei den Ta-
lenten, die die Kommunikationsindustrie verwertet – es kostet
wenig mehr, eine Musik, einen Film, ein Fernsehprogramm einer
Milliarde Menschen zugänglich zu machen als hunderttausend. Der
Neid behandelt die relativ großen Unterschiede ebenso unterschiedlich. Je seriöser eine Arbeit ist, desto seriöser soll sie auch
bezahlt werden; über die überflüssige Tätigkeit ergießt sich der
Überfluß; die Spaßmacher werden weit besser bezahlt als die Ernst-
macher und obendrein freigestellt vom Neid.

Immer öfter das Gefühl, im eigenen Epilog zu leben.   230

Dr. David Owen, der schlimme Bosnien-Vermittler, der seine po-   231
litische Karriere von Erfolglosigkeit zu Erfolglosigkeit gesteigert
hat, war einst beim König Hussein von Jordanien und belehrte ihn
in längerer Ausführung über die Lage im Nahen Osten, bis der
Monarch sich zu seiner Umgebung umwendete mit der Frage:
»Weiß jemand, ob der als Arzt was taugt?«

Die besten Gelegenheiten sind doch die entgangenen.   232

4. April 1996

Der Bankier Karl Otto Pöhl weiß recht gut, warum Politiker für die 233
zweite, dritte oder vierte Ehe sich Journalistinnen oder Sekretärinnen aussuchen: weil sie andere Frauen, außer Ehefrauen anderer Politiker, nicht mehr kennenlernen.

234 QWERTZ. So fängt die oberste Zeile meiner Schreibmaschine an, auf einer englischen wäre anstelle des großen Z ein Y. Die kuriose Buchstabenfolge hatte der Erfinder der Schreibmaschine, Christopher Latham Sholes, für den ersten kommerziell verwertbaren Apparat gar nicht gewählt, sondern sich ans Alphabet gehalten. Doch hatte sich sogleich herausgestellt, daß beim Schreiben mit einiger Geschwindigkeit die Typen sich leicht verhakelten. Mit der Hilfe eines verschwägerten Mathematikers entwarf er deshalb eine Tastatur, auf der die im Englischen gebräuchlichsten Buchstaben gehörig voneinander getrennt waren, so daß eine Zeitverzögerung beim Anschlag selbst beim schnellen Tippen unvermeidlich war. Dem Publikum wurde dieser Grund verschwiegen, sondern das Gegenteil werbeträchtig erzählt: Die Anordnung QWERTY sei nach wissenschaftlichen Tests bestimmt worden, um das raschest mögliche Schreiben zu erlauben. – Bei Sholes' Buchstabensalat ist es bis heute geblieben, obgleich die Schreibmaschinen, bei denen Metalltypen noch einander im Wege sein könnten, längst entsorgt sind, nur noch als Nostalgieartikel für Sonderlinge in großen Häusern geführt werden. In allen Büros der Welt könnten Schreibgeräte und Computer alphabetisch viel schneller bedient werden; ich selber wollte auch tippen, wenn das Alphabet in Kraft träte.

235 Seit der Wiedervereinigung ist das Geschwätz vom Ende des Nationalstaats leiser geworden. Allmählich merken selbst unsere Politiker, daß Deutschland, zum erstenmal in seiner Geschichte, einer geworden ist und einer bleiben will – wie Frankreich, Italien, Britannien.

236 Vor 1930 hätte niemand geglaubt, daß der Staatsprotestantismus sich länger halten könnte als der Katholizismus als Staatsreligion, die er nirgends mehr ist. Freilich ist der Staatsprotestantismus genauso ein Zierat geworden wie die Monarchie, der er dient. – Weil der Katholizismus noch Saft hat, kann er nicht mehr Staatsreligion sein.

Zu Risiken und Nebenwirkungen fragen Sie Ihren Arzt oder Apotheker. Kein Satz ist im Fernsehen häufiger zu hören. Aber sind die
Ärzte gefragt worden, ob sie als Pharmavertreter honorarfrei tätig
sein wollen? 237

Das Hauptproblem der Weltwirtschaft: der Mangel an Knappheit.
Den hat die Menschheit noch nie gekannt. 238

Als Müggenburg neulich seinen Gästen in den Mantel half, sprach
er: Ein edler Mensch zieht edle Menschen an. Noch vor zwei Generationen wären Klassikerzitate, zum Alltäglichen verwendet, ver-
braucht vorgekommen, heut' lösen sie wieder Entzücken aus. 239

Sich jung erhalten ist mühsam. Ein probates Mittel, auch mühsam –
täglich neue Leute kennenlernen. 240

Fast eineinhalb Jahrhunderte hat es gebraucht, bis uns nach dem
Tod seines Verfassers das »Gedankengewimmel« Jean Pauls erreicht
hat. Ich hab' das Buch, gewiß eins der schönsten unserer Literatur,
gleich durchgelesen und lese noch immer darin. »Ich bin so an Freiheit gewöhnt, daß mich schon eine bloße Einladung quält, besonders lange voraus. – Kein Mensch hat es noch in Druk bemerkt, daß
es ein Vergnügen ist, zu niesen. – Man erntet nur gebückt. – Ein
süßer milder Anblick, jemand schlafen zu sehen, sogar einen Hund
– in dieser Hingeflossenheit aller Glieder, in diesem reinen schuld-
losen Genuß des Genusses, so glücklich ohne Eitelkeit, Sorge und
Hoffnung – nur existierend im Existieren. – Wenn sich die Weiber
so lange aus- als anzögen: so würde keine verführt. – Meine frühere
Unfähigkeit, Männer für unwahr, Weiber für unkeusch zu halten. –
Nur wolkige Kälte erträgt man ungern, nicht helle. – Ach wie hätte
das in der Jugend selig machen können, was in dem Manns Alter
kaum froh macht, von der Liebe an bis zum Ruhme. Wieviel Glück 241

81

geht dem Empfänglichen vorbei und besucht den Abgenutzten! –
So unbeugsam wie ein Adverbium.«

242 Deutsches Konferenzmotto: Es ist schon alles gesagt, aber noch
nicht von allen.

243 »Er war außer sich.« Da sollte er bleiben.

19. April 1996

244 »Vier ist mehr als drei, aber ebendeshalb ist auch drei weniger als
vier.« Der Satz ist vollständig zitiert, ist richtig und betäubend banal.
Das ist die Kunst des Zitats: Der Satz stammt aus einer geistvollen
Betrachtung des geistvollen Niklas Luhmann in der Beilage der
Zeitung und ist, im Zusammenhang gelesen, noch immer richtig
und dabei hoch originell.

245 Im Institut Pasteur. In der berühmten Forschungsstätte, da sich
Forscher aller großen Nationen vereinigen (außer gegenwärtig der
unseren), suche ich zum Schluß einer Rundwanderung, die dem
Laien nicht viel weitergeholfen hat, die Kantine auf in der Erwartung, daß sich ernährungsphysiologisches Gewissen im Speisen-
angebot durchgesetzt hat. Es gibt Schweineschnitzel oder Bœuf
Stroganoff oder Hachis Parmentier, das Gericht aus Püree und
Hackfleisch; dazu die altfranzösischen Vorspeisen und Desserts. Auf
meinen erstaunt-erfreuten Blick sagt Professor Blandin du Thé
begütigend: Frankreich bleibt Frankreich, und führt mich zur
Weintheke und zum Tisch, auf dem der Aschenbecher nicht fehlt.

246 Sir William Osler war es, der zur alten, immer schwieriger werdenden Unterscheidung von Mensch und Tier die Beobachtung

beigetragen hatte, daß vielleicht das Bedürfnis, Medikamente ein-
zunehmen, das große Merkmal sei, die Krone der Schöpfung von
den Nachgeordneten zu trennen. Auch das wird zweifelhaft. Es
häufen sich die Nachweise, daß der Schimpanse (Pan troglodytes)
sich auf den Umgang mit Naturmedizin versteht – er sucht sich spezifische Gewächse, die seinem Befinden aufhelfen, verschlingt sie
oder kaut sie bloß. Daß viele Tiere Alkohol und rauschhafte Zustände mögen und sie sich mit fermentierten Pflanzen verschaffen,
ist längst bekannt wie auch ihre mangelnde Scheu vor sexuellen
Befriedigungen, die lange Zeit als nur menschliche Verirrungen
galten. So bleibt es bei dem einzig verläßlichen Kriterium, das wir
Loriot verdanken: Der Mensch ist das einzige Wesen, das im Flie-
gen eine warme Mahlzeit zu sich nehmen kann.

Aus »Tacheles«. Alles, was Menschen anrichten, hätte von Men-   247
schen verhindert werden können. – Die Stimmen der Wissenschaft
sind zunächst nie eindeutig. – Was vorhersehbar war, weiß man hin-
terher am besten. – Vorbeugendes politisches Handeln gibt es kaum
in einer Demokratie, weil öffentliche Unterstützung für nur behauptete Notwendigkeit schwer zu organisieren ist.

Die Historiker von heute, schreibt der britische Historiker John   248
Vincent in seinem an Shaw angelehnten »An Intelligent Person's
Guide To History«, leben wie die Mehrheit ihrer Vorgänger in einer
bestimmten gesellschaftlichen Situation – in Europa und anderwärts sind sie Staatsbeamte, in Amerika Angestellte in großen Betrieben. Aber sie leben nicht vom eigenen Vermögen, auf Land-
sitzen, sie sind weder Mönche noch Männer des öffentlichen Lebens
oder intellektuelle Jäger und Sammler. Sie haben selber keine
Macht, weder über Menschen noch über Geld oder Medien. Sie
leben in den Tälern der Gesellschaft und haben teil an absteigen-
der Mobilität. Sie lernen die Macht im eigenen Leben nicht kennen
noch deren Auswirkung im Leben von anderen. Vom aktiven Leben
in seiner neuen Ausprägung, der Wirtschaft, sind sie besonders weit

entfernt. Sie haben die Eigenheiten der kleineren Funktionäre, wie sie überall vorkommen. »Die Geschichte mag sich verändert haben, aber die Historiker als Klasse haben sich noch mehr verändert.« Das beizende Buch, dem gelegentliche Zustimmung so sicher ist wie begründeter Widerspruch, ist nur ein Beispiel für eine Literatur, die bei uns fehlt; ein anderes ist, für die Ökonomen, Paul Omerods Buch »The Death Of Economics«. Die Zunftkorrektheit läßt dergleichen unter seriösen Leuten nicht zu. So bleibt das öffentliche Nachdenken über den eigenen Stand den Sonderlingen, den Quatschköpfen vorbehalten. Dabei wäre es nützlich, wenn einmal ein Mediziner, ein Journalist oder ein Richter sich den eigenen Beruf vornähme; die Theologen mag man, nach leidvoller Erfahrung, nicht ermuntern.

249   Auf einem alten Streichholzheftchen finde ich die Verwunderung notiert, daß beim Ableben des Generals Johannes Steinhoff in den Zeitungen nur vom verdienstvollen Wirken für Bundeswehr und Nato die Rede war, so als ob er seiner Tapferkeit als Jagdflieger mit 176 Abschüssen sich hätte schämen sollen. In den englischen, den amerikanischen Nachrufen wurde der Kriegsheld herausgekehrt.

250   Professionelle Politiker sind unprofessionell in allem anderen.

251   Nachtrag zu Washington. Seinem Ruhm hat es auch genutzt, daß er einen Krieg gewonnen, aber alle seine Schlachten verloren hat. – Militärruhm in Deutschland hatte oft den Grund im Gegenteil.

3. Mai 1996

252   Das Verhalten der SPD ist gut zu verstehen, wenn erkannt wird, daß ihr tiefstes Sehnen nicht auf Macht geht, sondern auf Mitbestimmung. Die hat sie allenthalben erreicht und versteht die Zumutung nicht, daß sie noch mehr zu wollen habe.

84

In einer neueren amerikanischen Sammlung historischer Interviews (Norton) wird überliefert, daß Mussolini den Unterschied zwischen dem Führer und sich selbst damit bezeichnet habe, daß er das erstklassige Haupt einer zweitklassigen Nation sei, Adolf Hitler hingegen der zweitklassige Anführer eines erstklassigen Volkes. – Aus derselben Sammlung erfährt der Leser, daß Thomas Edison seine Erfindungen nicht mochte, sobald sie funktionierten – »seit zehn Jahren habe ich kein Telefon benutzt, und ich kann ohne Glühlampe sehr gut auskommen«. 253

Der Berliner Gelehrte Hartmut Böhme hat Cyberspace als die technische Form Gottes ausgemacht. Die Simulation der Allgegenwart, auch der Allmacht, die Aura der Reinheit, der Befreiung von allem Erdenrest, sobald er eintaucht in die virtuelle Realität, könne die eigentümliche Seelenverfassung des Adepten viel besser erklären, auch die Empfindung der Zugehörigkeit zu einem geheimen Orden unbekannter Mitglieder, die von keiner oberen Weisung abhängen, als der Hinweis auf die banale Faszination durchs technologisch Neue: Es ist eine Religiosität, die sich selber nicht zu verstehen braucht. 254

Anfang der siebziger Jahre war im tiefsten philippinischen Regenwald der primitive Stamm der Tasaday entdeckt worden. Auf wenig mehr als zwei Dutzend Mitglieder zusammengeschmolzen, lebte er in tarzangleicher Unbefangenheit ohne Künste, handwerkliche Fertigkeiten und Kleidung, ohne alle Kenntnis der Außenwelt; nicht einmal den Mond hatte er bemerkt. Jede Aggression war den Tasaday fremd, ihre Sprache hatte kein Wort für Waffen, Feindschaft oder Krieg. Der berühmte National Geographic hatte sie in zwei Heften des Jahrgangs 1971 vorgestellt, lebhaft den Präsidenten Marcos und seinen Beauftragten Elizalde lobpreisend, die sogleich effektiven Schutz über das Territorium der Alteingeborenen übernommen hatten. Trotzdem durfte gegen Zahlung einer Million Pesos die Fernsehgesellschaft NBC eine Dokumentation drehen, 255 der Autor John Nance recherchierte so gründlich, daß er im angesehenen Verlag Harcourt ein Buch über die Tasaday veröffentlichen konnte, mit einem Vorwort von Charles Lindbergh geschmückt, der die Tugenden des urtümlichen Lebens von der Verderbtheit der Moderne in starken Worten abhob. 1974 ließ Marcos das Reservat der öffentlichen Zudringlichkeit wegen schließen; doch traten Missionare hervor, die von Ausbeutung der Urwaldbewohner durch die Behörden wußten. 1986 mußte Marcos in die USA flüchten; mit seiner Herrschaft flog auch der Schwindel auf, den Elizalde so erfolgreich montiert hatte. Die Tasaday waren nach dem Rezept, das deutsche Fernsehschaffende auch kennen, angeheuert, eingewiesen und ausstaffiert worden und so edel und urtümlich wie andere Philippinos auch. Der Schwindel war aufgeflogen, doch nicht in allen Köpfen. 1988 erschien das Buch von Nance in einer Billigausgabe. Weder der Verlag noch die Zeitschrift hatten ihn je zugegeben; das Fernsehen (diesmal CBS) legte noch einmal nach mit einer Dokumentation, die nun dartat, daß die Tasaday kein Urvolk, sondern die Abkömmlinge eines Splitterstammes seien, der sich vor hundert Jahren vor der Versklavung in die Wälder geflüchtet hatte. Sie werden weiterleben, die Tasaday.

256 Das Stichwort »Leitwährung«, früher jeden Tag in der Zeitung, kommt nicht mehr vor. Es kann auch keine geben, wenn keine Leitung stattfindet.

257 In der Sendung hatten sich die Teilnehmer schon lebhaft und offenherzig geäußert. Als die Rotlichter ausgeknipst und die Mikrophone eingesammelt waren, nahm der Freimut noch um einiges zu. Einer meinte, gegen den Widerspruch aller anderen eine Arbeitslosigkeit von 8 Millionen bis Jahresende befürchten zu müssen, daß sie mit Einschluß der in staatlichen Beschäftigungsprogrammen Abgestellten von derzeit 5,5 bis 6 Millionen in Richtung auf die 7 steigen werde, galt aber als traurige Möglichkeit. Der mantrahaften Beschwörung der Bündnisse für Arbeit in Bonn mochte nie-

mand eine Wirkung zutrauen. In der Tat gibt es in der deutschen Politik einen magischen Realismus – das Besprechen der Wirklichkeit soll ihr Heilung bringen.

Als dem Präsidenten Johnson ein überschwengliches Kompliment   258
gemacht wurde, dankte er: Das hätte meinem Vater gefallen, und
meine Mutter hätte es geglaubt.

17. Mai 1996

Die Seezunge soll nach einer Umfrage die höchste Gaumenfreude   259
 unter den Fischen sein. Das ist gewiß falsch. Ihre Beliebtheit verdankt sie eher ihrer einfachen Anatomie und der Tatsache, daß sie
von allen Fischen am wenigsten wie einer schmeckt.

Wer Geld für einen guten Zweck spendet, kann nicht wissen, wie-   260
viel davon den Zweck erreicht. Ist es gar nichts, dann handelt es sich
bei den Spendensammlern um eine kriminelle Vereinigung, sind
es zehn, zwanzig oder dreißig Prozent, vielleicht bloß um eine
schlecht geführte. Bleiben vierzig bis sechzig Prozent des Spendensammelns für den guten Zweck verfügbar, muß schon von unbedenklich bis lobenswert geredet werden. Die meisten gemeinnützigen Werke, sei's die Chrysostomos-Stiftung, der Rote Lotus oder
der Automobilistenunfallbund, haben zuerst große Stäbe zu verpflegen, die Kosten der Vorstände und Präsidien zu verdienen, die
Geldsammler zu lohnen, ehe die drankommen können, deren Bedürftigkeit oder Talent aufgeholfen werden soll. Neulich habe ich
von einer kleinen, aber feinen gemeinnützigen Einrichtung erfahren, bei der von jeder Spendenmark des Publikums hundert Pfennig dem guten Zweck zugeführt werden; es ist die Deutsche Stiftung Musikleben in Hamburg, die ihren Kuratoren weder Honorar
noch Spesen zahlt und ihre Verwaltung durch einen Sponsor versorgen läßt. Dazu paßt es, daß sie weder eigene noch fremde Not

bewirtschaftet, sondern Kultur fördert, die den öffentlichen Händen so leicht lästig wird.

261 Die Speisung der fünftausend war keine Wundertat, aber eine kluge. Die Verteilung selbst ist die Vermehrung. Die Sättigung wäre nicht eingetreten, wenn Brote und Fische nicht bröckchenweise an jedermann gegeben worden wären. Bei Knappheit oder Mangel muß immer strikt gleich verteilen, wer Zufriedenheit erreichen will.

262 Der große Romancier Anthony Trollope hat 1861 den folgenden Brief geschrieben: »Meine liebste Miss Dorothea Sankey, meine liebe und ganz ausgezeichnete Frau ist, wie Sie wissen, noch am Leben – und ich bin froh, daß sie sich guter Gesundheit erfreut. Freilich ist es immer richtig, sich für die Zeitläufte zu rüsten und auf alle Fälle gewappnet zu sein. Sollte ihr irgend etwas zustoßen, würden Sie ihren Platz einnehmen – sobald eine anständige Trauerzeit vorüber ist. Bis dann bin ich getreulich Ihr Anthony Trollope.«

263 Journalistenregeln. Wer früher eine Unsauberkeit recherchieren, einen Skandal provozieren wollte, folgte dem Satz: cherchez la femme. Dann folgte die ertragreichere Maxime: follow the money. Seit Watergate, sagt Ben Bradlee, langjähriger Chefredakteur der Washington Post, heißt es einfach: look for the lies.

264 Sind Vorträge von Geisteswissenschaftlern oder Literaten langweiliger als die der Naturwissenschaftler? Das behauptete neulich einer mit der Begründung, daß die einen fast immer vom Manuskript abläsen, der preziösen Prosa wegen, die anderen aber nicht, die sich an Stichworten und der Konsequenz des Gedankenflusses festhielten. Richtig ist, daß kaum ein Redner fesseln kann, der den Blick-

kontakt zum Publikum nicht sucht und findet; richtig ist auch, daß eine Rede, die sich gut liest, eine gute nicht gewesen ist. Es gibt berühmte Ausnahmen, wie Abraham Lincolns Ansprache auf dem Schlachtfeld vor Gettysburg – sie war wörtlich ausgearbeitet, aber fast frei vorgetragen und nur 272 Wörter lang, weniger als drei Minuten. Ich finde Reden am unergiebigsten, die im verdunkelten Saal stattfinden: Da kann der Sprecher ein Orpheus sein, Morpheus schlägt ihn.

Im Garten Gethsemane. Passionswetter, wie es der Nordländer 265
kennt, kalt, regnerisch, dunkel. Aber Hunderte von braven Schau-
lustigen, alle mit Kameras, die das Unsichtbare als Bild mitnehmen
wollen. Gut, daß die Erfindungen so spät gekommen sind; wären
sie schon zu Christi Zeiten dagewesen, hätte es Weihnachten nicht
gegeben, nicht Ostern und Pfingsten; nur die Kreuzigung.

Es kann nicht gutgehen mit Unternehmern, die mehr Wehklagen 266
als Wagemut verlautbaren. Bisher waren sie beneidet und gefürchtet; es ist kein Fortschritt, wenn sie verachtet werden.

Professor Benninghaus macht mich darauf aufmerksam, daß, wer 267
den Aufruf der Medikamentenwerbung (»Fragen Sie Ihren Arzt…«)
befolgt, Weiterungen zu besorgen hat; nach den Einfachsätzen der
GOÄ wäre eine solche Beratung – auch mittels Fernsprecher – mit
DM 7,92 zu honorieren. Das erscheint mir nicht zu teuer – allenfalls im Vergleich zum Wiederbelebungsversuch, der DM 35,75
kostet.

31. Mai 1996

Eine Überschrift ist keine Mitteilung über Inhalt oder Thema, son- 268
dern ein Lockruf.

269 Das englische Wort sad, das unglücklich oder traurig bedeutet (früher einmal auch faul), hat den gleichen Ursprung wie unser Wort satt, nämlich das lateinische satur. Der Bedeutungswandel zeigt an, wo Leute schon früher genug hatten und sich der Überdruß aufs Gemüt legte – und wo die erste Bedeutung in Geltung blieb, weil der Küchenmeister Schmalhans hieß. Hungry kann im Englischen auch einer genannt werden, der sich durch Fleiß, Energie und Ehrgeiz hervortut; erst ganz gelegentlich, und nur für die jungen Aufstreber, findet dieses Wörtlein (hungrig) Eingang ins Reden der Wirtschaftspersonen.

270 Das Fernsehen ist unter allen Medien das unsensibelste für Fälschungen – weil es selbst auf Täuschung beruht. Alles ist artifiziell. Die Auftretenden sind geschminkt; der seltene Vogel, den die Dokumentation über den Anden schwebend zeigt, wird in der Nahaufnahme durch einen im Zoo ersetzt; aktuelle Vorgänge sind mit Archivbildern illustriert; unter Experten wird so lange herumtelefoniert, bis derjenige gefunden ist, der sich zum Beleg des Vorurteils der Redaktion am besten eignet; der wie spontan oder auswendig aufgesagte Text ist vom AutoCue abgelesen; die Wetterkarte, auf der die Meteorologin kundig fuchtelt, ist ihr selber unsichtbar, weil sie auf Bluebox eingespielt wird; die Heldentat des Stars wird von einem Stuntman vollbracht, und wie beim Film kann die Nachtaufnahme am hellichten Tag gedreht sein; das Wagenrennen durch San Francisco ist aus einem älteren Film hineingeschnitten. Eine Sendung heißt heute live, wenn sie unter Live-Bedingungen aufgezeichnet und nicht mehr ediert wird. Die wirkliche Live-Sendung wird von deutschen Fernsehschaffenden mit dem Wort live-live bezeichnet, das man nicht mehr häufig verwenden muß. – In dieser artifiziellen Welt kommt es nicht auf Geist, sondern auf Geistesgegenwart an, nicht auf Authentizität, sondern Glaubwürdigkeit, nicht auf faktische Genauigkeit, sondern technische Präzision. Sie ist nicht das Reich der Wahrheit und nicht das Reich der Lüge, sondern des Scheins. Ein Narr, wer mehr darin sucht.

Das Leitungswasser in den meisten deutschen Städten ist so gut, daß 271 mir unerfindlich bleibt, warum allenthalben Pinot Grigio angeboten wird.

Viele beneiden die Briten um die weltläufige und wohlerzogene 272 Führungsschicht aus Absolventen der Public Schools und der beiden alten Universitäten. Die Briten selber teilen die Empfindung nicht. Das letzte Mal, daß ein Angehöriger dieser Elite einen so nicht Behinderten im Wahlkampf besiegt hat, ist 1924 gewesen: Stanley Baldwin.

Mit der wissenschaftlichen Reputation Sigmund Freuds geht's stetig bergab. Peter Medawar hatte schon 1975 geschrieben, daß die 273 psychoanalytische Theorie sich als die größte intellektuelle Betrügerei des Jahrhunderts herausstelle. Dabei war sie gegen Kritik so gut abgesichert wie die mittelalterliche Theologie – die Realität des Teufels leugnen war der Beweis dafür, ihm verfallen zu sein; die Ablehnung der Psychoanalyse wurde von ihr mit Erfolg als Symptom der krankhaften Zustände ausgegeben, die sie bekämpfen wollte. Inzwischen ist die Kritik über die These, daß die Theorie die Fakten produziere, die sie stützen, weit hinausgegangen, sie will den großen Wiener als bewußten Schwindler enttarnen, der moralisch-intellektuell in größerer Nähe zum Begründer der Scientology Sekte, Ron Hubbard, gewesen sei als zu Einstein. Neben vielen anderen wird Freuds Heilung der Morphiumsucht angeführt; er hatte statt dessen Kokain vorgeschlagen, welches Gift keine Abhängigkeit begründe, und seine Schrift über die Entdeckung in Kenntnis der Tatsache veröffentlicht, daß sein einziger Proband mittlerweile hoffnungsloser Kokainist geworden war. Viel früher schon hatte sich Sartre an der Zerstörung eines Hauptbestandteils der Lehre versucht, der Verdrängungstheorie, mit dem Argument, daß das Unbewußte ja wissen müsse, was es aktiv zu verdrängen habe – was als unbewußter Vorgang schwer vorzustellen sei. Doch alle Kritik, übersichtlich versammelt in Websters Buch von 1995

»Why Freud was wrong«, kann Medawars Hoffnung, Freud werde jeder Nachruhm versagt bleiben, nicht bestätigen. Von den Naturwissenschaftlern mag Freud widerlegt werden; als Schriftsteller bleibt er unbesiegbar und unsterblich, solange jemand Prosa liest.

274 »Dreißig Jahre lang hat die Mutter die Familie mit Mahlzeiten aus Resten versorgt. Das Ursprungsgericht ist nie entdeckt worden.« (Calvin Trillin)

275 Manchmal ist Gewissen wichtiger als Wissen; aber viel seltener, als die Prediger glauben.

16. Juni 1996

276 Einfache Bestimmung des Ruhestandes: wenn einer nur noch so viele Briefe empfängt, wie er beantworten kann.

277 »Ich habe bemerkt, daß im allgemeinen Menschen von ausgesprochener Persönlichkeit sehr selten ihre Schulfreundschaften im späteren Leben fortsetzen ... Vereinigungen, die nur darauf fußen, daß ihre Mitglieder zur selben Zeit in derselben Schule waren, sind meistens die trübseligsten aller Gesellschaften. Wie könnte es auch anders sein? Menschen, die keinen besseren Grund haben, sich einander zuzugesellen, müssen wirklich farblos und schal sein.« (Aldous Huxley, Zwei oder drei Grazien)

278 Das Ladenschlußgesetz ist längst zum Symbol für die Reformfähigkeit der großen Parteien geworden, für ihren Vorsatz, eine Wendung Deutschlands zur Dienstleistungsgesellschaft zugleich zu fordern und zu verhindern. Ihre Unbeweglichkeit könnte aber unterlaufen werden. Es brauchte nur eine freiheitlich gestimmte Lan-

desregierung einen Blick ins Grundgesetz zu tun, um festzustellen, daß der Ladenschluß zu den Gegenständen der konkurrierenden Gesetzgebung gehört (Art. 74, Z. 11), darin der Bund nur eine Zuständigkeit hat, wenn eine bundeseinheitliche Regelung notwendig ist (Art. 72). Daß die Einheitlichkeit der Lebensverhältnisse im Bundesgebiet einheitliche Ladenschlußzeiten erfordere, ist offensichtlicher Unsinn – schon jetzt sind die effektiven Schlußzeiten unterschiedlich, zu schweigen von den gesetzlichen Feiertagen. Wenn nur ein einziges Land auf die Verfassungswidrigkeit des Gesetzes antrüge, würde es in Karlsruhe für ungültig erklärt werden können; Berlin wäre frei, auf gesetzliche Regelung ganz zu verzichten, Hamburg wäre frei, sich den Idealen der Gewerkschaft und der Bequemlichkeitskrämer gänzlich zu unterwerfen.

Früher war es einfach, eine Redaktion zu versammeln, wenn sich   279
eine Persönlichkeit zu Besuch angesagt hatte, über die häufig berichtet wurde. Das wird immer schwieriger. Auch anderen Vereinigungen oder Versammlungen gelingt es nicht mehr, Mitglieder in einer eindrucksvollen Zahl zusammenzubringen, um jemandem zuzuhören, der sich als Ehrengast ansieht. – Der Status des Abgeordneten, Landesministers, gar Bundesministers generiert nur noch wenig Interesse. Wenn nicht auszeichnende persönliche Eigenschaften hinzutreten, wird die Begegnung mit den Hochgestellten nicht als erfreulich, sondern lästig wahrgenommen. Einen Amtsbonus gibt es nicht mehr. – Vor zwanzig Jahren konnte Capital einen bekannten Politiker auf den Titel nehmen und sich einen Verkaufserfolg versprechen; heute muß ein Politikertitel mit kräftigen Einbußen am Kiosk bezahlt werden.

In meiner Referendarzeit konnte ich die Monatsbezüge von   280
DM 185,– durch Arbeiten für den CDU-Bundesgeschäftsführer Dr. Bruno Heck oder den geschäftsführenden Vorsitzenden der Partei, den unvergessenen Dr. Franz Meyers, aufbessern. Für ihn hatte ich in einem kleinen Gutachten die Chancen der Bundesre-

gierung in einem anstehenden Parteispendenprozeß vor dem Ver-
fassungsgericht untersucht und war zum Ergebnis gekommen, daß
sie verlieren werde. Ohne alle Vorwarnung wurde die Zimmerwir-
tin im Nachtigallenweg eines frühen Morgens angerufen, ich möge
um 9.30 Uhr zum Vortrag beim Bundeskanzler kommen. Hastig
kleidete ich mich an, warf mich in den uralten Opel Olympia und
fuhr zum Palais Schaumburg. Ich war noch nie am Amtssitz des Regierungschefs gewesen und gehörig beeindruckt, als beim Betreten
des schönen alten Hauses die Wachen unters Gewehr traten, zwei
befrackte Diener mich in Empfang nahmen und die Treppe hin-
aufgeleiteten. In einem Vorsaal, von einem Referenten freundlich
begrüßt, hatte der junge Mann in höchster Nervosität einige Minuten zu warten, bis einer der beiden Diener vor der großen Dop-
peltür sagte: »Der Herr Bundeskanzler« und sie öffnete. Der große
alte Mann, der höflichsten Menschen einer, kam entgegen, schüt-
telte die Hand und wies einen Sessel am Tisch an, wo Meyers und
Finanzminister Etzel schon placiert waren. Um prägnante Darlegung gebeten, redete ich etwa zehn Minuten, beantwortete zwei
oder drei Fragen, worauf der Kanzler dankte, sich erhob und mich
an der Tür verabschiedete. Viele Jahre später wurde ich daran erinnert, als ich im Bundeskanzleramt bei Helmut Kohl vorsprechen
durfte. Im Haus, wie eine Konzernzentrale gebaut, geht man eine
Treppe hinauf, durch ein Vorzimmer, in welchem die allzeit lie-
benswürdige Juliane Weber den Gast willkommen heißt und in das
Arbeitszimmer führt. Der Bundeskanzler, in Strickjacke und Be-
quemschuh, flankiert vom Aquarium und der Bundesflagge, redet
freundlich und gescheit. Der Besucher geht dankbar von dannen
und denkt: Wieviel gemütlicher ist es doch heute, als es bei Adenauer gewesen war.

281   Maulschelle, Ohrfeige, Nasenstüber. Das Vokabular der körper-
       lichen Züchtigung weist den Kopf als beliebtesten Angriffspunkt
       der pädagogischen Bemühung aus.

94

Vor kurzem habe ich den größten lebenden Deutschen gesehen. Er   282
nahm neben mir im Flugzeug Platz. Ich kennen seinen Namen
nicht, nicht seine Adresse, nur seine Größe: 213 cm. Er behauptete,
daß es noch einen gebe, der ihn überrage; das konnte ich, zu ihm
aufblickend, nicht glauben.

Carl T. Rowan war Botschafter in Finnland gewesen, war 1964 Chef   283
der U.S. Information Agency und Mitglied des Nationalen Sicher-
heitsrates der USA geworden und hatte damit das höchste Regie-
rungsamt erhalten, das je einem Schwarzen anvertraut worden war.
Sich und seine Familie hatte er in einem angemessenen Haus der
Hauptstadt untergebracht. Als er sich eines Tages zu Hause bei
einem kühlen Bier erquickt, wird er von seiner Ehefrau mit der
Mitteilung unterbrochen, daß der Gärtner nicht angetreten sei und
daß er, Carl, doch bitte den Rasen mähen solle. Dies lehnt er unter
Hinweis auf die Außentemperatur von 110° Fahrenheit ab und verlangt statt dessen nach einem zweiten Bier. Die Ehefrau insistiert:
»Carl, das fehlt noch, daß die Nachbarn sagen: Kaum ziehen die
Nigger hierher, verkommt auch die Gegend schon.« Darauf macht
er sich widerwillig auf, geht in den Garten und nimmt die Maschine
energisch zur Hand. Nach wenigen Augenblicken hält am Rande
des Grundstücks eine Stretchlimousine, das hintere Fenster geht
herunter, und es erschallt die Stimme einer würdigen weißhaari-
gen Dame: »Boy, komm mal her! Was zahlt man dir hier für die Arbeit?« Carl Rowan nähert sich und sagt: »Guten Tag, Ma'am. Man
zahlt mir nicht viel, aber ich darf mit der Herrin schlafen.« Ein spit-
zer Schrei, und die Limousine fährt davon.

Es gibt in Deutschland, mindestens beim zivilisierten Personal,   284
nichts von dem, was man Antisemitismus nennt. Und doch gibt es
einen, einen geheimen – so geheim, daß seine Träger nichts davon
wissen und es mit bestem Gewissen empört von sich weisen wür-

den, wiese man sie darauf hin. Er bestimmt nicht das Denken, aber steuert das Handeln. Spürbar im Umgang mit jüdischen Kollegen, Bewerbern, Mitbewerbern, Zeitgenossen, mit denen die Zeitläufte einen in Berührung bringen. Ein Zögern macht sich dann bemerkbar, ein Zaudern, sich vertraulich oder vertrauensvoll einzulassen. Ein Bedürfnis nach Abstand, der so groß sein muß, daß der Seelenfriede nicht gefährdet, die Unbefangenheit des Einklangs mit sich selber nicht beeinflußt ist. Das Phänomen ist so schwer zu greifen wie zu beschreiben. Es ist keine Feindschaft, die da im tiefsten Seeleninnern haust, eher eine Unsicherheit, gar Angst, die sich in einer Verlegenheit zeigt, die sich nicht zeigen darf, nicht zeigen will.

285 Woran man einen deutschen Politiker erkennt. 1. Er sitzt neben dem Fahrer und zieht sich am Ziel, während der Gastgeber wartet, die Jacke an. 2. Er erhält einen Blumenstrauß, wenn er zu etwas gewählt worden ist. 3. Er redet Dialekt, aber versucht sich auch im Englischen. 4. Er ißt am liebsten Hausmannskost oder kehrt beim Italiener ein. 5. Er trägt nur weiße Hemden und darunter ein gut sichtbares Hemdchen mit bequemem Ausschnitt um Hals und Oberarm.

286 »Seiteneinsteiger« werden von jenen nicht geschätzt, die einer Laufbahn folgen oder sie verwalten. Das liegt auch daran, daß die Seiteneinsteiger in Wahrheit Obeneinsteiger sind, die den andern die Aussicht wegnehmen. Amakudari, die vom Himmel steigen – so nennen die Japaner die hohen Staatsbeamten, die sich in der Privatwirtschaft verdingen und auf ihrer Spitze landen.

287 Dermaleinst wird Helmut Kohl als der kunstsinnigste Kanzler der ersten Jahrhunderthälfte der Bundesrepublik erkannt werden. Adenauer hatte privat ein wenig alte Kunst gesammelt, ein paar Fälschungen darunter, und zur bildenden Kunst das Verhältnis, das bei anständigen Kölnern gefordert ist, und er hatte ein beinahe freundschaftliches Verhältnis zu Kokoschka, als der ihn porträtierte. Er-

hard hatte ein gewisses Interesse an moderner Architektur und gegen Widerstände sein Amtshaus in Bonn wie sein Privathaus in Gmund dieser Neigung entsprechend bauen lassen; Kiesinger verlautbarte gelegentlich Erfreuliches, aber beließ es dabei, wie im übrigen auch. Brandt besaß das Kennedysche Talent, Künstler, Literaten, Intellektuelle anzuziehen, zu nutzen, ohne sich mit ihnen einzulassen. Schmidt hatte ein Ohr für Musik, aber kein Auge. Kohl pflegt Museen nicht nur zu stiften, sondern auch zu besuchen und Künstler auf mancherlei Weise nachdrücklieh zu fördern, doch hat er es nie herausgekehrt, weil die Medienwelt für seine Anstrengungen nicht Anerkennung, sondern verächtliche Attitüden bereithielte.

9. AUGUST 1996

Hätten Sie mal 'ne Minute Zeit? Vorsicht! Da will einer lästig sein, und nicht nur eine Minute. 288

Nicht viele Fremde promenieren auf der Chaussee d'Etterbeek in Brüssel; am Haus Nr. 172 könnten sie sonst lesen, daß dort Constantin Meunier am 12. April 1831 geboren wurde – »le génial artiste, Glorificateur du Travail«. Den Verherrlicher der Arbeit speichert das Gedächtnis nicht mehr, die besseren Nachschlagewerke führen den Bildhauer noch auf, der den sozialistischen Realismus hätte begründen können, wenn Sozialisten sich nicht seiner bemächtigt hätten. 289

Fußball im Fernsehen ist die langweiligste Form der Unterhaltung überhaupt; jedermann weiß es, wenn die Darbietung vorbei ist. Weshalb, woher die Faszination? Das Prinzip Hoffnung, der Erwartung in seiner idealen Form. Sie wird nicht versprochen, nur in Aussicht gestellt, kann nicht organisiert werden, sondern erfüllt sich – selten –, wie von unsichtbarer Hand herbeigeführt. Als 290

Ergebnis einer absichtsvoll zufälligen Zusammenwirkung von 44 Händen, 44 Beinen, eines nassen oder trockenen Rasens, einer Windbö, einer schräg stehenden Sonne. Die Enttäuschung über ein schlechtes Spiel ist darum nicht die gleiche, wie die bei einem nicht eingelösten Versprechen, die Enttäuschung ist sogar leicht erträglich, denn der Betrachter wurde nicht nur von anderen enttäuscht, auch von sich selbst.

291 »Merkt ihr nicht, daß alles, was zum Mund hineingeht, das geht in den Bauch und wird danach in die Grube ausgeleert? Was aber aus dem Mund herauskommt, das kommt aus dem Herzen, und das macht den Menschen unrein. Denn aus dem Herzen kommen böse Gedanken, Mord, Ehebruch, Unzucht, Diebstahl, falsches Zeugnis, Lästerung. Das sind die Dinge, die den Menschen unrein machen. Aber mit ungewaschenen Händen essen, macht den Menschen nicht unrein.« Naja.

292 Alfred Kazin berichtet, daß Albert Einstein, dem Thomas Mann einen Roman von Kafka geliehen hatte, ihn mit dem Bemerken zurückgegeben habe, daß er ihn nicht habe lesen können; das menschliche Gehirn sei für dergleichen Kompliziertheit nicht gemacht. Die Anekdote berichtet wiederum Umberto Eco; ich wiederhole sie als mindestens vierter Zeuge vom Hörensagen. Im angelsächsischen Strafprozeß ist Hörensagen als Erkenntnisquelle nicht zugelassen, der Zeuge soll nur eigene Wahrnehmung bekunden. Die Beschränkung ist töricht und dient nicht der Wahrheitsfindung. Jeder Richter weiß, wie unzuverlässig Zeugen wahrnehmen und darüber aussagen; jeder Leser kann gewiß sein, daß Einstein sich über Kafka so geäußert hat – es sei denn, Thomas Mann habe geflunkert.

293 »Wenn wir mit der Integration Ernst machten, die Araber und Berber aus Algerien als Franzosen ansähen, wie könnten wir sie daran

hindern, sich in Frankreich niederzulassen, wo der Lebensstandard
so viel höher ist? Mein Dorf hieße nicht mehr Colombey-les-deux-
Églises, sondern Colombey-les-deux-Mosquées!« (Charles de
Gaulle am 5. März 1959 zu Peyrefitte)

Eine der vielen Umfragen, diesmal nach nichts weniger als dem   294
Sinn des Lebens. Ich hätte meine Vermutung mitteilen müssen, daß
das Leben keines Wesens einen Sinn hat, sondern daß seiner Existenz ein Zweck bestimmt wird, von irgendeinem anderen oder von
einer Instanz, die sie für ihre eigene ansieht, die aber urteilt wie von
außen, das Gewissen beispielsweise. Ich habe die Anfrage nicht beantwortet – die Auskunft, daß kein Leben von seinem Sinn weiß,
hätte sich unter den sinnfrohen Antworten sehr sparsam ausgenommen.

Viele bedeutende Schriftsteller sind Anhänger des Kommunismus   295
gewesen – aus Abneigung gegen die bürgerliche Welt, den Kapitalismus, einer törichten, aber idealen Auffassung von Verbesserung
der Menschheit. Von einem weiß man, daß er Stalins Anhänger aus
Bosheit geworden und geblieben ist, Dashiell Hammett, unvergessen als Schöpfer von Sam Spade und Vorläufer Raymond Chand-
lers. Hammetts Kommunismus hat sich nicht von Hoffnung
genährt, sondern der Freude an der Vernichtung. Da konnte auch
keine Enttäuschung eintreten; er konnte Stalin treu bleiben bis zum
Ende.

Die Hölle, hat Sartre gemeint, das seien die anderen. Wer je im   296
Krankenhaus war, weiß es genauer: Die Hölle, das ist das Zwei-
bettzimmer.

99

297   In einem Science-fiction-Film trägt der Diktator den Titel »Der Fürsorger«. Das ist viel besser als Führer, Duce oder dergleichen Herrscherliches. – Seit langem ist der Ausdruck »Seelsorger« wieder empfehlend verwendbar; zwar ein altes, doch widerliches, schleimüberzogenes Wort, unter dem heute nur Personen vorgestellt werden können, deren Nähe man meiden muß.

298   Im Gespräch mit Goethe hatte sich Napoleon gegen die überkommene Schicksalsauffassung gewendet und den Satz gesagt: Die Politik ist das Schicksal. Hundert Jahre darauf hat Walther Rathenau, Politiker und Industrieller, den Satz dagegen gestellt: Die Wirtschaft ist das Schicksal. Solche Gemeinsätze sind so richtig wie falsch. Solange die Politik Gehorsam erzwingen kann, wird sie im Konflikt obsiegen und Schicksal spielen können; doch verliert Politik alle Legitimität in der Massendemokratie, wenn die Wirtschaft keine auskömmliche Versorgung mehr bereitstellt. Beide Gemeinsätze verlieren Gültigkeit gleichermaßen, wenn die Entwicklung der Gesellschaft in der jüngsten Epoche bedacht wird. Keine der Veränderungen, die sie nicht nur von Angesicht, sondern von Grund auf verwandelt haben, geht auf politische Entscheidungen oder ökonomische Initiativen zurück; sie sind bloß von der Politik reguliert, von der Wirtschaft genutzt worden. Der pharmazeutische Erfindergeist war es, der die christliche Sexualmoral zerstört hat; derselbe Erfindergeist ist es gewesen, dem sich die Verlängerung der Lebenszeit, die Umwandlung der Sozialstruktur und aller Sozialpolitik verdankt. Die technologische Findigkeit hat die Globalisierung der Märkte, nicht nur der finanziellen, erst möglich gemacht, einen Teil der Dritten Welt der Ersten zugeschlagen, die sich zu fürchten anfängt, und eine neue Gesellschaft heraufziehen lassen, die wir hilflos Informationsgesellschaft nennen. Der Beispiele sind so viele, daß sie kaum wahrgenommen werden und auch nicht, daß sie in früherer Zeit ohne Entsprechung sind. Politik darf zu alldem Rahmenbedingungen setzen oder Folgerungen exekutieren; sie

steuert die Entwicklungen nicht mehr – so wenig wie der Industrielle, der Handelsmann. Wenn einer das gewaltige Wort noch überhaupt gebrauchen will: Das Schicksal wohnt nicht in der Politik, nicht in der Wirtschaft, es sucht sich seinen Platz in Köpfen, die sich nicht mit der Führung von Regierungen oder Unternehmen beschäftigen.

Den großen Neutestamentler Rudolf Bultmann habe ich zuerst als Presbyter wahrgenommen. Beim Sonntagsgottesdienst in der Universitätskirche ging er zur Kollekte mit dem Klingelbeutel von Bank zu Bank. Später erfuhr ich, wie er mit seinem Freunde Julius Ebbinghaus und einigen anderen Gelehrten, mit denen er in der »Sonne« einen altphilologischen Stammtisch hielt, den Nazis wacker widerstanden hatte. Das konnte man von den pietistischen Seelenführern nicht sagen, die meiner frommen Mutter beigebracht hatten, daß Bultmann ein Glaubensverderber, ja eigentlich ein Apostel des Satans sei. Als ich erst viel später einige seiner Schriften gelesen hatte und die Kontroverse mit Karl Jaspers über die Entmythologisierung, keimte ein Verdacht, daß die orthodoxen und traditionellen Positionen leicht von manchen eingenommen werden können, die mit Religion und Glauben ohnedies wenig im Sinn haben, während andere, denen es mit Kirche noch so ernst ist wie mit intellektueller Redlichkeit, an Bultmanns Seite treten mögen.

Der technische Unverstand steht fassungslos-bewundernd vor dem Apparat, dessen geheimnisvolles Tun er nicht versteht. Wird's ihm erläutert, schlägt die Bewunderung rasch in Enttäuschung um. Es war ja alles ganz einfach, er hat es gleich begreifen können. Nun ist's ihm platt und banal. Die nämliche Empfindung bei der Lektüre des Philosophen Popper. Der löst die Rätsel der Welt so, daß Erkenntnis und Enttäuschung zusammenfallen. – Da drängt sich ein Nachgedanke auf. Vielleicht ist die Banalität der Lösung ein Indiz für ihre Richtigkeit. Vielleicht verschleiert die mysterienbewehrte Prosa der anderen den Tatbestand, daß ein Rätsel nicht gelöst worden ist, nicht gelöst werden kann. Gewiß gibt es unter professionellen Philosophen die redlichen Köpfe, denen Wahrheit und Klarheit beieinander liegen; und die Wahrheits-Designer, die das Gemüt in Erstaunen erhalten, eine fromme Andacht vor der Schwere des Gedankens pflegen können.

301 In der International Herald Tribune jedes Tages, fast jedes Tages, ist in den Kleinanzeigen ein kurzes Gebet ans Heilige Herz Jesu, verbunden mit einer Anrufung des heiligen Judas Thaddäus, abgedruckt, in dem Gottes Sohn und der Heilige um wunderbare Hilfe auch in hoffnungslosen Fällen angefleht werden. Wenn das Gebet neun Tage lang neunmal am Tag gebetet werde, so verheißt der Inserierende, werde es mit Gewißheit erfüllt – doch muß die Danksagung wiederum publiziert werden. Das geschieht auch sehr oft; die Regelmäßigkeit des Inserats zeugt für die Wirksamkeit des Gebets. – Der Chefredakteur John Vinocur erzählte mir einst, daß sie bei den schrecklichen Schwankungen im Anzeigenmarkt das kleine Stück immer mit Liebe anschauen: das Einkommensquellchen, das nicht versiegt.

6. SEPTEMBER 1996

302 Das starke Gottvertrauen ist eine Form der Herzenskälte.

303 De mortuis nil. Kürzlich wurde mit Staatsbegräbnis und rühmender Rede ein Politiker zur letzten Ruhe bestattet, der im Rahmen des Möglichen wohl tüchtig gewesen war, doch einen eigenen großen Gedanken auf seinem Felde nicht beigesteuert hatte und seinen Zeitgenossen, den Vorläufern und den Nachfolgern, verdrießlich gewesen ist – ein ganz ungebremster Ehrgeiz, ungehemmte Geltungssucht, dabei übelgelaunt, die Fröhlichkeit seines Volksstamms lebenslang dementierend. Was treibt die Notabeln, einen Verblichenen zu ehren, den sie verabscheut hatten? Zu gewinnen

war nichts mehr, weder für Staat noch Partei. Vielleicht war's nur der Wunsch, die Erlösung von lästiger Erinnerung zu feiern.

Die Verhaftung des Thyssen-Chefs Dieter Vogel ist als Medien-manöver der Justiz nicht recht geglückt. Sie mochte wohl darauf bauen, daß kleine Leute sich freuen, wenn kleine Leute große Leute öffentlich verfolgen, doch war die Fluchtgefahr als Grund für den Haftbefehl bei einem nicht plausibel zu machen, der aus dem Ausland anreist, ihn entgegenzunehmen. Die wirkliche Gefahr der Inszenierung ist beim Spektakel gar nicht bemerkt worden – je mehr Ermittler und Staatsanwälte am Anfang auftrumpfen, desto stärker setzen sie sich unter Seelendruck, ein Ergebnis vorzuweisen, wenn sie nicht blamierter sein wollen als ihr Opfer. Wenn sie keine Verurteilung erreichen können, müssen wenigstens dunkle Verdachtsflecken her, die nicht gut abzuwischen sind. Will auch das nicht gelingen, dann bleibt nur die letzte Freundin der Justiz, die Zeit. Bei uns, im Land der Gründlichkeit und Langsamkeit, kann ein Verfahren gestreckt werden, bis niemand mehr von seinem Gegenstand, seinen Beteiligten hören und sehen will. 304

Es war sehr schlau von Baron Coubertin zu behaupten, bei den Olympischen Spielen komme es nicht aufs Siegen, sondern aufs Mitmachen an: Nur der Deutsche Sportbund hat's geglaubt. Ich lobe mir den alten Herrn, der sagte, daß für einen Gentleman nur Sportarten lockend seien wie Reiten oder Jagen, Tanzen, Tauchen, Bergsteigen oder Segeln, bei denen man mit sich selbst oder den Elementen kämpft und bei denen es keine Sieger und keine Besiegten gibt. 305

Wer jemanden bekehren will, tut es nicht, um ihn zu retten, sondern weil der so leiden soll wie man selber. Keiner rettet einen andern, man rettet nur sich selbst, und das geht nicht besser, als das Unglück in Überzeugungen zu kleiden, die man den anderen auf- 306 drängt. – Solch ein Satz, wie ein eigener geäußert, ruft bei manchen Zeitgenossen Empörung hervor; wird hinzugefügt, es sei ein Aphorismus von E. M. Cioran, bleibt die Entrüstung erhalten, aber lahmer, dumpfer, um ihr gutes Gewissen gebracht. Ein guter, aber übler Trick. – Doch haben Lichtenberg und Jean Paul, unsere scharfsinnigsten Aphoristiker, recht getan, ihre prägnantesten An- und Einsichten erst posthum mitzuteilen.

307 Im Juni war ich in Stockholm, zum erstenmal. Mehr ist darüber nicht zu berichten.

308 Der tapfere und hochdekorierte Oberst Valentine Baker wurde beschuldigt, in einem Zugabteil eine junge Frau unsittlich angegriffen, ja die Notzucht versucht zu haben. Er wurde verurteilt, und Königin Victoria, die ihn vordem sehr geschätzt hatte, war empört, daß man ihm erlaubte, aus der Armee auszuscheiden, statt ihn unehrenhaft zu entlassen. Nach der Gefängnisstrafe machte er in der türkischen Armee eine bedeutende Karriere, so daß er als Baker Pascha in Kairo auch mit vollen militärischen Ehren der Engländer beigesetzt werden konnte. Die britischen Eisenbahnen hatten aus der Affäre längst Konsequenzen gezogen und für die gehobenen Stände Damenabteile eingerichtet. Zuvor schon hatte die Herrenwelt als Schutz vor Verdächtigung empfohlen, sich sogleich, wenn allein mit einer Dame im Abteil befindlich, eine große Zigarre zu entzünden, um an deren Asche immer beweisen zu können, daß eine lebhaftere Bewegung der Gliedmaßen nicht stattgefunden haben konnte.

309 Einen alten Franzosen hörte ich neulich sagen: Le Hollandais, c'est la caricature d'un boche.

Der Premierminister Macmillan auf die Frage, was ihn bei der Formulierung seiner Politik am meisten beeinflußt habe: die Umstände, mein Lieber, die Umstände.

20. September 1996

»Als die Kraft zu Ende ging, war's kein Sterben, war's Erlösung.« 311
Der in Todesanzeigen beliebte Spruch wird wohl nicht seltener den
Angehörigen gelten als den Verblichenen.

Eine Toskana-Fraktion gibt es auf der Linken überall – la Gauche 312
Caviar in Frankreich, die Sancerre Socialists in England, den Radical Chic in Amerika. Die Wolke der Polemik, die sie umgibt, versperrt den Blick darauf, daß sie längst die Mehrheitsfraktion bildet – mit Recht. In der politischen Geographie ist die Toskana
bevölkerungsdichter als das Ruhrgebiet.

»'s ist Krieg! 's ist Krieg! O Engel Gottes, wehre und rede Du darein! 's ist leider Krieg – und ich begehre, nicht schuld daran zu sein!« 313
's ist Claudius. 's ist jämmerlich.

Bei den Wirtschaftsverbrechern soll man die guten von den bösen 314
Schurken unterscheiden. Die einen, wie Robert Vesco oder Jean
Rey, haben Milliarden beiseite geschafft und dann sich selber, die
andern, wie unser Dr. Schneider, haben genausoviel Geld geklaut,
aber auch schöne alte Häuser wie schöne alte Häuser wiederaufgebaut, was kein redlicher Investor hätte tun mögen. Für den Strafrichter kann der Unterschied belanglos sein, für die Betrogenen
auch, für die Gesellschaft ist er es nicht.

315 Minderen Geschichtsschreibern wie Daniel Jonah Goldhagen darf man einiges vorhalten, aber besser nicht, daß sie keine Fachhistoriker seien. Das sind auch Tacitus, Polybios oder Gibbon nicht gewesen, auch nicht Mommsen oder Burckhardt; auch nicht Hans-Peter Schwarz, K. D. Bracher oder Joachim Fest sind es, wohl aber Historiker von Rang. Die Geisteswissenschaftler sollen kritisch darauf abstellen, daß es einem an Geist fehle, aber nicht an einem Diplom, das sie wie viele einst erwarben.

316 Auch kein Fachhistoriker ist Wilfried Seibert, sondern Rechtsanwalt in Köln. Unter dem Titel »Das Mädchen, das nicht Esther heißen durfte« hat er im Reclam Verlag Leipzig die Geschichte des Kampfes um die Namensgebung der Tochter des Pfarrers Friedrich Luncke erzählt, seine sorgsame und mühselige Recherche weitet sich von selbst zu einer Darstellung des oft genug kuriosen deutschen Namensrechts und vor allem – das macht sie historisch exemplarisch – der Juden-Kujonierung durch namensrechtliche Vorschriften. Die arischen Deutschen wurden nur mit dem Verbot jüdischer Vornamen behelligt; für die jüdischen Deutschen wurde eine Namensliste erarbeitet, die sie zeichnen sollte wie der Judenstern – Hitler selbst strich noch die Namen, die ihn vielleicht germanisch dünkten, strich auch »Deborah«, wohl weil ihm zu nobel klingend für ein jüdisches Mädchen. Nebenbei erfährt der Leser, daß der Führer antragstellenden Eltern die Vornamen »Hitlerine« oder »Hitlerike« nicht gestattete (während Bismarck dem Balten Trampeldang seinen Namen als Vornamen des Sohnes erlaubt hatte; der siebzigjährige Kanzler versprach sogar, im Austausch seinen nächsten Sohn »Trampeldang« zu heißen). Der akribische Bericht, noch jede Anmerkung lesenswert, gibt im kleinsten Ausschnitt das große Bild der disziplinierten Verwüstung, des Debakels der bürgerlichen Institutionen, der pedantischen Niedertracht, die Deutsche zwölf Jahre getragen, ertragen haben.

Großbritannien, dem die Welt so viel an Entdeckung und Erfindung verdankt, ist eine nun historisch unerhörte gelungen: die erste rundum vulgäre Monarchie; eine Familie, wie entworfen, wie geschaffen für die Bild-Zeitungen der Welt.

317

Präsident Wilson, ein schlauer Fuchs, hatte sich seine eigene Geheimsprache ausgedacht. Hinter dem Wort Mars war der Verteidigungsminister verborgen, hinter dem Namen Neptun versteckte er den Flottenminister.

318

Die anhaltende Verlegenheit der evangelischen Kirche in Erinnerung an ihren Märtyrer Pfarrer Brüsewitz ist so erstaunlich nicht. Nur in einem kämpfenden Glauben, nicht in einem kompromittierenden, hat der Märtyrer einen Platz. – Und immer gilt, daß Heilige und Märtyrer eine höhere Legitimität haben als die Hierarchie der Kirche, die es ihnen dankt; ein Anerkenntnis wird erst spät ausgesprochen, wenn es gefährdungsfrei ist und der höheren Ehre der Offiziellen einverleibt werden kann.

319

4. OKTOBER 1996

Nur was überflüssig ist, macht süchtig.

320

Als ich neulich dem alten amerikanischen Diplomaten und Gelehrten W. R. Polk von der Kujonierung der deutschen Juden mit den Änderungen des Namensrechtes 1938 erzählte, replizierte er mit dem Hinweis darauf, daß in Amerika die Indianer um die Jahrhundertwende von der Behörde gezwungen wurden, auf ihre traditionellen Namen wie Sitting Bull oder Häuptling Weiße Feder zu verzichten und sich David Jones oder John Smith zu nennen – sie sollten um ihre Identität gebracht werden. Im einen Fall ging die Kujonierung dem Völkermord vorher, im andern folgte sie ihm

321

nach. Die eine diente der Aussonderung, die andere der Assimilierung.

322 Die Juweliere zeigen mit den Verschlüssen ihrer Kostbarkeiten an zu glauben, daß die Frauen noch Zofen hätten.

323 Ungern erinnere ich mich daran, nach einer unliebenswürdigen Bemerkung über Gesinnungsvegetarier soviel unfreundliche Post bekommen zu haben wie noch nie zuvor. Nun muß ich von zwei wissenschaftlichen Untersuchungen lesen, die das betrübliche Ergebnis hatten, daß der niedrige Cholesterinspiegel bei vielen Gemütsverdrossenheit erzeuge, ja die Depression begünstige. Die Leute mögen doppelt geschlagen sein; sie leben schlecht, aber länger.

324 Der Regierungsstil Kennedys wurde mit dem Satz karikiert, daß das Staatsschiff das einzige sei, das von der Brücke lecke. Dem des Präsidenten Clinton gilt der Satz: Da weiß die rechte Hand nicht, was die Rechte tut.

325 Die großen Gefahren sind in Deutschland gefährlicher als anderswo. Das galt vom Waldsterben, der Strahlung nach Tschernobyl, das gilt vom Ozonloch und von Scientology. Wenn die Scientology-Bewegung eine religiöse ist, dann gewiß eine der jämmerlichsten, die je der Menschengeist ersann, gegen deren heilige Schriften von Ron L. Hubbard die der Mormonen göttlich inspirierte Wahrheit sein müssen. Daß die anderen Religionen, die Kirchen, Verantwortungsträger der Gesellschaft überhaupt, sich mit Mitteln der Aufklärung, der Überzeugung, der Polemik gegen Erfolg und Wirkung von Scientology wenden, die sie als so schädlich erkannt haben, ist schon recht – daß der Staat mit seinen Mitteln der Verfolgung gegen sie einschreiten müsse, aber nicht. Wird Scientology Kriminelles nachgewiesen, Täterschaft, Anstiftung oder Begünstigung, straf-

bare Handlungen, dann müssen in der Tat Staatsanwaltschaft und Polizei energisch tätig sein; ist dergleichen nicht erweisbar, dann muß der Staat Scientology in Ruhe lassen: Sonst ist er kein Rechtsstaat mehr.

Allenthalben wird nach Kreativität gerufen, vornehmlich von Politikern und Wirtschaftlern. Doch ist nicht der wirkliche Erfindergeist gemeint, der Neues schafft und das Alte alt aussehen läßt, sondern die Kreativität der zweiten Ordnung, der das betriebliche Vorschlagswesen gilt und die die Kreativen in den Werbeagenturen ansprechend-anspruchsvoll verkörpern. Diese Kreativität ist auf Verbesserung des Vorhandenen aus, findet Lösungen auf Fragen, die Nichtkreative stellen können. Der Erfindergeist kann gar nicht nachgefragt werden, weil nur dem originellen Kopf die Frage einfällt, auf die er die Antwort findet. Die echte Kreativität ist daran kenntlich, daß sie unwillkommen ist.   326

Das Geschrei gegen das Sparpaket hätte nicht größer sein können. Da hätte das Sparpaket größer sein dürfen.   327

Wenn es nach dem Interesse des Publikums ginge, müßte jede Nachrichtensendung mit dem Wetter anfangen.   328

Wenn die eigenen Lesegewohnheiten maßgeblich wären, müßte einem bang werden um die Zukunft der erzählenden Literatur. Es ist mir immer schwerer geworden, mich für die Schicksale lebender, selbst bekannter Personen lebhaft zu interessieren, für die unbekannter und erfundener will es kaum noch gelingen.   329

Zeitvertreib. Den gibt es in andern Sprachen nicht, jedenfalls nicht in denen, die ich kenne. Da heißt es pastime, passe-temps, passa-   330 tempo oder pasatiempo – die Zeit wird verbracht, nicht vertrieben. Ein Zeitvertreib, der einer ist, macht die Zeit vergessen; es wird gar nicht mehr bemerkt, daß sie verrinnt, vergeht.

18. OKTOBER 1996

331   Die Kronenhalle in Zürich war nicht die beste, aber die schönste Wirtschaft der Welt. Man speiste dort in den altväterisch gemütlichen Räumen, umgeben von Bildern, die zu den besten des Jahrhunderts gehörten. Picasso, Kandinsky, Matisse, Bonnard etc., eine Versammlung der größten Namen mit sehr guten Werken. Da ließ sich auch das Zürcher Geschnetzelte mit Rösti höchst angenehm verzehren. Nun vorbei, versunken, verschwunden die Glorie seit dem Tod der alten Frau Zumsteg. Der Sohn, als Textildesigner talentiert, hatte sich an industrieller Produktion versucht und verloren. Jetzt verschwindet Stück um Stück. Oben sieht man noch einen kleinen Schwitters im Saal, auf der Treppe eine schöne Zeichnung von de Chirico, unten einige Bilder noch, die auf Käufer warten – nur ein Abglanz, auch der wird verdämmern.

332   Längere Lebenserfahrung bringt einen dazu, den Hang zu selbstkritischer Äußerung zu zähmen. Sie wird entweder als Einladung zu besänftigendem Kompliment mißverstanden oder begierig und verstärkend aufgegriffen; noch ärgerlicher, wenn der andere von der Fehlleistung den umgekehrten Eindruck hatte und sich mit seinem freundlichen Urteil gekränkt fühlt, ein aufrichtiges Lob unterlassen muß, das ihm auf der Zunge lag. Am besten ist Sparsamkeit im Urteil über sich selbst, außer im allerengsten Kreis. Dazu rät auch Bescheidenheit; das eigene Urteil ist nicht immer verläßlich, gerade wenn es um einen selber geht.

333   Ein sehenswertes Fernsehprogramm gibt's bei Denise Renée in Paris zu betrachten. Karl Gerstner hatte vor Jahren schon eine Sechsfach-

Linse erfunden, die, dem Fernsehempfänger aufgesetzt, aus jeder Belanglosigkeit abstrakte, mobile Bilder macht. Die Vorrichtung sollte in den Handel kommen und zuschaltbar sein wie ein Vierradantrieb, dann würde Werbung so wenig stören wie die Greuel der Tagesschau oder der Action-Serie.

Der Intendant einer öffentlich-rechtlichen Rundfunkanstalt, 334 gleichzeitig heftigem Sparzwang und der Erkenntnis ausgesetzt, daß die Reisekosten der Bediensteten unangemessen gestiegen seien, gibt den Erlaß heraus, daß künftig Flugreisen nur noch in der Economy-Klasse unternommen werden dürften; er selber hält sich auch daran. Alsbald wird sein Chefredakteur vorstellig und trägt mit ärztlichem Attest vor, wegen mannigfacher Leiden an Rücken, Herz und Leber etc. einer Ausnahmeregelung zu bedürfen. Der Intendant, nach kurzem Nachdenken, besinnt sich auf seine Fürsorgepflicht, eröffnet dem Gesuchsteller, daß er angesichts solcher gesundheitlicher Gefährdung ihm künftig überhaupt keine Flugreise mehr genehmigen könne. Vorstellig wird auch der Personalrat, dem üblicherweise auch Privilegien zukommen, und meldet, weil er offen Sonderansprüche nicht verlangen kann, gegen den Erlaß Bedenken an, die sich auf angebliche Verletzung von Mitspracherechten gründen; der Intendant wird auch damit fertig. Endlich dringt ein untergründiges Rumoren aus der Hauptstadt an sein Ohr. Aufsichtsführende Beamte machen vorsichtig geltend, daß bei solcherlei Sparaktionen doch rücksichtsvollerweise auch an Drittwirkungen zu denken sei – wie, wenn der Minister auf den Gedanken käme, daß das, was öffentlich-rechtliche Rundfunkangestellte ertragen müßten, auch Ministerialräten zugemutet werden könne? Bis jetzt ist der Intendant standhaft geblieben.

Im amerikanischen Wahlkampf wird viel geweint. Clinton war 335 schon immer ein Heulmeister, dem die Träne bei schicklichem Anlaß gleich ins Auge trat, aber auch Dole kann bei kaum einem Auftritt ein Schluchzen unterdrücken, wenn er auf frühes eigenes

Leid und heutiges der Mitbürger zu sprechen kommt. Bei seinem Abschied vom Senat war das ganze Haus in Tränen ausgebrochen; ein überparteiliches »weep-fest« nannte es sein Sprecher. Ein politischer Wissenschaftler hat schon ausgemacht, daß das öffentliche Weinen die Kandidaten nicht nur menschlicher, sondern auch weiblicher erscheinen lasse, was beides ihnen zum Vorteil gereiche. Aber wenn es alle tun, kann es am Wahlausgang wenig ändern. – Ross Perot hat ohnedies keine Chance, der als einziger seinen Wahlkampf staubtrockenen Auges führt.

336 Wolf Jobst Siedler schickt mir sein neues Buch »Der Verlust des alten Europa«, darin er seine melancholisch-eleganten Essays des letzten Jahrzehnts versammelt. Das Geschenk bringt mich in Verlegenheit. Siedler hatte mein Buch über die Berliner Republik umfänglich und zutreffend besprochen und darf gewiß erwarten, daß ich auch sein schönes und verdienstvolles würdige. Doch sträubt sich eine mächtige Regung, als Angehöriger eines wechselseitigen Lobeszirkels und Rezensionskartells verdächtig zu sein. Ich muß den lieben Freund enttäuschen, ich werde sein Buch nicht besprechen.

337 Im Manager-Magazin studiere ich Listen der großen deutschen Anwaltssozietäten. Sie sind auf viele unserer Großstädte verteilt, manche unterhalten Kanzleien in NewYork oder Tokio; an einem Platz sind sie alle vertreten: Brüssel. Da spielt die Musik.

1. NOVEMBER 1996

338 Ein englischer Verleger möchte mich zu einem Traktat über Britannien und die Europäische Währungsunion überreden. Ich denke, das Thema lasse sich ganz kurz abmachen. Sollte die Währungsunion funktionieren, wird das Königreich geraume Zeit sich zieren und sich dann anschließen; sollte sie nicht funktionieren, erle-

digt sich die Frage von selbst. – Ein historisch seltener Fall: Das einzige europäische Land, das aus einem großen Krieg mit Glorie hervorgegangen ist, ist das einzige, das an der weiteren Geschichte seines Kontinents teilzunehmen sich verweigert hat.

H.K. erzählt von einem Gespräch mit einem gescheiten alten Kleriker. Das sechste Gebot, habe der Priester gesagt, ist nicht das erste, das vierte oder fünfte, es ist das sechste Gebot.   339

Isaiah Berlin zitiert nicht ohne Zustimmung die so abschätzige wie selbstironische Bemerkung Voltaires: »Un historien est un babillard qui fait des tracasseries aux morts.« In grobem Deutsch: Ein Historiker ist ein Schwatzmaul, das die Toten schikaniert. – Über unseren inzwischen vergessenen Historikerstreit hätte Voltaire nur süffisant gelächelt – als ob nicht jede Geschichtsschreibung auch darin besteht, die Geschichte, im doppelten Sinne, zu revidieren.   340

Offiziell findet die Buchmesse in den riesigen Hallen zu Füßen des so schönen Messeturmes statt; in Wahrheit bei den nicht zählbaren Empfängen und Essen, zu denen die großen Verleger rufen. Heuer wollte ich mitmachen des eigenen Buches wegen und der vielen, die Freunde vorgelegt hatten. Durchweg war die Steigerung einer lästigen deutschen Tugend zu bemerken – der Pünktlichkeit. Wer auf 19.45 Uhr geladen war und auf die Minute genau eintraf, konnte schon einen überfüllten Saal vorfinden; ein andermal kam ich zu einem Abendessen zehn Minuten nach der Einladungszeit an und wurde freundlich-vorwurfsvoll als letzter Gast willkommen geheißen. Es scheint sich hier eine neue Regel durchzusetzen: zu früh kommen, zu spät weggehen.   341

Die lebhafte Auseinandersetzung in Frankreich um die Taufe des Königs Chlodwig hat den Ruhm einer deutschen Stadt erhöht, die   342 bei uns keinen hat. Bei Zülpich soll es gewesen sein, daß einstmals der Frankenkönig die Alemannen besiegt und damit sein Reich befestigt habe. Zülpich heißt auf Französisch Tolbiac. Eine rue de Tolbiac wie eine Brücke des Namens hat es in Paris schon seit langem gegeben. Die neue Bibliotheque de France steht in einem Quartier, das denselben Namen erhält, und Präsident Chirac hat in den letzten Wochen viel von Tolbiac gesprochen, öfter als je ein Bundespräsident von Zülpich.

343 Zu den wichtigen Büchern von Politikern, die einen empfehlenden Hinweis rechtfertigen, gehört das Tagebuch von Peter Glotz über seine letzten Jahre parlamentarischen Daseins. Es ist unter den vielen Erinnerungsbüchern deutscher Nachkriegspolitiker ein Unikat; gescheit und unterhaltsam, anschaulich erzählt, mit Erlebnissen gespickt, ohne die fatalen Rücksichten, die die anderen Autoren nehmen, die offenbar glauben, mit Rücksichtnahme sich noch ein Stücklein Zukunft zu erkaufen, und gerade darum ein Lehrbuch der Politik, weil es keines sein will.

344 Stets haben aufmerksame Reisende den Rang eines Hotels auch danach beurteilt, ob in der Hotelhalle Gepäckstücke sich abgestellt finden oder nicht; die guten nehmen sie vor dem Eingang in Empfang und händigen sie vor der Abreise an gleicher Stelle aus. Es ist nicht ganz zufällig, daß mir noch ein Merkmal des sorgfältig geführten Hauses aufgefallen ist: Die Portiers dürfen nicht große Kerle sein; sie sollen aufmerksam, flink und kleiner sein als der durchschnittliche Gast.

345 Der Bundeskanzler Kurt Georg Kiesinger pflegte Freitag abends jedes andere Gespräch abzusagen, jeden anderen Termin zu verschieben, so wichtig nahm er die wöchentliche Unterrichtung durch den Sozialpsychologen des Bundespresseamts. Der war auf 20.15 Uhr bestellt, und der Bundeskanzler konnte sich mit dem dis-

kreten Mann zurückziehen, der Fernseher wurde eingeschaltet, und
»Der Alte« erschien auf dem Schirm, den Verbrecher zu entlarven.

Vor langer Zeit habe ich einmal festgehalten, daß die große Nähe   346
zum Machthaber die Geister korrumpiert, wenn es nicht die von
Zynikern sind. Ich hätte hinzufügen sollen, daß die große Entfer-
nung vom Machthaber die Geister, die sich politisch äußern wollen, verdummt.

15. November 1996

»Mir, auf meiner einzelnen Warte, ist abermals aufgefallen, daß   347
man aus dem moralischen Standpunkt keine Weltgeschichte schreiben kann. Wo der sittliche Maßstab paßt, wird man befriedigt, wo
er nicht mehr hinreicht, bleibt das Werk unzulänglich, und man
weiß nicht, was der Verfasser will.« (Goethe an Reinhard, 22. Juli
1810)

Jedem Autor widerfährt es, von empörten oder freundlichen Le-   348
sern gerügt zu werden, weil in einem Text ein Name falsch geschrieben ist, ein wichtiges Satzzeichen fehlt oder falsch plaziert ist
etc. Es hilft ihm der Hinweis darauf wenig, daß er weder das Buch
noch die Zeitung selbst gesetzt hat: Er muß es verantworten.

Der Schatzminister Heinrichs VII., Kardinal Morton, war im   349
Schröpfen Besserverdienender besonders erfindungsreich. Fiel ein
Edelmann durch üppigen Lebensstil auf, so hatte er offensichtlich
zuviel, die Krone konnte ihm eine Menge abnehmen. Lebte ein
Edelmann eher bescheiden, war das für Morton der unwiderleg-
liche Beweis, daß er viel Geld sparte; er mußte deshalb viel zahlen.
Seitdem kennt die englische Finanzgeschichte den Ausdruck Mor-
tons Gabel – ein Zacken sticht immer. Wenn der Kardinalstitel fürs

findige Geldabpressen verliehen würde, müßte auch Waigel Eminenz heißen.

350   In einem Brief an ihre Freundin Nancy Mitford hat Evelyn Waugh berichtet, daß sie Randolph Churchill, dem ausschweifenden Sohn des großen Mannes, einst den Familienroman Belchamber von Sturgis geliehen habe. Der sei von der Lektüre so ergriffen gewesen, daß er gestanden habe, nie wieder einen Ehebruch begehen zu können, »jedenfalls nicht mehr mit dem gleichen unschuldigen Vergnügen«.

351   Von Ausländern wird gelegentlich als eine deutsche Besonderheit angemerkt, daß wir vorzüglich Tiernamen zur Beschimpfung von Mitmenschen verwendeten – Schwein, Ochse, Esel, Rindvieh, Schlange, Wurm etc. Wir verwenden freilich auch Tiernamen zu Kosezwecken wie Mäuschen oder Rehlein, aber dann immer im Diminutiv. Anderen Sprachen ist die beklagte Übung auch nicht ganz fremd, wie pòrco, pig oder fink belegen. Doch ist dieser Gebrauch seltener. Vielleicht spielt die theologische Durchsäuerung unserer Sprache eine Rolle, die seit der Lutherbibel auffälliger ist als die anderer; der Heiland selber war es, der von Leuten, die sein Wohlgefallen nicht fanden, als Schlangen und Otterngezücht u.ä. redete. – Ein anderer Unterschied beim Schimpfen und Fluchen mag ähnliche Wurzeln haben. Das Deutsche zieht Fäkalisches vor, die andern Sexuelles. Fuck off ist in englischer Umgangssprache im Bedarfsfall gebräuchlich; das wäre im Deutschen unmöglich.

352   Der Bundespräsident hatte sich bei seinem Staatsbesuch in Frankreich den langgehegten Wunsch erfüllen wollen, Schloß La Brède, Geburts- und Arbeitsstätte des Staatsdenkers Montesquieu, zu besuchen; der Wunsch war von den Gastgebern als ehrend und originell erfüllt worden. Dem Besuch sollte sich, gleichfalls auf Herzogs Wunsch, ein Kolloquium über Montesquieus Wirkungsgeschichte

bis in unsere Tage anschließen, das ich mit dem alten Kollegen vom Deutschlandfunk André Pouille, inzwischen zum Rektor der Akademie von Bordeaux aufgestiegen, moderieren durfte. Zum Schluß der Veranstaltung kam Pouille der Gedanke, den Bundespräsidenten aufzufordern, ein Schlußwort als Resümee zu sprechen. Das traf Herzog, in der ersten Reihe sitzend, gänzlich unerwartet, doch zögerte er nur eine Sekunde, kletterte aufs Podium und redete fünfzehn Minuten so unaufdringlich gelehrt, politisch gewandt und liebenswürdig, daß ihm der herzlichste Beifall des höchst beeindruckten akademischen Publikums sicher war. Die Deutschen im Saal hatten die angenehme Empfindung, keine andere Nation zu wissen, deren Oberhaupt zu Ähnlichem imstande wäre.

Von Simone Goyard-Fabre, die zwei bedeutende Bücher über Montesquieu geschrieben hat, war bei der Gelegenheit zu erfahren, daß im »Geist der Gesetze«, mit dem jedermann als erstes den Begriff der Gewaltenteilung verbindet, das Wort nicht ein einziges Mal vorkommt.   353

Als der Feueralarm in dem New Yorker Großhotel ausgelöst war, sprang ich rasch aus dem Bett, kleidete mich geschwind an, konnte noch den Schlips umbinden, während ich die Treppen vom 30. Stock hinunterlief. In der prächtigen Halle war schon eine große Menge von Gästen versammelt, fast alle mit Nachtgewand, Pantoffeln und Bademantel angetan. Das Personal verhielt sich, wie es gedrillt worden war – die wenigen, die aussahen wie Hotelgäste, wurden als solche behandelt, erhielten Plätze an der Bar, Freigetränk und alle mögliche Aufmerksamkeit.   354

29. November 1996

Der Sprecher für die palästinensische Sache in Amman glaubte mit der Mitteilung großen Effekt zu machen, daß Netanjahu gar nicht   355 so heiße, sondern daß sein Vater den ursprünglich slawisch klingenden Namen in einen hebräischen verwandelt habe, der »Gabe Gottes« bedeute. Er erwähnte nicht, daß auch die Herren Clinton oder Major nicht altererbte Namen tragen, daß Einwanderer nach Israel sehr häufig ihre Namen hebraisieren, und hatte offenbar auch keinerlei Ahnung davon, daß der europäische Antisemitismus im 19. Jahrhundert damit begonnen hatte, den assimilierten Namen von Juden die vormaligen in Klammern beizufügen.

356 In dem Restaurant Fish in Tirana, das noch in keinem gastronomischen Führer der Welt Erwähnung findet, wird die Frische der Ware dem Kunden dadurch demonstriert, daß er sich vom vorgezeigten Hummer beißen lassen darf oder die springlebendige Garnele vom Präsentierteller auf den eigenen hüpft.

357 Nach dem Krieg hat es unter Deutschen für ausgemacht gegolten, daß eine hohe Wahlbeteiligung ein Ausweis demokratischer Reife sei. Das Gegenteil mag richtig sein. Die USA hatten nie eine hohe Wahlbeteiligung (was früher auch daran lag, daß mit allerlei Tricks unerwünschte Wähler wie Neger oder frische Einwanderer am Urnengang gehindert wurden), bei den jüngsten Präsidentschaftswahlen ist sie unter fünfzig Prozent gefallen. Gleichviel ob Reife oder Unreife – die Nichtteilnahme an der Wahl drückt die nicht abwegige Einschätzung großer Teile der Bevölkerung aus, daß bei den Kämpfen zwischen Parteien, die alle eine Mitte besetzen wollen, die sie selber bestimmt haben, vom Wahlausgang für sie nichts mehr abhängt. – Eine Partei der Mitte darf man als eine verstehen, die nicht viel will, sondern sich mit der Macht zufriedengibt.

358 Ein englischer Psychologe will herausgefunden und die Zigarettenindustrie in diesem Sinne beraten haben, daß die Warnungen der Gesundheitsminister, die auf Zigarettenpäckchen aufgedruckt sein müssen, dem Absatz nicht nur nicht schädlich, sondern gar

nützlich seien. Es sei nicht nur ein Reiz des Verbotenen, des sozial Unerwünschten am Werk in einer Gesellschaft, die sonst alles freizugeben behauptet, sondern es spiele die Angst und das Nikotin als Mittel zu ihrer Überwindung eine Rolle – dergestalt, daß ein Raucher, auf die Gefährlichkeit des Genusses aufmerksam gemacht, eine aufkeimende Furcht damit überspiele, daß er zur nächsten Zigarette greife. Das mag glauben, wer will.

Die richtige deutsche Übersetzung von »pool« ist Pfuhl. 359

Den Deutschen ist oft ein Vorwurf daraus gemacht worden, daß 360 ihre Sprache ein Wort wie Schadenfreude hat. Aber dem sonst so reichen Englischen fehlen gar viele Wörter für seelische oder körperliche Zustände, die wir handlich benennen können, Zugzwang zum Beispiel. Auf ein weiteres bin ich jetzt gekommen, als ich die mühsame Wanderung zum Weltwunder von Petra hinter mich gebracht hatte – auch der englische Freund litt darunter, aber nur ich konnte den Muskelkater benennen.

»Wenn im deutschen Feuilleton was gelobt wird, läutet dafür schon 361 das Totenglöcklein«, pflegt der erfolgreiche Fernsehschaffende zu bemerken.

Bismarck hatte sich noch gegen eine amtliche Wettervorhersage 362 ausgesprochen, weil die Autorität des Staates durch die so häufig fehlerhafte Prognose gewißlich beschädigt werde; heutige Obrigkeiten denken so gering von sich selber, daß sie unablässig Warnungen aussprechen, von denen sie wissen, daß sie nicht befolgt werden und ihre Autorität nur auf dem Papier stehen bleibt. Sie möchten zugleich allzuständig und entscheidungsfaul sein, die obersten Sozialarbeiter einer Nation; nur mahnen und warnen, sobald es heikel wird, nicht sagen, was Recht und Unrecht sei – wie bei der Abtreibung, die den Frauen nicht eigentlich verboten und nicht eigentlich erlaubt ist, sie sollen selbstverantwortlich handeln, was merkwürdigerweise bedeutet: Sie müssen sich beraten lassen.

363 Woran man eine gute Zeitung erkennt. 1. Sie hat nie ein Foto auf der Titelseite. 2. Keine Überschrift endet mit einem Fragezeichen. 3. Sie druckt keine Beiträge von Politikern, Wirtschaftsführern oder anderen Machthabern, die sonst Gegenstand der Berichterstattung sind. 4. Sie meidet Interviews. 5. In ihren Texten ist das Semikolon häufiger als das Ausrufungszeichen.

13. DEZEMBER 1996

364 Im New Yorker Verlag Random sind in dieser Saison zwei Wirtschaftsbücher erschienen, die genau gegensätzliche Thesen vertreten. Von den beiden Autoren M. J. Mandel und James Grant vertritt der eine mit starken Gründen die Meinung, daß das Heil der Volkswirtschaft wie der einzelnen Wirtschaftsteilnehmer nur in entschlossener Risikobereitschaft zu finden sei; der andere weiß ebenso starke Gründe dafür anzuführen, daß dem Prinzip Sicherheit und Stabilität Vorrang gebühre und daß der Geldanleger gut daran tue, statt aufs mutige Spekulieren aufs Festgeldkonto zu setzen. Ohne Zweifel haben beide Autoren recht. Der arme Leser weiß bloß nicht, wann.

365 Omnia videre, multa praetermittere, pauca monere: Alles sehen, vieles vorbeigehen lassen, weniges anmahnen. Die kluge Devise wird von Reclams Lateinischem Zitatenlexikon dem Papst Johannes XXIII. zugeschrieben; die gleiche Seelenruhe wäre auch den Nachfolgern zu wünschen.

In einem der verläßlichsten der guten Pariser Restaurants, im Carré 366 des Feuillants, war zum Presseempfang geladen. Es sollte nicht eigentlich die vorzügliche Kastaniensuppe mit Trüffeln präsentiert werden, sondern der Prachtkatalog zur Ausstellung L'Art Gourmand. Sie versammelt von Arcimbaldo bis Ensor eine große Zahl von Meisterwerken, die die Essenslust zum Gegenstand haben; im Buch finden sich dazu hübsche Essays von Historikern, Soziologen, Philosophen und endlich eine Reihe neuer Rezepte von großen Küchenmeistern, französischen, belgischen und deutschen (es fehlen nur unsere allerbesten, der junge Wohlfahrt aus Baiersbronn, der reife Kaufmann aus Grevenbroich). Die Ausstellung wird derzeit in Brüssel gezeigt, dann kommt sie nach Darmstadt und Juni 1997 nach Köln. Die französischen Museen hatten sie abgelehnt, sie sei nicht museal genug. – Sponsor des Unternehmens ist der belgische Crédit Communal, die Girozentrale des Landes, der auch sonst durch Förderung der Künste auffällt, auch Kompositionsaufträge an moderne Komponisten vergibt; das tun Banken und Industrien selten, die lieber was zum Aufhängen, zum Vorzeigen oder für den Notverkauf anschaffen.

Rosa Luxemburg hatte in ihrer wissenschaftlichen Periode im Werk 367 von Karl Marx, das sie als Abschluß und Vollendung der Nationalökonomie ansah, doch eine Lücke ausgemacht, weil der Meister die objektiven historischen Grenzen des Kapitalismus nicht hatte bezeichnen können. Sie fand die Antwort und hat in einem Rausch von Einfällen und Formulierungskraft in vier Monaten mehr als fünfhundert Seiten über »Die Akkumulation des Kapitals« geschrieben und das Buch mit gleichem Elan sofort dem Verleger geschickt, ohne es überhaupt noch einmal durchzusehen.

Seelsorge. »... herzlich für Ihr Interesse an meinem Notizbuch in 368 der FAZ dankend, darf ich nur ganz kurz zu Ihrer Zuschrift anmerken, daß die Ihnen anstößige Bemerkung ja keinerlei moralische oder gar theologische Bewertung enthalten hat, sondern lediglich eine ästhetische. Bei aller Wertschätzung dessen, was unter dem Stichwort ›Seelsorge‹ an Gutem, Richtigem versucht und bewirkt wird, bleibt mir der Begriff selber nicht nur dubios, sondern abstoßend – eine Reaktion, die sich nicht einstellt, wenn ich an die in anderen Sprachen übliche Wortverwendung mit ›Pastoral‹ denke. In dem Wort Seelsorger scheint mir auch eine von seinen Verwendern freilich nicht mehr bemerkte Anmaßung zu stecken, die sich mit dem des Hirten nicht verbindet und die Gefahr einer sprachlichen Absonderung einschließt, der gerade Theologen leicht erliegen, die vielleicht doch zu selten ihre Texte mit dem vergleichen, was in unserer Prosa im übrigen als ehrlich, als gefällig, als angemessen empfunden wird …«

369   Kein Deutscher stößt sich noch daran, wenn die Seinigen als Krauts oder Huns bezeichnet werden; wie ein Amerikaner, der von Afro-Americans statt Blacks reden muß, es hinzunehmen weiß, daß er als Whitey benannt wird. Merke: Die politische Korrektheit ist asymmetrisch.

370   Es gibt eine neue Entlastung vom Korrespondenzdruck. Wer die reformierte Orthographie schreibt, soll nicht auf Antwort hoffen.

371   Beethovens Schlußchor zu »Freude, schöner Götterfunken« ist zur europäischen Nationalhymne wenig geeignet, weil eine solche Hymne auch bei ganz unfreudigen Anlässen verwendet werden muß und sein jauchzender Jubelton, wenn bei Staatsanlässen von Militärkapellen gespielt, leicht ins Komische rutschen könnte. Ich rate statt dessen zu dem großen Gesang aus der 1. Symphonie von Brahms; eine deutsche Musik sollte es schon sein.

The vision thing. So abschätzig wegwerfend pflegte Präsident Bush   372
zu reagieren, wenn auf mangelnde Kohärenz seiner Außenpolitik,
das Fehlen einer politischen Vision angesprochen. Die gleichen
Vorwürfe wurden und werden seinem Nachfolger Clinton gemacht. In Wahrheit könnten sie, und mit Recht, gegen jede ver-
nünftige Regierung einer politisch saturierten Nation erhoben
werden, auch gegen unsere. Das wirkliche Interesse dieser Nationen gilt dem ruhigen und ordentlichen Fortgang der Dinge. Deshalb ist es für sie normal zu reagieren, nicht zu agieren. Visionäre
wollen die Welt verändern, regelmäßig zu ihren eigenen Gunsten.

Ich erhalte die strenge Mitteilung, daß die Kolumnen fürs Fe-   373
bruarheft der beiden Monatsmagazine spätestens am 23. Dezember
abzuliefern seien. Das ist eine extreme Terminierung, wegen der
vielen Feiertage. Aber auch in allen übrigen Fällen sind die Liefer-
zeiten im Hinblick auf Erscheinungstermine nicht verkürzt, eher
verlängert worden. Zu Beginn der technologischen Revolution in
Redaktionen war das Gegenteil verheißen worden. In der Tat
schreiben seitdem Redakteure ihre Texte umbruchfertig in den
Computer, er wird elektronisch in Sekundenschnelle der Drucke-
rei übermittelt; die Arbeitsplätze der meisten Sekretärinnen sind
verschwunden; die Berufe des Setzers, des Metteurs, des Korrektors
so gut wie ausgestorben; und ich weiß von keinem Beispiel, daß irgendwo die Kosten pro Redaktionsseite gesenkt worden wären, obgleich eine massive Erhöhung der Einkünfte von Autoren nicht
stattgefunden hat. Es gibt einen technologischen Fortschritt, der
mehr Rätsel aufgibt, als er löst.

Wenn ich mich nicht täusche, ist es schon ein halbes Jahr her, daß   374
Dr. Vogel, der Thyssen-Chef, aus den Ferien nach Hause geeilt war,
um den Haftbefehl entgegenzunehmen, der wegen einer schon
zweimal ergebnislos ermittelten Angelegenheit ergangen war; es

bestehe Flucht- und Verdunkelungsgefahr, hatte es damals geheißen. Die Haft ist ihm dann erspart geblieben, und offenbar hat
er seitdem weder verdunkelt, noch ist er geflüchtet. Ich hatte damals die Befürchtung geäußert, eine publizitätswütige Justiz werde
nun, um der Blamage zu entgehen, notfalls aus Strohhalmen eine
Anklage zimmern oder, wenn auch dies nicht gelinge, ihre Sache
der Zeit und der Vergessenheit anheimgeben. Die Zeit verrinnt; auf
die Vergeßlichkeit sollte sich die Behörde nicht verlassen.

375   Erst die Meldung, daß die Amerikaner ihr eigenes Sozialprodukt
nicht zuverlässig messen können, dann der wissenschaftliche Er-
weis, daß die internationalen Produktivitätsvergleiche wenig taugen (weil sie vornehmlich industrielle Erzeugung zuverlässig, aber
Dienstleistungen nur ganz schlecht erfassen können) und gerade die
bestentwickelten Volkswirtschaften schlechter aussehen lassen, und
endlich der Boskin-Bericht über die statistische Unzulänglichkeit
der Inflationszahlen, die fast immer zu hoch ausfallen, weil sie ver-
ändertes Kaufverhalten der Bevölkerung nicht greifen können. Wir
wissen längst, daß die ökonomischen Prognosen wenig taugen, nun
lernen wir, daß die längst eingesammelten Daten exakt sein können, aber zu den Schlüssen nicht taugen, die sie begründen.

376   Gute Vorsätze, gibt Russell Baker zu verstehen, bestehen am besten
darin, das Widrige zu meiden. Aus dem Amerikanischen ins Deutsche gewendet, will ich mir für 1997 zu meiden vornehmen: die
Flughäfen Hamburg und München. Arbeitsessen und Workshops.
Sushi, Tofu, Kartoffelgratin und Seezungenröllchen. Kreative. Be-
richte über den PEN, Berliner Theater und Peter Graf. Den Standort Deutschland im Vollmund von BDI, DGB etc. Den öffentlich-
rechtlichen Humor, z. B. Hildebrandt.

377   In seinem kleinen biographischen Essay über den großen Soziologen Vilfredo Pareto zeichnet Joseph Schumpeter das Bild eines

europäischen Gelehrten, der ihm selber sehr ähnelte – der französischen wie der italienischen Geisteswelt angehörig und wie
Schumpeter der deutschen und der englischen; Ideengeber für die
Sozialdemokratie und Gegner des Sozialismus; Verteidiger des
Kapitalismus und sein Kritiker in einem; von der Demokratie so
überzeugt wie von der Unabänderlichkeit, daß sie von Oligarchien
regiert werden. Zu Paretos Kampf gegen die antiklerikale Oppres-
sionspolitik der Regierung Combes merkt er an, daß Pareto die
Schikanen gegen die Kirche nicht verurteilt habe, weil er dieser
oder ihrer Mission nahegestanden sei, sondern weil er ein Gentleman war.

Francis Marmande, Jazz-Kritiker des Monde und Universitätspro-   378
fessor, erzählt von einer Promotionsprüfung, daß der Kandidat, nur
undeutlich über ein Hauptwerk Gadamers Auskunft gebend, endlich gefragt worden sei, ob er das mächtige Buch überhaupt gelesen habe: Nein, nicht persönlich, kam die rasche Antwort.

1997

Patienten piesacken. Mit Freude höre ich von einem bekannten 379
Kardiologen, daß er auf die Anordnung von Langzeit-EKG oder
Langzeitblutdruckmessung als übliche Verschreibung ganz ver-
zichte. Die Apparaturen sind vorsintflutlich, die Anwendung ist
überaus lästig; ich selber hab's einige Male erduldet, ohne daß auch
nur die Prätention eines Befundes herausgekommen wäre.

Worüber man nicht reden kann, darüber soll man schweigen. Die 380
Maxime Wittgensteins hat ein philosophisches Recht, aber kein ge-
sellschaftliches. Wenn sie im menschlichen Umgang befolgt würde,
bräche er zusammen.

Es gibt kostbare Dinge, die auf geheimnisvolle Weise unauffindbar 381
werden. Vor vielen Jahren verschenkte ich eine Schallplatte, darauf
Peter Ustinov ein Formel-l-Rennen wiedergab, mit den Geräu-
schen der Motoren, den Reaktionen der Zuschauer, den Reden Juan
Manuel Fangios in der Box und denen des unvergeßlichen Merce-
des-Rennleiters – in perfekter Stimmenimitation und der unver-
kennbaren Melodie des Deutschen, Englischen, Spanischen, obgleich er die Sprachen nicht verwendete, nur ihren akustischen
Effekt. Das wunderschöne Stück, das ich für leicht wiederbeschaff-
bar hielt, ist auf keinem Markt mehr aufzutreiben. – Bei Tiffany's
verlangte ich neulich nach einem nicht unentbehrlichen, aber nütz-
lichen Gerät, das ich vor langem dort gekauft hatte: die Muskatnußtaschenreibe, schön aus Silber gefertigt und zur Verbesserung

von mancherlei Suppen oder Gemüse hübsch mitzuführen. Jetzt hat das würdige Haus die Reibe nicht nur nicht mehr vorrätig, sondern auch keine Erinnerung mehr daran, daß sie einst ein Stolz des Angebots gewesen war.

382 Am Ende des Jahrhunderts kann den großen Autoren der deutschen Nachkriegsliteratur wie Böll und Grass die gleiche Zukunft vorhergesagt werden, wie sie Paul Heyse oder Carl Spitteler vom Beginn des Jahrhunderts beschieden war.

383 Eugen Gerstenmaier ist es gewesen, der die Fabel aufbrachte, der Präsident des Bundestages sei der zweite Mann im Staat; mit dem Kanzler Adenauer hatte er noch einen Streit angezettelt, um den Rang auch in der Autonummer zu kennzeichnen. Die Fabel hat sich bis auf den heutigen Tag gehalten. Die zweite Person im Staat könnte protokollarisch allenfalls der Bundesratspräsident sein, weil er den Bundespräsidenten vertritt. Politisch ist der Bundeskanzler die erste Person des Staates, auch verfassungsrechtlich aus der Bundesregierung als Verfassungsorgan herausgehoben, während vom Präsidenten des Parlaments nur in gleichem Atemzug mit den Stellvertretern, den Schriftführern die Rede ist und ihm die schmalen Befugnisse der Geschäftsleitung und des Hausrechts des Bundestages übertragen sind. Auch die Sprecherin des Unterhauses rangiert nicht nach der Königin und vor Lordkanzler und Premierminister, aber wird sehr geachtet, weil sie treu ihre Pflicht erfüllt und sich nicht vordrängelt.

384 Der Kommissar Maigret hat in langen Berufsjahren die Erfahrung gemacht, daß es weniger Charakterschwäche oder Verlogenheit der Mitmenschen seien, die das Leben schwermachen, als ihre Empfindlichkeit (Maigret et le Fantôme).

... ich danke Ihnen zum schönsten für Ihr Interesse am Notizbuch, 385 insbesondere für Ihre Unterweisung in den neuesten Entwicklungen unserer Umgangs- oder Vulgärsprache. Es war mir schon aufgefallen, wenn es mir auch erst durch Ihre Zuschrift recht deutlich geworden ist, daß sich im deutschen Schimpfvokabularium in den letzten Jahrzehnten Veränderungen vollzogen haben und daß die, wie ich glaube, auf theologischen Wurzeln beruhende Sperre gegenüber Sexuellem in den heute sprachlich aktiven Generationen nicht mehr so greift wie vordem. Allerdings vermute ich nicht, daß es sich um eine eigenständige Sprachentwicklung bei uns handelt, sondern daß sie ganz wesentlich durch die amerikanische Pop-Kultur eingeschleust worden ist. Über die immer noch bestehende und, wie ich glaube, uneinholbare Dominanz des Sexuellen im Vergleich zum Fäkalischen in der englischen oder französischen Sprache unterrichtet ein Blick in jedes beliebige Argot-Wörterbuch – der unermeßlichen sexuellen Sprachphantasie anderer haben wir nur einen ärmlichen Bestand entgegenzusetzen.

Was hat er denn? heißt soviel wie: Was fehlt ihm eigentlich? 386

24. JANUAR 1997

Berliner sind mit Recht darüber verärgert, daß die politischen Instanzen den Umzug in die Hauptstadt mit wechselnden Begründungen hinauszögern. Sie scheinen nicht zu bemerken, daß auch die nichtpolitischen Instanzen in der Umzugsfreudigkeit nachlassen. Man müßte länger ausholen und würde darüber verdrießlich werden, um darzutun, warum und wie die Stadt aller Deutschen es schafft, sich ihnen unerfreulich zu machen. 387

Kürzlich zu einem festlichen Abendessen in den Metropolitan Club nach New York geladen, fand ich mich überraschend am Ehrentisch plaziert, las gehörig beeindruckt die Tischkarten der Außen- 388

ministerin, zweier Senatoren, unseres Botschafters und ähnlich
überaus Hochgestellter. Der Überraschung folgte die zweite auf
dem Fuß. Die Ehrengäste gaben sich die Ehre, nur virtuell anwe-
send zu sein. Vielleicht wurde es gerade darum ein hocherfreuli-
cher Abend; mein Tischnachbar, Dr. Arthur Mitchell, Chef des
berühmten Dance Theatre of Harlem und der angeschlossenen
Schule, entpuppte sich als geistvoll-witzige Erscheinung, der die
vielen Aufschwünge im schwarzen Ghetto eindrucksvoll schil-
derte – eindrucksvoll, weil der Initiative tüchtiger Harlemer zu verdanken und zum wenigsten der Sozialarbeit, die sich aus Steuer-
mitteln finanziert.

389 Der Kölner Kardinal Josef Frings war auf dem Zweiten Vatikani-
schen Konzil als beredter Reformfürsprecher aufgetreten. In die
Heimat zurückgekehrt, wurde er bei einem Treffen mit jungen
Priestern gefragt, wie sein römischer Freisinn mit der Tatsache in
Einklang zu bringen sei, daß sich in der eigenen Erzdiözese keine
Veränderungen zeigten. Darauf der Erzbischof, in dem auf dem
Kölner Stuhl seither verschwundenen rheinischen Tonfall: Jaaa,
meine lieben Konfratres, weil isch hier de Verantwochtung trare.

390 Die Meinung, daß der Bundeskanzler in Ansehung seiner Verantwortung und im Vergleich zu anderen Berufen nicht angemessen
bezahlt sei, wird vom derzeitigen Amtsinhaber wie von seinem Vorgänger, Helmut Schmidt, nachdrücklich geteilt. Die Bezüge sind
auch niedrig, wenn sie mit Vorstandseinkünften in Industrie und
Handel verglichen werden – sie sind es aber nicht im Verhältnis zu
den Entlohnungen, die Politikern in vergleichbaren Ländern zuteil
werden. Wird bedacht, daß unsere Regierungsmitglieder in aller
Regel Amtsbezüge mit Abgeordneteneinkünften verbinden können, so liegen ihre Einkommen beträchtlich über jenen britischer
oder französischer Kollegen; der Bundeskanzler ist unter Berück-
sichtigung der Pensionsbezüge nicht schlechter gestellt als der Präsident der Vereinigten Staaten – in einem Land, in dem die Wirt-

schaftsführer sehr viel höher bezahlt werden als bei uns. Die Disparität zwischen politischen und privatwirtschaftlichen Bezügen ist auch unter dem Gesichtspunkt leicht zu verteidigen, daß selbst die höchsten Diener des Staates aus Mitteln bezahlt werden, die nicht durch freiwillige Zuwendungen ihrer Bürger, sondern durch Zwangsabgaben zustande kommen.

Ludwig Erhard hatte einst einen gescheiten Referenten, der in vertrautem Kreis anschaulich und glaubwürdig von seinen pränatalen Erinnerungen berichtete. Häufiger treffe ich beruflich ganz auf Rationalität angelegte Köpfe, die von ihrer Seelenwanderung überzeugt sind, und andere, die erst geheimnisvoll, dann allmählich sich offenbaren, ihre Neigung zu den entlegensten Nischen der Esoterik dartun. Spätestens seit Madame Blavatsky gibt es in den westlichen Kulturen eine wachsende subjektiv erlebnishafte Religiosität, nur selten organisatorisch gerinnend, deren gerade Gebildete zu bedürfen scheinen, die von den Unbegreiflichkeiten der Heiligen Dreifaltigkeit und der ihr noch verpflichteten Kirchen sich abgestoßen fühlen und sich, merkwürdig genug, weit abstruseren Glaubens- und Lebensüberzeugungen hingeben. Es sind wahrhaft große Namen darunter, von Vergangenen nur Piet Mondrian, W. B. Yeats zu nennen, unter Gegenwärtigen noch viel mehr, unter unseren oft der Erinnerung Rudolf Steiners verpflichtet. Die Entwicklung mutet mich fremdartig, aber nicht feindselig an, weil es sich um dezente, kaum proselytierende Religiosität handelt, ganz frei von jener Aggressivität, die aus den beiden streng monotheistischen Religionen immer wieder unkontrollierbar hervorbricht. 391

»Fernsprechhäuschen« klingt heimeliger als Telefonzelle, geht aber auch dem Deutschen schwerer von der Zunge. So ist es mit vielen Fremdwörtern, über deren Vordringen sich niemand zu wundern braucht, der nicht gern auf der Kriechspur redet. 392

393   Die Unterscheidung von Sach- und Personalfragen ist den Politikern lieb, ja unentbehrlich, wenn sie von den einen durch Hinweis auf die anderen ablenken können. Oft ist die Unterscheidung unmöglich, weil eine Sache nur mit einer Person sich verbindet, noch öfter ist sie sinnlos, weil der einen Person zur Sache nicht mehr einfällt als der andern und sich nur zwei Temperamente zur Auswahl anbieten.

394   Einen bösartigen, grausamen Mann, hat Graham Greene festgehalten, erkenne man daran, daß ihm im Kino leicht die Tränen kommen. Die Beobachtung, daß Menschen, die sich leicht rühren lassen, damit nicht Herzenswärme verraten, sondern ganz harte und finstere Gesellen sein können, scheint mir zutreffend. Hitler wurde, wie Stalin auch, von der unmittelbaren Umgebung verehrt. Beide konnten freundlich sein, rücksichtsvoll, am menschlichen Interesse fehlte es nicht; bei Hitler kam noch der Charme gegenüber Frauen hinzu; auch seine Liebe zum Schäferhund, zum hingestreckten Baby kam von Herzen. Ähnliches läßt sich in viel weniger fürchterlicher Weise bei den kraftvollen Tatmenschen bemerken, die mit großer Kälte Entlassungen vornehmen, Entscheidungen treffen, die andere ruinieren müssen etc., und die dabei kein Gewissensbiß plagt, die der äußeren Notwendigkeit mit innerer Befriedigung folgen. Es liegt solchen Charakteren nah, im Intimbereich Mensch zu bleiben, beim Blick in den Spiegel nicht ein Monster wahrzunehmen, sondern den tüchtigen Kerl anzublicken, der tapfer seine Pflicht tut und doch verläßlicher Freund, guter Vater, zärtlicher Gatte geblieben ist.

395   Dem deutschen Besucher in Amerika fällt immer wieder die Wohlerzogenheit auch einfacher Leute und ihrer Kinder auf; im Sprachschatz vieler Deutscher kommt danke oder bitte oder gar Entschuldigung nicht mehr vor. In der Proletarisierung der Sitten wie der Kleidung sind wir rascher vorangekommen als andere.

Schopenhauer hat die Haltbarkeit der Religionen auch damit be-   396
gründet, daß sie Heilige Schriften besitzen. Judentum, Christentum, Buddhismus oder Islam und Hinduismus stützen sich seit
Jahrhunderten auf Urkunden, während die Religionen der weltbe-
herrschenden Griechen und Römer wie die der Germanen, der Kel-
ten, der Indianer und so vieler anderer untergegangen sind. – Mag
sein, daß auch Haltbarkeit und Beständigkeit von Nationen an stif-
tenden Urkunden hängen. Es gibt keine Nation auf Erden, die den
beiden heiligen Texten der Amerikaner, der Unabhängigkeitserklärung Jeffersons und der Rede Lincolns auf dem Schlachtfeld von
Gettysburg, Entsprechendes entgegenhalten könnte.

Ein englischer Kollege zerbricht sich den Kopf, wer von vergange-   397
nen Geistesgrößen sich bei Talkshows des Fernsehens gut ausnehmen würde; er ist auf Nietzsche gekommen. Der würde sich schon
optisch eindrucksvoll darbieten, mit originellen Thesen hervor-
treten, die wegen politisch-gesellschaftlicher Inkorrektheit den
Widerspruch aller übrigen Teilnehmer und Empörung eines
Studiopublikums finden könnten. Damit zugleich unterhaltsam
und konsensstiftend, wären ihm Einladungen in alle Abendtalk-
shows und auch auf die Tausende der Podien gewiß, die täglich in
Deutschland aufgestellt werden.

Es ist ganz richtig, daß der Euro aus dem Wahlkampf herausgehal-   398
ten werden muß! Es ist schließlich das wichtigste Thema der europäischen Politik des nächsten Jahrzehnts.

Es gebe kostbare Dinge, die auf geheimnisvolle Weise unauffind-   399
bar würden, hatte ich geschrieben. Ich bin eines sehr viel Besseren
belehrt. Peter Ustinov hatte, wie ich von einem jungen Freund
lerne, seine Schallplatte mit dem Formel-1-Rennen am Felsen von
Gibraltar selber vom Markt genommen, als sein Freund Berghe von
Trips, auf den in seiner Reportage angespielt war, sein Leben bei

einem Rennen verloren hatte – doch unauffindbar ist sie nicht geworden. Viele freundliche Leser wollten mit Umschnitten auf Kassette aushelfen, darunter der alte Kollege Döllken aus Tokio, der alte Freund Konrad Kraske, die als Freunde des Motorsports bisher nicht auffällig waren. Der eine Notfall ist also zu beheben, der zweite offenbar nicht. Die Muskatnußtaschenreibe hat sich nicht auftreiben lassen, selbst nicht mit Harald Schmidts Hilfe, der in seiner Sendung, die sich der Bedürfnisse der Bevölkerung annimmt wie keine zweite, noch einmal bei Tiffany recherchiert hatte. Unauffindbar sind auch die lieben Menschen geblieben, denen ich beide Geschenklein einst gemacht hatte.

21. FEBRUAR 1997

400 Social capital: So nennen die Amerikaner das Gewicht der gesellschaftlichen Stellung, die einer in der Wirtschaft hat, unabhängig von Leistung und Erfolg. Die Stellung kann darauf beruhen, daß einer von Familie ist oder, viel häufiger, welche Universität er besucht hat. Es gibt in den USA nur elf, die in der Wirtschaft Prestige verleihen, mit Princeton, Yale und Harvard an der Spitze. Eine gründliche Untersuchung hat jetzt ergeben, daß in Fällen, da der Vorstand eines Unternehmens einen höheren Status hat als der Vorsitzende dessen, was wir den Personalausschuß des Aufsichtsrates nennen würden, der über Entlohnung und Abfindung entscheidet, er regelmäßig zwanzig Prozent mehr erhält als beim umgekehrten Verhältnis. So hoch ist der Respekt des Absolventen der Michigan State University vor dem Princeton-Alumnus, so groß die Geringschätzung des Harvard-Mannes für den von der City University of New York. Klassenlos ist die Gesellschaft in Politik und Schaugeschäft, aber doch nicht da, wo es seriös zugeht.

401 Ich habe noch nie gehört, daß eine der bedeutenden Unternehmensberatungen, McKinsey, Boston Consulting, Andersen Consulting und wie sie alle heißen, nach Prüfung eines Unternehmens

zum Ergebnis gekommen wäre, als erstes müsse der Vorstand wegen Dummheit und Unfähigkeit ausgewechselt werden.

Aus Anlaß von Ludwig Erhards 100. Geburtstag am 4. Februar hat sich mancher die Frage gestellt, was Erhard in der heutigen Situation tun würde. Die Frage ist nicht sinnlos und läßt mancherlei Antworten zu. Die entsprechende Frage würde bei Adenauer keiner stellen. Das Werk des einen ist abgeschlossen, ganz und gar historisch geworden, das des andern ist nie vollendet, bleibt jeder Generation zur Fortsetzung erhalten. 402

Erhard ist Mit- und Nachwelt als prinzipientreuer Liberaler im Gedächtnis geblieben, der die Menschen zur Freiheit aufrief und darauf vertraute, daß sie von ihr vernunftgemäßen Gebrauch machen würden. Es ist fast unbemerkt geblieben, daß sein Kapitalismus nicht von der seit Adam Smith bekannten Sorte war, der als Zukunft nur Wohlstandsmehrung und kein Endziel der Geschichte kannte, vor der alle Geschichtsphilosophie verschwindet. O nein! Erhard war Schüler des Soziologen Franz Oppenheimer gewesen, hatte bei ihm promoviert, das Bild des verehrten Lehrers stand in seinem Ministerzimmer; und es erklärt vieles an dem unpolitischen Politiker, zieht man seine Anhänglichkeit an den Meister heran. In Oppenheimers »System der Soziologie« und der einschlägigen Abhandlung über den Staat wird ein prinzipieller Optimismus im Hinblick auf die Entwicklung des Menschengeschlechts sichtbar. Der Staat ist »eine gesellschaftliche Einrichtung, die von einer siegreichen Menschengruppe einer besiegten Menschengruppe aufgezwungen wurde …, und hatte keinerlei andere Endabsicht als die ökonomische Ausbeutung der Besiegten durch den Sieger«. Die ganze Weltgeschichte ist der Kampf zwischen dem »ökonomischen und dem politischen Mittel«. Politik ist der Quell des Unheils, es gilt, Herrschaft in Wirtschaft, Staat in Gesellschaft aufzulösen. »Das ist der Leidens- und Erlösungsgang der Menschheit, ihr Golgatha und ihre Auferstehung zum ewigen Reich: vom Krieg zum Frieden, 403 von der feindlichen Zersplitterung der Horden zur friedlichen Einheit der Menschheit, von der Tierheit zur Humanität, vom Raubstaat zur Freibürgerschaft.« Die Freibürgerschaft – man könnte sie auch formierte Gesellschaft nennen. Das hat Rüdiger Altmann nicht gemeint, als er als Erhard-Berater den Begriff (das Wort stammt aus Schillers Geschichte vom Abfall der Vereinigten Niederlande) in die politische Debatte einführte; aber es mag sein, daß der Kanzler ihn in unbewußtem Rückgriff auf den noch immer wirksamen Jugendtraum so begierig aufgegriffen hat. In der deutschen Publizistik ist der Begriff eher verspottet worden, in der ausländischen, besonders der kommunistischen, hingegen tat sich tiefe Besorgnis kund, es könne jemand in der deutschen Politik eine politische Idee gehabt haben.

404 Bezugsgrößen. Flugreisen sind sicherer als Autofahrten – oder? Nach einer britischen Statistik 1992 starben von 100 Millionen Passagieren 0,4 durchs Auto, nur 0,03 im Flugzeug pro Kilometer; auf Reisestunden bezogen, waren es in beiden Fällen 15; berechnet auf die Anzahl der Reisen, kamen 4,5 im Auto um, aber 55 im Flugzeug. (Economist, 11. 1. 1997)

405 Molesten des Alterns. Die Leute glauben, sie würden mit dem Anerbieten hoher Ehrung erfreuen und dem eines hohen Honorars kränken.

7. MÄRZ 1997

406 Es ist eher umgekehrt. Kein Volk hat die Regierung, die es verdient. So schlecht sind die Menschen nicht.

407 Früher war der Rentier ein Mann, der von den Zinsen seines Vermögens lebte; heute ist der Rentner einer, der auf die gehobene Fürsorge der Gesellschaft Anspruch hat.

138

Ich werde kaum jemanden überzeugen können, daß Marcel Du- 408
champ der interessanteste Künstler des Jahrhunderts gewesen;
Picasso bleibt gewiß der größte. Doch regt nicht nur Richardsons
neue Biographie, sondern auch ein Besuch im Picasso-Museum in
dem schönen Schloß in Antibes die Bemerkung an, daß dem Meister zuviel gedankenlose Verehrung vom Publikum dargereicht
werde. Es sind nicht nur die Friedenstäubchen und andere Produkte
politischer Gefälligkeit, nicht nur der egomanische Charakter des
Mannes, der seine Frauen wie Gebrauchsgegenstände behandelte,
die beiden Weltkriege durchsaß, ohne am Leid seiner Umwelt teilzunehmen; dergleichen Moral ist bei den ganz Großen nicht eben
selten. Aber die vielen seiner Keramiken sollten dem Künstler nicht
nachgesehen werden; auch »Guernica« scheint mir nicht das Jahr-
hundertbild, als das es angesehen wird – sehr artifiziell und zita-
tenreich konstruiert, von den Greueln des Krieges nicht gepackt,
sondern sie geschickt referierend; an Goya darf man nicht denken.
Und doch: Der Größte bleibt er.

Ludwig XVIII. war ein gewaltiger Esser und hatte sich eines Tages 409
in den Tuilerien von dem berühmten Koch des Herzogs d'Escars
Wurstpastete zubereiten lassen, der beide Herren reichlich zuspra-
chen. Schwere Übelkeit war die Folge, über die ein berühmtes Journal der Hauptstadt am nächsten Tage berichtete: »Gestern ward
Seine Allerchristlichste Majestät von einer Unpäßlichkeit befallen,
an welcher der Herr Herzog d'Escars heute morgen verschieden ist.«

Der politische Instinkt des Außenministers Genscher hat sich auch 410
bei seinem Abschied von der Politik bewährt. Dem Auge des Zeitgenossen mußte der Zeitpunkt als zufälliger erscheinen – weder ein
Augenblick des Triumphes noch der Niederlage, Ergebnis einer
freien persönlichen Wahl. Die großen Leute, die ihre Größe planen,
pflegen mit einem Scheitern aufzuhören. Sie warten auf den großen
Augenblick des dramatischen Abgangs und warten vergeblich; de
Gaulle, Churchill, Thatcher, auch Adenauer. Bismarck hatte die

Macht schon verloren, als er sie aufgab; aber das inszenierte er noch meisterhaft.

411 Dem Bundeskanzler Erhard sind die Arkana der Politik immer fremd geblieben. Er hat auch bis zuletzt nicht bemerkt, daß in der modernen Demokratie die Zustimmung des Volkes, deren er sicher sein konnte, keine verläßliche Macht verleiht, sondern nur am Wahltag und in der Furcht vor diesem. Von jenem Moment abgesehen, ist für den Machthaber die Zustimmung der Volksvertreter wichtiger als die des Volkes. Die Macht, die der Volkssouverän verleiht, ist nicht aktualisierbar, kann nicht abgerufen werden, wenn sie gebraucht wird. Eine Regierung kann lange ohne den Sukkurs des Volkes durchhalten, wenn die Instanzen, welche gesellschaftliche Macht permanent bewirtschaften, treu zu ihr stehen; und es kann rasch mit ihr zu Ende gehen, wenn ihr diese Unterstützung entzogen wird – mag die Wählerschaft denken, wie sie will; es gibt sie ja nur an einem einzigen Sonntag im Wahljahr.

412 Auch die Diskriminierung der Linkshänder wie die anderer Minderheiten geht dem Ende zu. Ich mußte in der Schule noch rechts schreiben lernen, was heute nicht mehr gefordert wird; hatte mit mancherlei Gerätschaften Schwierigkeiten, die es jetzt für Linkshänder gibt, wie zum Beispiel Pistolen, die beidhändig gut zu bedienen sind: Vordem war der Linkshänder auf den Revolver verwiesen. Daß der Linkshänder fechtend den Schloßturm schlechter verteidigen konnte, weil die Wendeltreppen alle im Uhrzeigersinn verlaufen, war schon länger belanglos geworden, auch daß er beim Deutschen Gruß nicht die Ausdauer zeigte wie der rechte Parteigenosse. Geblieben ist die Benachteiligung beim festlichen Essen. Wenn serviert wird, kann ich selten ein gutes Stück von der Platte holen.

Wenn heutige Prediger schon beim Auftritt der Heiligen Drei Kö-   413
nige hätten zugegen sein können, hätten sie die Übergabe so kost-
barer Geschenke wie Gold, Weihrauch und Myrrhe gewiß nicht
gutgeheißen.

21. MÄRZ 1997

Früher fand der Mann in volkstümlichen Gaststätten auf der Toi-   414
lette, die die Bezeichnung Abort führte, oft ein Porzellanbecken,
das in Brusthöhe angebracht und dazu bestimmt war, die nach
übermäßigem Alkoholgenuß zwanghafte Entleerung aufzunehmen. Dergleichen findet sich heute nicht mehr. Ob sich darin eine
Veredelung der Sitten anzeigt, ist nicht gewiß; es sind überall Kon-
domautomaten aufgehängt, die es vordem nicht gab, und bald wird
auch das Einwegbesteck für den hygienischen Drogengebrauch an
solchen Plätzen zu erhalten sein.

Es ist nicht leicht, einen tiefgebräunten Menschen ernst zu nehmen.   415

Deutschland ist wirtschaftlich ein Riese, aber politisch ein Zwerg.   416
Das haben die Deutschen von sich selber gesagt und haben es ge-
glaubt. Schon seit Jahrzehnten ist es nicht wahr gewesen. Seit der
Suez-Krise 1956 war Deutschland auch die politisch führende
Macht Europas geworden und hat gut daran getan, es zu ver-
schweigen. Seit dem Zusammenbruch des Sowjetimperiums, der
Auflösung Jugoslawiens, dem Beginn des Binnenmarktes und des
Kampfs für die Währungsunion läßt es sich nicht mehr geheim-
halten. Es ist praktisch, daß der politische Riese sich wirtschaftlich
verkrüppelt zeigt; sonst wär's für die andern schwer zu ertragen.

Die Lebensregel für Reporter. Wenn der andere schneller ist, mußt   417
du besser sein, wenn der andere besser ist, mußt du schneller sein.

418 »1. Nicht weniger als hundert Kulaken aufhängen, die Reichen, die Blutsauger, und zwar so, daß die Leute es sehen können. 2. Ihre Namen veröffentlichen. 3. Den ganzen Besitz beschlagnahmen. 4. Geiseln bestimmen. – Ihr müßt das so machen, daß hundert Werst rundum die Leute sehen, zittern, wissen, schreien: Die erwürgen und werden die blutsaugenden Kulaken bis zum Tode würgen. Empfang und Ausführung telegraphisch bestätigen. gez. Lenin.« Viele solcher Befehle hat der große Revolutionär schon vor dem offiziellen Beginn des Terrorregimes im September 1918 auf den Weg gebracht. Noch als die Revolution längst etabliert und Frieden war, hat er, um Widerstand gegen die Beschlagnahme kirchlichen Eigentums zu brechen, eine große Anzahl öffentlicher Erschießungen in Shuia angeordnet, »aber auch in Moskau und mehreren anderen kirchlichen Zentren«. Das war im März 1922. Erst allmählich, seit 1990, öffnen sich die Archive, und Lenin tritt in Lebensgröße hervor.

419 Prof. Rupert Lay SJ hat das horizontale Schisma ausgemacht, das heute die Kirche präge (gegenüber den vertikalen Schismata früher); aber nicht nur sie. Die Gläubigen mitsamt den ihnen zugehörigen und zugewandten Klerikern sind auf der einen, die Hierarchen auf der andern Seite. Das Schisma ist kein Gegen-, es ein Nebeneinander; das Gottesvolk läßt Gott und den Papst einen guten Mann sein. Ähnliche Trennungen könnte es in Unternehmen geben, zwischen mittlerem Management und Vorstand. Traditionell gibt es sie in der Armee, auch bei der Justiz; das Korps der Sergeanten hält sich für das Rückgrat der bewaffneten Macht; die Rechtspfleger wissen, daß ohne sie die administrative Tätigkeit der Gerichte, Grundbuch, Register pp. zum Erliegen käme. – Das horizontale Schisma ist aber kein echtes; die Autorität wird in Frage gestellt, aber nicht verneint; seine Basis ist keine starke Überzeugung, sondern gut begründetes Ressentiment.

Ein zweites Bundesland hat das Wahlalter auf sechzehn Jahre herabgesetzt. Wenn das die Regel wird, in allen Ländern und bei allen Wahlen, dann ist endlich eine Mehrheit von Wählern institutionell gesichert, die weder zum Sozialprodukt noch zum Steueraufkommen beiträgt, sondern sich als Empfänger öffentlicher Leistungen definiert. Der Sozialstaat wird nicht untergehen. 420

Pamela Harriman, jüngst verstorbene Botschafterin der USA in Paris, gehörte zur Gattung der Grandes Horizontales, die eine bedeutende gesellschaftlich-politische Karriere auf Talente gründen, die in einer andern Sphäre heimisch sind; die englische und französische Geschichte ist nicht arm an Evitas oder Pompadours, doch merkwürdigerweise die deutsche. Das ist schon recht; wo es Frauenquoten gibt, braucht es keine Kurtisanen. 421

4. April 1997

Frei ist der Mensch, der ohne Begründung eine Einladung ablehnen kann. Oder: wer ohne zu kränken sagen kann, ich habe keine Lust. 422

»In meinen hohen Jahren muß die unverbrüchliche Maxime sein: durchaus und unter jeder Bedingung in Frieden zu leben; ich möchte, um keinen Preis, bei irgendeiner Kontestation, sie habe einen politischen, literarischen, moralischen Anlaß, als tätig mitwirkend erscheinen.« (Goethe an den Kanzler von Müller, 21. Mai 1830) 423

Ein öffentliches Geheimnis: Die moralische Bewertung einer Person wird durch die Überzeugungen oder Meinungen bestimmt, die sie vertritt; viel weniger durch Tat und Charakter. 424

425   Im Zeitalter der Allgegenwart der hohen Notabeln nutzen sie sich
      rascher ab. Bismarck und Metternich konnten sich sehr lang in
      öffentlicher Gunst erhalten (von der sie nicht einmal abhingen),
      einem neuen Regierenden ist das nicht mehr vergönnt, er wird dem
      Publikum zuerst langweilig, dann unerträglich, und wäre er auch
      ein Genius. Das trifft den jetzigen Papst, das hat Churchill und de
      Gaulle getroffen, auch Adenauer, der persönlich ja keineswegs am
      Ende war. Aber niemand wollte ihn mehr.

426   Neulich hatte ich Zweifel angemeldet, ob schon einmal eine der
      großen Unternehmensberatungen dem auftraggebenden Vorstand
      bescheinigt habe, daß er selber überflüssig oder untüchtig sei. Es ist
      schon vorgekommen, freilich nicht aufs ganze Organ bezogen und
      längst nicht so oft, wie es kluge Prüfer gern getan hätten.

427   Neben vielen anderen Gründen, aus unterschiedlichen Interessen
      und Temperamenten, gibt es einen starken, weshalb die gemein-
      same Außen- und Sicherheitspolitik der Europäischen Union nicht
      vorankommt. Je weniger Bestimmungsfreiheit den nationalen Re-
      gierungen in Wirtschaft, Recht und Finanzen verbleibt, desto leich-
      ter wollen sie sich in außenpolitischen Positionen noch unterschei-
      den, haben ein abnehmendes Interesse daran, sich in dem Wenigen
      förmlich zu akkordieren, mit dem sie noch eine Existenz öffentlich
      vorweisen können. Das brauchte in Zeiten innenpolitischer Krisen
      wie jetzt überall nicht zu plagen, wird aber lebhafter hervortreten,
      sobald die Zustände erfreulicher sind. Die deutsche Hoffnung auf
      völlige Selbstaufgabe der Nationen ist arg verfrüht.

428   Die Währung ist älter als die Republik. Nach dem Grundgesetz
      (Art. 73) kann sie mit einfacher Mehrheit verändert oder abge-
      schafft werden, doch hat sie in Wahrheit und im Bewußtsein der
      Deutschen als vorkonstitutionelles Fundament einen Verfassungs-
      rang, der den Unabänderlichkeitsgarantien des merkwürdigsten

unserer Verfassungsartikel, des neunundsiebzigsten, nahekommt. Die verantwortungsschwere Leichtfertigkeit, mit welcher Politiker und Fachleute über die Deutsche Mark disponieren, müßte kriminell genannt werden, wenn sie nicht auf politischem Unverstand und gutem Willen beruhte.

Argumente überzeugen niemanden, hat Emerson bemerkt; vor allem können sie keine Moral begründen. Dazu ist eine Autorität vonnöten. Auch sie kann nicht beliebig Gebote oder Verbote durchsetzen. Es wird erkennbar oder unerkennbar irgendeine Knappheit zugrunde liegen, die ein geregeltes Verteilen oder Verhalten erzwingt. – Die Ethiken der Philosophen sind, wie ihre ästhetischen Postulate, Lektüre.   429

Es kann sich noch rächen, daß die Menschheit ihren Helden und Heiligen keine Denkmäler mehr baut, sondern nur noch Tempel des Verbrechens und der Niedertracht errichtet. Es ist ja nicht sicher, daß die Anschauung abgrundtiefer Infamie stärker abschreckt, als die Anschauung des Edlen und Guten zur Bewunderung und Nachahmung anleitet.   430

Beim Vergleich der deutschen mit den ausländischen Medien fällt mir auf, daß bei uns Verlautbarungen von Verbänden großen Nachrichtenwert haben. Von BDI, BDA, DIHT, Gewerkschaften und Parteien werden unablässig Äußerungen mitgeteilt, selbst ein Bischofswort hat die Chance nationaler Publizität. In der New York Times kommt die National Association of Manufacturers, kommen die Unions höchst selten vor.   431

432 Es gibt nur einen Holocaust, doch viele Genozide. Allein in diesem Jahrhundert die vielen Millionen, die Stalin umbrachte, die Schreckensherrschaft der Roten Khmer, der Ausrottungsfeldzug gegen die Armenier und, zugleich am größten und am wenigsten bekannt, die von Mao aus ideologischer Überzeugung organisierte Hungersnot, deren Opfer auf dreißig Millionen geschätzt werden. Sie ist noch immer ein in China gut gehütetes Geheimnis; es kann noch Jahrzehnte dauern, bis die Chinesen die Wahrheit erfahren und daß sie sie hätten kennen müssen und mitverantwortlich gewesen sind. – Und noch ist kein Ende abzusehen: Die Genozide in Afrika haben erst begonnen und werden sich nicht verbieten lassen.

433 Besser meiden. Selbsthilfegruppen. Fußgängerzonen. Erlebnisparks. Naherholungsgebiete. Werkstattgespräche.

434 »Und das Weib sah, daß von dem Baum gut zu essen wäre und daß er eine Lust für die Augen wäre und verlockend, weil er klug machte. Und sie nahm von der Frucht und aß und gab ihrem Mann, der bei ihr war, auch davon, und er aß.« Die bösen Folgen des Sündenfalls kennt man, die Schlange wurde verurteilt, hinfort wie eine Schlange zu kriechen, das Weib solle unter Schmerzen gebären und der Mann, weil er der Stimme seines Weibes gehorcht habe, sein Leben in mühseliger Arbeit fristen. Die alte Geschichte gibt viele Rätsel auf, mir jüngst dieses: Was wäre wohl geschehen, wenn unser Urahn so ungalant gewesen wäre, das ihm von Eva verführerisch gebotene Obst zu verschmähen? Daß Eva klug und sterblich geworden, Adam einfältig und glücklich geblieben wäre, ist leicht vorstellbar. Aber weder die Vertreibung aus dem Paradies noch der Verbleib des Paares darin wäre gut zu denken, noch die Entstehung der Erbsünde, an der wir alle kranken, von der wir alle genesen können. Wenn ich ein Diener am Wort wäre und die Geschichte zur Lehre auszulegen hätte, möchte ich sagen: Der Mann muß fromm

146

sein und gottesfürchtig, aber sollte nicht frömmer sein als seine Frau.

Es steht nicht gut um die Frankophonie. Vor Jahren hatte es auf dem 435 Kurfürstendamm eine französische Buchhandlung gegeben, nun führen die Bahnhofsbuchhandlungen und die am Flughafen kein französisches Taschenbuch mehr. Der beste Buchhändler der Stadt, der anspruchsvolle englische Neuerscheinungen vorrätig hält, hat französische Titel ganz aufgegeben, weil keine Nachfrage mehr stattfindet. Wer hierzulande ein deutsches Buch bestellt, kann es meist innerhalb von vierundzwanzig Stunden bekommen und jeden amerikanischen Titel dank den fixen Versendeläden innerhalb von drei, vier Tagen. Ein französisches Buch zu besorgen mag Wochen brauchen. – Immer häufiger erlebt man in italienischen oder spanischen Hotels, daß Französisch vom Personal nicht mehr gut verstanden, Englisch jedenfalls vorgezogen wird. Die Algerier sind dabei, Französisch als Pflichtsprache abzuschaffen, in Ruanda regieren Leute, die besser Englisch können. Die gleiche Wandlung ist in Indochina seit Jahren im Gang. – Der Kampf um die Weltsprache Französisch geht verloren.

In Köln rüsteten sich die Kumpels zum Protestmarsch auf die Bundesstadt Bonn. In Hannover wurde die CeBIT eröffnet. Das war am gleichen Tag, doch lagen Jahrhunderte dazwischen. – Es ist ein kalendarischer Irrtum, daß die Menschen gleichzeitig lebten. Die Taleban in Kabul und die Derivate-Händler in Manhattan leben auch nicht in der gleichen Welt.

An Land reden sie sehr gesittet über Proust, und an Bord sind sie 437 nach ein paar Tagen wie die Tiere. Langseufzer eines alten englischen Skippers, der es leid ist, Leute aufs Boot zu nehmen. – Solche Erfahrungen hat der Freund Jochen nicht gemacht, weil er außer der Freundin und der Hilfskraft niemanden mitnahm auf große

Fahrt. Als sein Boot, Traum und Stolz des Lebens, mit allem ausgestattet, was die Tradition erfordert und der Fortschritt ermöglicht, auf einige Wochen ausgelaufen und glücklich zurückgekehrt war, berichtete er, Neid und Bewunderung der Freunde genießend, von den Herrlichkeiten des schäumenden Lebens auf See. Im vertrauten Augenblick, als der Effekt der Erzählung eingetreten und genossen war, gestand er mir dann, es sei greulich gewesen, der Unterhaltungswert des Meeres werde weit überschätzt, ob das Wasser nun still sei oder bewegt. Er werde auch künftig segeln, aber nie so weit, daß kein Gasthof am Lande zu erreichen sei.

438 Der Teamgeist wird allenthalben gepriesen, aber Preise gibt's nur für die Leistung des einzelnen.

2. Mai 1997

439 Der amerikanische Präsident John Quincy Adams hatte in seiner Jugend so gut Deutsch gelernt und eine solche Liebe zu unserer Literatur empfunden, daß er Wielands Epos Oberon in englische Verse übersetzte; Wieland soll mit der Übertragung sehr zufrieden gewesen sein.

440 »Er war ein Mann der ersten Stunde.« Das ist eine arme Lobpreisung, der kein Verdienst innewohnt; meist ist gemeint, daß einer der erste Vorgänger seiner Nachfolger gewesen.

441 Die Überraschung ist immer ein Akt der Aggression. Das Wort sagt es schon und in allen Sprachen gleich und soll auch im Militärischen nichts anderes sein. Aber auch die, welche die freudige heißt und die Privatleute einander antun, ist eine freundschaftlich camouflierte Attacke. Jeder Überraschte braucht einen Augenblick, sich zu fassen, die Gesichtszüge erwartungsgemäß zu ordnen, und

die Überraschenden, sie mögen so herzlich gesinnt sein wie denkbar, weiden sich an dem Augenblick der Überlegenheit, wenn der Coup gelungen ist. Der Überraschte hat sich dankbar erfreut zu zeigen, wenn der Freundeshieb getroffen hat – sonst wäre er ja ein Spielverderber, das Spiel verderbend, das andere mit ihm treiben. Der Dank kommt dem Überrraschten auch von Herzen, wenn er sich, sekundenschnell, wieder gefaßt hat, und drückt das kleine Schrecknis weg, das im tiefsten Winkel kauern bleibt.

Beim Mehrheitswahlrecht ist es nicht unmöglich, nicht einmal   442
unwahrscheinlich, daß eine Regierung mit der Minderheit der Wählerstimmen gebildet werden kann und die Mehrheit in der Opposition verbleibt. Bezieht man Stimmenthaltungen in die Betrachtung ein, so gibt es Fälle von Präsidenten, Gouverneuren etc., deren Mandat auf weniger als einem Viertel aktiver Zustimmung der Wahlberechtigten beruht. Auch die politischen Triumphe der Konservativen unter Margaret Thatcher enthalten eine optische Täuschung. Während ihr Prestige wuchs, ihr Machtgebrauch zunahm, wurde ihre Partei im Wählervolk ständig schwächer; der Stimmenanteil der Tories fiel von 1979 bis 1983 und 1987 wiederum, und bei allen Wahlen hatte sie eine Mehrheit im Unterhaus, der keine in der Bevölkerung entsprach – mit nicht einmal vierzehn Millionen Stimmen holten die Konservativen 375 Sitze, während die über siebzehn Millionen Stimmen für die Gegenkandidaten nur 251 Plätze erbrachten. – Dergleichen ist in unserem Verhältniswahlrecht nicht möglich, doch möglich ist es schon, daß Ansehen und Wirksamkeit eines Regierungschefs wachsen und andauern, während gleichlaufend die Machtposition seiner Partei im Lande zerfällt.

William Safire weist darauf hin, daß das Wort clone, das alle Welt   443
neuerdings kennen muß und das wir Klon schreiben, im Century Dictionary 1889 einem Gelehrten namens John Ashburner zugeschrieben wird, bei dem es die krampfhafte Muskelkontraktion be-

zeichnet, und auf das griechische klonos zurückgeht, das Langenscheidt mit »Verwirrung, Schlachtgetümmel, Gewühl« übersetzt. Im Nachtragsband des Oxford English Dictionary 1972 hat das Wort plötzlich eine andere Bedeutung und einen anderen griechischen Ursprung. 1903 hat der Botaniker Webber als clone eine Gruppe von Zellen oder Organismen bezeichnet, die asexuell sich von einem einzelnen sexuell erzeugten Vorfahren herleiten. Dieser Klon führt auf ein anderes griechisches Wort zurück, klon, das Zweig oder Schoß bedeutet. Beide Ableitungen werden bestehenbleiben, weil das erste Ursprungswort mit Omikron und das zweite, näherliegende, mit Omega geschrieben und also verschieden ausgesprochen wird – im Deutschen und im Englischen wird klon bestimmend sein, die Franzosen sprechen's aus, als ob es von klonos käme.

444 Die Angst vor den Außerirdischen find' ich ganz begreiflich. Wer kommt, ohne gerufen zu sein, bringt selten gute Post. Erfahrung hat ja gelehrt, daß, wer anreist, nicht bringen, sondern holen will. So war es bei Alexander, so war es bei Cortés, und noch die Engländer wollten mehr holen, als sie Opium brachten.

445 Pazifismus heißt meistens: Ich habe nichts, für das sich zu kämpfen lohnt, und mag's nicht leiden, daß andern anders zumute ist.

446 Ich weiß nicht, wer's als erster gesagt hat, wiederhole es aber ungeniert: Was die einen Vision nennen, bezeichnen die Psychiater als Halluzination.

16. MAI 1997

447 Lesefrüchte. Von Peter Duesberg, einem Prominenten der amerikanischen Akademie der Wissenschaften: »Die Wissenschaft hat

150

keine Moral. Die Natur kennt kein ethisches Prinzip.« Von Victor Hugo: »Die Wissenschaft sucht das Perpetuum mobile, sie hat es gefunden, sie ist es selbst.« Von Doktor Opimian, dem Dialoghelden im Gryll Grange von Th. L. Peacock: »Ich komme zu der Auffassung, daß das eigentliche Los der Wissenschaft die Ausrottung der menschlichen Rasse ist.«

Bewundernswert wie der Heldenmut im Felde ist derjenige, mit   448
dem Alice von Schlieffen, in London lebende Nachfahrin des großen Kriegsplaners des Ersten Weltkriegs, den Kampf weiterführt – zum siegreichen Ende natürlich; das unweigerlich eingetreten wäre, wenn nicht der Zaudersinn des unwürdigen Moltke, des Neffen nämlich, durch ängstliche Verteilung der Truppenmenge den kraftvollen Schwung der deutschen Offensive durch Belgien hindurch vereitelt hätte. Den couragierten Leserbriefen, mit denen sie sich in der englischen Presse, den großen Krieg und die europäische Geschichte durch Jahrhunderte umwertend, zu Wort meldet, wird nun entgegengehalten, daß das engagierte Enkelkind damit noch immer die Verletzung der belgischen Neutralität billigend in Kauf nehme: ein Einwand, der seine Wirkung zu verfehlen scheint, weil das unverderbte Gemüt ja von der Voraussetzung ausgeht, der Schlieffenplan wäre von Erfolg gekrönt, das Völkerrechtsdelikt nachträglich mithin nicht recht vortragbar gewesen.

Von Alice von Schlieffen auf den kleinmütigen Neffen gelenkt, be-   449
ginne ich den großen Onkel wieder zu lesen, von dem ich bisher nur die berühmten Reiseberichte kannte, und entdecke sehr verspätet, daß die Lektüre der militärischen Schriften dem Auge des zivilen Laien noch angenehmer und ergiebiger ist als die des großen Clausewitz; mag sein, daß auch eine Rolle spielt, daß Clausewitz in der Kriegskunst geistvoll philosophierte, während Moltke auf eigener Erfahrung als großer Schlachtenlenker aufbaute. Vor dem geradeaus schreibenden Feldmarschall zerfällt das bei Unternehmern und Politikern beliebte Strategiegerede in Staub.

450 Die Römer, die Türken und die Engländer, meint Cioran, hätten ihre Weltreiche als dauerhafte gründen können, weil sie von allem messianischen Laster frei gewesen seien. Die Verbindung von Autorität und Gleichgültigkeit hat den Spaniern beispielsweise gefehlt. Die Deutschen erwähnt er erst gar nicht, weil ja nicht einmal ein Anlauf zu einem dauerhaften Weltreich nachweisbar und außerdem offensichtlich ist, daß kein Deutscher sich eine Befehlsgewalt vorstellen kann, die nicht von irgendeiner Überzeugung befeuert wird.

451 Die letzte Gelegenheit zum freien Absprung hatte er vorübergehen lassen, die Jubiläen der Amtszeit im vergangenen Herbst; danach mußte er wieder antreten, weil alles andere in der Krise von Koalition, Regierung und Europapolitik Flucht gewesen wäre. So beginnt eine Geschichte ganz nach den Regeln der griechischen Tragödie. Eine Entscheidung, die getroffen werden muß, obgleich als unheilvoll erkennbar, und die zu einem guten Ende nicht gebracht werden kann. Denn selbst wenn er die Wahlen noch einmal gewinnt, verhindert er die Erneuerung seiner Partei; die Reformen, die er will, werden am Felsblock der Beständigkeit, der er auch hat sein wollen, zerschellen; und den Euro, wenn er ihn noch schaffen kann, wird er als den Zankapfel der Völker erleben, erst postum als Triumph.

452 Das Wesentliche aller Strategie, nach dem großen Strategen: Die strategische Planung reicht bis zum ersten Augenblick der Feindberührung; danach ist Strategie ein System der Aushilfen. Je höher die kommandogebende Position, desto kürzer, allgemeiner und seltener ihre Befehle. Zur kollegialen Führung gibt Moltke den Bericht vom Kriegsrat vor der Schlacht bei Königgrätz. Er hielt dem König Wilhelm frühmorgens zehn Minuten lang Vortrag, den S. M. billigte, worauf die Anordnungen an die Generalität hinausgingen. Das war der Teamgeist, der die preußischen Truppen beflügelte, und er hieß Moltke.

Ein Gedanke, den ich nicht auszudrücken wage. Wem nützt eigent-   453
lich das, was wir Jugendschutz nennen? Die Greuel, die Kindern
angetan werden, haben mit den Vorschriften, die zu ihrem Schutz
erlassen sind, wenig zu schaffen. Selbstkritisch füge ich an, daß das
Urteil durch die Jugenderfahrung getrübt ist, nach der ich Betrei-
ber und Verwalter fürsorglicher Freiheitsbeschränkung immer nur
als Finsterlinge wahrgenommen habe; Finsterlinge, die in der Ju-
gendarbeit ihre Befriedigung suchten.

30. MAI 1997

Unter dem perfekten Verbrechen wird immer die unentdeckte   454
Untat verstanden, doch kann ein Verbrechen perfekt genannt werden, das sich in hellster Öffentlichkeit vollzieht – der ungerechte,
aber siegreiche Krieg oder der geglückte Putsch. Politik heißt die
Sphäre, in der perfekte Verbrechen einheimisch sind.

Es gibt eine Gruppe in der Bevölkerung, die fortwährend diskri-   455
miniert, ja pönalisiert wird, ohne daß irgend jemand sich ihrer annimmt. Es sind die Unbefugten. Nirgends haben sie freien Zutritt,
viele Gerätschaften dürfen sie nicht bedienen, selbst die Nutzung
der freien Natur, des öffentlichen Rasens, des einladenden Wald-
stücks ist ihnen versagt. Bisher lassen sich die Unbefugten ihre
Mißhandlung gefallen, die letzte Gruppe der Nicht-Emanzipierten.
Aber nicht mehr lange.

Im Deutschen sind Janus-Wörter selten. So werden im Englischen   456
die Ausdrücke benannt, meist sind es Verben, die zwei einander wi-
dersprechende Bedeutungen haben; zum Beispiel »to oversee«, das
»kontrollieren« heißen, aber auch den Sinn haben kann, den »über-
sehen« im Deutschen hat. Daneben gibt es unechte Janus-Wörter,
die im gegensätzlichen Sinn gebraucht werden, obgleich sie nur
einen richtigen haben. So bedeutet »penultimate« nichts anderes als

»das Vorletzte«, außer in der herrschenden emphatischen Umgangssprache der Amerikaner, wo es »das Allerletzte« bezeichnet.
Bei uns ist »Untiefe« so ein Wort – für die Korrekten ist es »beinah
seicht«, für andere soll es die gefährliche Grundlosigkeit des men-
schenfeindlichen Gewässers sein.

457 Verstorbene Größen können sich nicht anders als durch Anekdo-
ten, Maximen oder Reflexionen im Gedächtnis halten. Das gilt mit
Sicherheit für alle, die nicht durch brutale Machtanwendung die
Menschheit erschüttern durften. So ist in England zumindest in der
Fachwelt einem Mann ein Angedenken gewiß, John Junor, der als
bloßer Chefredakteur rasch vergessen wäre; bei uns stiftet man we-
nigstens Preise für Journalisten, die sonst das Maul des Vergessens
längst geschnappt hätte. Aus Junors Maximen ließe sich ein Hand-
büchlein der Lebensklugheit zusammenstellen, die der populäre
Journalismus als Unterlage hat. »Eine Unze Emotion ist eine Tonne
Fakten wert.« »Noch nie ist jemand durch Hohn zerstört worden.«
»Das Künftige fesselt immer, das Vergangene nie.« »Für Sex und
Geld interessiert sich jeder.« »Es ist nie falsch oder strafbar, eine
Frage zu stellen.« Man muß hinzufügen, daß der weit geringere,
aber immerhin mögliche Erfolg der seriösen Publizistik auf der
konsequenten Mißachtung der Junorschen Regeln beruht. Zwei an-
dere hinterlassene Bemerkungen (»Nur Schwule trinken Rosé«;
»Nie hat ein guter Journalist einen Bart gehabt«) sind offensichtlich überholt.

458 In diesem Frühjahr sind mir zwei besonders schöne Bücher aufgefallen. Das erste ist von Loki Schmidt, der gescheiten Frau des
gleichnamigen Kanzlers (über die Kanzlerfrauen von Luise Erhard
bis Hannelore Kohl wäre überhaupt ein Buch fällig), die über die
botanischen Gärten in Deutschland ein liebenswürdiges, intelli-
gentes und zuverlässiges Lese- und Orientierungswerk geschrieben
hat. Es wäre vollkommen zu nennen, wenn der sonst nicht üble Verlag Hoffmann und Campe sich in dem zweiten Buch umgesehen

hätte, das »Lesetypographie« heißt, von Willberg und Forssman im Verlag Herrmann Schmidt in Mainz, das mit großer und vergnüglicher Darstellungskunst das Kunsthandwerk des richtigen und schönen Büchermachens lehrt. – Wer noch die Paratexte von Gerard Genette danebenlegt, ist zum anspruchsvollen Leser hinreichend gerüstet.

Selten sind die Opernfreunde, denen Monteverdi so lieb ist wie Verdi. Noch seltener die Liebhaber der »Stummen von Portici«, des Meisterwerks von Daniel-François-Esprit Auber. Es ist nur selten zu hören und die Titelheldin überhaupt nicht, die sich zum Schluß des Stückes in den dampfenden Krater des Vesuvs wirft. An die Oper erinnere ich nur, weil ich eben erfahre und festhalten will, daß bei ihrer Erstaufführung in Brüssel 1831 Unruhen in der Bevölkerung entstanden waren, die zur Gründung des Königreichs der Belgier beitrugen. – Eine politische Geschichte der Musik bleibt noch immer zu wünschen. 459

Wenn es schon immer den Wohlfahrtsstaat mit seiner unvermeidlichen Staatsquote gegeben hätte, wären keine Tempel und Kathedralen gebaut, keine Opern komponiert, es wäre keine Sixtinische Kapelle ausgemalt worden. Wo heute noch irgendein Bedeutendes zur Anschauung gebracht wird, drückt es den Willen zur Größe eines Machthabers aus, der sich den Ansprüchen der Demokratie entzogen hat. 460

13. JUNI 1997

Leute, die nach ihrem Herzensdrang Gutes tun, sind oft Heilige. Unter Leuten, die von Berufs wegen Gutes tun, findet man nicht selten Lumpen. 461

462 An verschwiegener Stelle merkt der Menschenfreund Mark Twain an: Wenn du einen verhungernden Hund aufnimmst und ihn in Futter setzt, wird er dich hinfort nicht beißen. Das ist der Hauptunterschied zwischen dem Hund und dem Menschen.

463 Die Nationen, deren Angehörige freundliche und verläßliche Dienstleistungen erbringen, sind auch jene, die das Talent zum Herrn haben. Beispiel: Italiener oder Engländer. Die Deutschen sind eher mürrisch, wenn sie dienen, und verlegen, wenn sie eine hohe Position besetzen sollen. Dafür exzellieren sie als Handwerksmeister, setzen einen Stolz in ihre Leistung, die sie zum Verzicht auf elegante Umgangsformen legitimiert.

464 Der Hauptvorteil des Gedruckten gegenüber dem Gesendeten wird nie ins Treffen geführt: Bei dem einen kann man das Überflüssige, nicht Interessierende überblättern, beim andern muß man ausharren. Dabei wird das Ausharren immer lästiger und nicht nur wegen der Werbeblöcke; gerade in den vorgeblich spannungsreichen Filmen verdrießen die dialogfreien Prügeleien, die jeder in jeder Variante schon gesehen hat, wie die Verfolgungsjagden durch San Francisco, die eine Geschichte nicht würzen, sondern bloß verlängern. – Bewundernswert der Heroismus von Tagesschau und Heute, die tagtäglich fünfzehn Minuten füllen, ohne Stoff zu haben – der Zuschauer hört sich mißmutig die Verlautbarungen über Steuern, Renten, EU-Reform und ähnliche Nicht-Ereignisse an, bis er zum Schluß erfährt, wie das Wetter werden soll.

465 Der Romancier Anthony Powell bemerkte über Virginia Woolf, sie habe alle die viktorianischen Spießigkeiten verkörpert, gegen die sie in ihrem literarischen Werk anrannte. Dergleichen kommt öfter vor: Nietzsche wütet gegen den Christengott und seine Religion und begründet einen neuen Minder-Glauben. Die Nazis sahen sich als Herrenrasse und waren doch eine Bande von Saalordnern. Die

Kommunisten wollten das Bürgertum vernichten, aber lebten nach dem Ideal der kleinsten Kleinbürger. Freud lehrte die Befreiung von der Verdrängung und ist selbst ein Meister im Verdrängen gewesen.

Laut Vertrag als Hollywood-Drehbuchschreiber standen Raymond Chandler immer zwei Cadillacs mit Chauffeur und sechs Sekretärinnen zur Verfügung, Tag und Nacht. – Als sein Arzt ihn damals fragte, wieviel Alkohol er zu sich nehme, sagte er: »Nicht so fürchterlich viel in Wirklichkeit, eine Flasche Scotch pro Tag, sechs oder acht doppelte Cocktails und natürlich Wein zum Mittag- und Abendessen.« Verdrießlich-vorsichtig reagierte der Arzt: Nun, dann stehen Sie schon auf der Schwelle zum Alkoholismus. »Eine hübsche kleine Schwelle«, meinte Chandler vergnügt. 466

Lange Jahre hat bei uns die Tapferkeit nicht mehr als Tugend gegolten, eher als Charakterfehler der Beschränkten; das Bekenntnis zu Angst und Feigheit hingegen war Anzeichen der voll entwickelten Persönlichkeit. Das ändert sich. Nur die Notabeln der Medienwelt haben es noch nicht bemerkt. 467

Auf dem Kontinent werden Juristen hauptsächlich mit Leistungen berühmt, die nicht zu ihrem Fach gehören. So Mommsen als Historiker, Carl Schmitt als politischer Philosoph. Die kontinentale Gerichtsverfassung läßt auch, anders als die angelsächsische, die Figur des großen Richters nicht zu; ein Richter muß ein ordentlicher Schriftsteller, wenigstens ein Professor sein, wenn er ein Ansehen haben will. 468

»Im Italien des 15. Jahrhunderts hatte der Krieg eine Perfektion erreicht, die viele lächerlich nennen würden. Sobald die Heere angetreten waren, verglichen die Generäle Zahl, Stärke und Aufstellung 469 der Truppen und entschieden, wem von beiden die Niederlage zufallen mußte. Zufall und Blutvergießen waren eliminiert. Diese Art der Kriegführung verdient vielleicht nicht die erhabene Bezeichnung ›total‹, aber ich halte sie für klüger und geistvoller als die weitläufigen, millionenfachen Schlächtereien, die Ludendorff prophezeit.« (J. L. Borges)

470 Wie nennt man korrekt ein Abendessen, zu dem sich fünfzehn Regierungschefs kleiner und mittelprächtiger Nationen verabredet haben? Ein Gipfeltreffen.

27. JUNI 1997

471 Die Gehirnwäsche gilt allenthalben als fürchterlich und schrecklich. Es gibt aber Gehirne, denen eine Wäsche ganz guttäte.

472 Einer der berühmten Titel der vergangenen Jahre, den ich nicht gelesen habe, war der von der Angst des Torwarts vorm Elfmeter. Vielleicht hat den Fußball-Laien die Überzeugung abgehalten, daß die Angst des Schützen vorm Elfmeter ja viel größer und darzustellen interessanter sein würde als die des Torwarts: Von dem erwartet im Ernst niemand, daß er normalerweise den Schuß vor der Linie abfange, während als zu erbringende Leistung gilt, daß der Schütze den Ball ins Netz bringt.

473 Die Zeitungen sprachen früher von Unholden, die Gebildeten, wenn überhaupt, von Exhibitionisten, die Polizei von Geschlechtsteilzeigern. Aus den Strafwürdigkeiten dieser Tätergruppen ist längst ein Element der unterhaltenden Medien geworden. Und sieh' an!, was früher echten oder amüsierten Abscheu hervorrief, wird nun von der wenig verstehenden, aber alles verzeihenden Öffentlichkeit als das Mühen einer harmlosen, unbeachtlichen

Bevölkerungsgruppe um Aufmerksamkeit aufgefaßt, die sich von ihrer besten Seite zeigen will.

Unter Diktatoren, gewalttätigen Machthabern, kommen Geschäftsleute selten vor; schon bei der Berufswahl hat offenbar die Meinung eine Rolle gespielt, daß die indirekte Macht des Geldes verläßlicher sei als die direkte über Menschen. Daß in vielen Ländern Militärs häufig die Macht ergreifen, hat oft den Grund, daß in wenig entwickelten Ländern die Armee der einzige Apparat ist, der funktioniert, und auch oft die Folge, daß die Generale im Besitz der Macht nicht recht wissen, was sie damit anfangen sollen – denn Befehle gibt ihnen niemand mehr. Zahlreich sind auch die Diktatoren, die im Zivilberuf Mediziner waren. Albanien wird noch immer von Dr. Berisha, dem Herzchirurgen, regiert, soweit Regierung stattfindet; Doc Duvalier, der jahrzehntelang Haiti grauenvoll beherrschte, war eine Art Dermatologe; Dr. Hastings Banda, der lange Zeit Malawi terrorisiert hat, war ein zuvor auf Geschlechtskrankheiten spezialisierter Allgemeinarzt gewesen; Dr. Félix Houphouët-Boigny dagegen ein vergleichsweise sanfter Tyrann der Elfenbeinküste; nicht zu vergessen der Psychiater Dr. Radovan Karadzić, Präsident der nicht anerkannten bosnischen Serbenrepublik und derzeit als Kriegsverbrecher gesucht. Die Vermutung drängt sich auf, daß Leute, die die Krankheiten von Menschen behandeln können, leichter der Versuchung erliegen, auch eine Gesellschaft zu kurieren; ist aber schwach begründet. Alle aufgeführten Doktoren haben sich Länder unterworfen, in denen auch leicht Militärdiktaturen denkbar wären, in denen weder ein Bürgertum noch eine größere Elite, noch eine öffentliche Meinung einheimisch ist.

De Gaulle hat den Rat für alte Männer hinterlassen, die sich in Selbstachtung und Ansehen erhalten wollen, stets aufrecht zu gehen und ein böses Gesicht zu machen. Ich habe beobachtet, daß kein Alter in Gefahr gerät, von den Zudringlich-Freundlichen mit Opa angeredet zu werden, der am dunklen Anzug und der Krawatte festhält und lieber einen alten großen Wagen fährt als einen der praktischen kleinen.

476 »Das Recht zu lügen erstreckt sich beträchtlich weiter, als ich es in meinem Werke angegeben habe, nämlich es tritt ein bei jeder unbefugten Frage, welche die persönlichen Verhältnisse des Gefragten betrifft und dadurch vorwitzig ist. Wir haben nämlich alle das Recht, dasjenige aus unsern Verhältnissen geheimzuhalten, was, offen liegend, den Angriffen anderer ausgesetzt wäre, deren bösen Willen wir immer als möglich annehmen müssen.« (Schopenhauer, Nachlaß)

477 Präsident Sadat, der ägyptische Friedensmärtyrer, zeigte als Innenpolitiker unerfreuliche Züge, etwa als literarischer Zensor, der sein Nachfolger Mubarak nie hat sein wollen. Kenner des Sadatschen Charakters erklären die Unterdrückungslust aus der Tatsache, daß er sich selber für einen talentierten Schriftsteller hielt und sich ein hohes Urteil zutraute. Das erinnert an den Führer, der als bloß verhinderter großer Maler genau wußte, was in der bildenden Kunst entartet war, aber in der Musik noch Modernitäten zuließ, die er auf der Leinwand abscheulich gefunden hätte.

11. JULI 1997

478 F. A. von Hayek, der an Fragen der Moral so interessiert war wie sein Vorgänger Adam Smith an Wirtschaft, hat drei Quellen der Moral ausgemacht – eingeborenen Instinkt, am Ende die rationale Feststellung von Regeln der Zweckmäßigkeit, aber als Zentrum eine Menschheitstradition, die sich langsam entwickelt und als Hauptelemente die Familie und das Privateigentum zum Inhalt hat. – Wie mächtig diese beiden Inhalte in der moralischen Tradition sind, offenbart auch die Geschichte des Christentums, dessen Stifter mit ihnen gar nichts im Sinn hatte, dessen Nachfolger sie aber ins Repertoire wieder aufnehmen mußten.

Fortschrittsgläubigkeit. In den westlichen Gesellschaften ist die 480
herrschende Meinung verächtlich gegen Fortschrittsgläubigkeit.
Ein Zeichen von Dummheit oder Provinzialität, wenn einer noch
an die Verbesserung der Menschheit und ihrer Zustände glaubt, an
eine mögliche erfreuliche Zukunft. Dagegen steht die von jedermann selbstverständlich gehegte Erwartung, daß jede Neuauflage
eines Gutes besser sei, daß in Medizin, Sport und Technik, ja selbst
kulinarischer Lebenskunst nur ein Vor- und Aufwärts stattfinden
könne. Auch glaubt die junge Generation nicht, daß sie schlechtere
oder dümmere Menschen seien als die Eltern. Und dennoch … Sobald der Blick aus dem eigenen Zustand auf den allgemeinen fällt,
treten Pessimismus, ja Angst hervor. Man klammert sich an den
Status quo sozialer Leistung als den höchst erreichbaren, den es je
geben könne, und verfällt in Trübsinn, wenn die Gesellschaft die
Zuwendungen nicht bereitstellt, die ihre Sprecher doch verheißen
hatten. Wie jede politische Herrschaftsform der Geschichte verbie-
tet auch die unsrige, daß sie in Frage gestellt werde. Aber anders als
frühere legitimiert sie sich nicht am unabänderlichen Willen
Gottes, der Ehre und besonderen Mission der Nation, sondern am
Massenwohlstand und der Garantie von Freiheiten, die für die meisten belanglos scheinen. Auch die Tyranneien, Monarchien, Adels-
herrschaften alter Zeiten pflegten die Zustimmung der Gewaltun-
terworfenen zu bewirken, notfalls zu erzwingen. Aber keine hat
sich vom Versprechen eines Fortschritts abhängig gemacht und
keine Tabus zu brechen freigegeben. Es ist mißlich, wenn eine Herrschaft, eine Gesellschaftsverfassung dazu einlädt, beinahe alles in
Frage zu stellen, Tabus zu brechen, und nur sich selber ausnehmen,
sich selber für unangreifbar erklären will.

Von Gegnern der Rechtschreibreform wird neuerdings ins Treffen 481
geführt, daß weder Bund noch Ländern eine rechtliche Kompetenz
für die Orthographie zustehe, die Sache des Volkes, der Gesellschaft

oder ihrer hervorragenden Schriftsteller sei. Doch ist darauf zu verweisen, daß nach vorgängiger Staatspraxis die Obrigkeit eine solche Kompetenz durchaus in Anspruch genommen hat, ohne auf öffentlichen Widerstand zu stoßen. So hat der Reichskanzler Hitler nicht nur in die Typographie eingegriffen, indem er die plötzlich als Judenschrift enttarnte Fraktur im Kriege verbot und statt dessen die Antiqua als Normalschrift einführte; er hat auch Einzelheiten geordnet. Eine Weisung des Propagandaministeriums an die Propagandaämter vom 18. 10. 1941 lautet: »Der Führer hat die Beibehaltung des ›ß‹ in der Normalschrift angeordnet. Bei der Verwendung großer Buchstaben soll das ›ß‹ jedoch als ›SS‹ geschrieben werden.« Die Bundesregierung und die Kultusminister haben also sehr wohl Präzedenzfälle, auf die sie sich stützen können.

482   Ich finde es manchmal praktisch, über eine Angelegenheit einen Brief zu schreiben, nicht hauptsächlich deswegen, den Adressaten zu unterrichten, sondern um sie selber besser im Gedächtnis zu behalten.

483   Es war ein glücklicher Einfall der Mediziner, in ihrer Fachsprache die Wörter »essentiell« und »absolut« zu verwenden, wenn sie über die Gründe eines mißlichen Tatbestandes wenig wissen.

484   Die Unterscheidung zwischen rechts und links ist schwieriger geworden, aber nicht unmöglich. Wenn einer in den Nachrichten erfährt, aus Korea beispielsweise, daß zwischen demonstrierenden Studenten und der Polizei Straßenkämpfe stattgefunden hätten, und er fühlt sich instinktiv auf der Seite der Panzerwagen und Wasserwerfer, dann steht er rechts. Auch die kennzeichnende Grundüberzeugung wird gern hervorgekehrt: Die Linken sind auf soziales Mitgefühl abonniert, die Rechten exzellieren in moralischer Entrüstung.

Was die Bischöfe nicht ahnen. Wenn ein einzelner sich im Ornat   485
dem Volk zeigt (und nicht predigt), so grüßen ihn Ehrfurcht und
Respekt. Erblickt man bei hohem Anlaß im Fernsehen Hunderte
von Bischöfen in Mitra und feierlichem Gewand, so sieht's aus wie
eine Sitzung des Galaktischen Rats.

Es gibt Namen, die ich allweil vergesse, weil sie dauernd genannt   486
werden.

Am 3. August 1935 notiert André Gide in seinem Tagebuch, daß er,   487
mit Valéry spazierengehend, auf dem Boulevard St. Germain eine
trotz Kälte nur mit Badezeug bekleidete arme Frau gesehen habe,
die von ihrem Betreuer von oben bis unten mit Stricken gefesselt
war und sich fürs umstehende Publikum daraus zu befreien suchte,
das aber endlich dem erbärmlichen Kunststück nicht mehr zusehen
wollte, sondern selber zur Auswicklung Hand anlegte und sie be-
freite. In dem Augenblick faßte Valéry Gide am Arm, zog ihn weg
und sagte: »Gehen wir! Sie leidet ja nicht mehr.« – Am nächsten Tag
fügt Gide hinzu: »Ach, wenn die doch nur verstünden, Menschen
zu werden, wenn sie nicht mehr leiden! Hélas! Wie viele von ihnen
verdanken ihre Würde, ihren Anspruch auf unsere Sympathie nur
ihrem Elend!«

Bei einem medizinischen Ungemach, das mich getroffen hatte, ruft   488
ein Freund, erzkölnischer Unternehmer, an: Warum trifft dat je-
rade Sie, et jibt doch keine Jereschtigkeit! und fährt so fort, mit gleicher Energie gegen die Krankheit polemisierend wie einst Voltaire
gegen das Erdbeben von Lissabon. Mir war dieser Ausbruch sehr
tröstlich und entschieden lieber als teilnahmsvolle kondolenzartige
Bekundungen, die gemach sich zu gesundheitlichen Verhören steigern. Zwei Wochen später schickte der erwähnte Freund einen

Brief: »Heute habe ich mit Ihrer Frau telefoniert und bin sehr froh zu hören, daß es noch viel schlimmer sein könnte.« Wiederum sehr erfreulich. Und es geht auch viel besser.

489 Angesichts der zunehmenden Funktionsschwäche unserer politischen Institutionen sollte noch einmal über die antiplebiszitäre Neigung des Grundgesetzes nachgedacht werden. Wenn die Volksvertreter eine Krise nur bereden, aber nicht kurieren können, sollte das Volk es selber tun. Zudem sind Plebiszite und Referenden sehr gute Ventile, lebhaften öffentlichen Verdruß abzusaugen und außerparlamentarischen Aktivitäten und protestierenden Zusammenrottungen vorzubeugen.

490 Auch Frau Claudia Schiffer weiß leider nicht, wie klug es ist, auf dem Gipfel aufzuhören, statt einen öffentlichen Abstieg zu beginnen. Mit Recht einst als Ausbund von Schönheit, verbunden mit untadeliger Aufführung und sprachlicher Gewandtheit, gefeiert, hat der Wandel der Moden sie hinter sich gelassen, so daß die Designer ihr keine ersten Aufträge mehr geben, ja übel von ihr reden und die öffentliche Meinung sich abkühlt, während andere Namen, andere Figuren als Mannequins in die Halbwelt der Modenschauen und der Illustrierten einziehen. Man kann sich ja selber nicht der Geschmackswandlung entziehen – wenn Claudia Schiffer jetzt für ein Shampoo wirbt, ist das Haar zu blond, das Auge zu blau, von erotischem Reiz keine Spur. – Stich und Becker haben es besser gemacht.

491 Beim Treffen der G7-Nationen in Denver wollte Clinton seinen Gästen, den Regierungschefs, Cowboy-Stiefel und Westernhut aufnötigen. Doch unser Bundeskanzler hat es entschieden abgelehnt, die Kostümierung anzulegen: Die andern wagten nicht den Widerspruch, doch nur zwei erfüllten des Präsidenten Wunsch, und der Italiener Prodi sagte nachher, daß alle dem deutschen Kanzler für

den Widerspruch dankbar gewesen seien. Kohl ist einer der ganz wenigen Würdenträger unserer Nachkriegsgeschichte, die ihre Würde zu tragen verstehen.

»Schwäche ist ein furchtbares Laster.« »Luther war kein Protestant.«   492
Die peremptorischen und bedenkenswerten Sätze stehen in Wittgensteins Tagebüchern, die er 1930 und 1932 und 1936/1937 geführt hat. Sie sind atypisch für das ungemein sympathische Buch, das mich in seinen Denkbewegungen an Lichtenberg erinnert, weil Wittgenstein scharfe Rationalität mit pietistischer Gewissensprosa von tiefer Aufrichtigkeit verbindet.

8. August 1997

Bei einer Sitzung des Volkskongresses der chinesischen KP hat   493
Deng Xiaoping einmal einen Antrag gestellt, der, wie sich's gehört, ohne Gegenstimme angenommen wurde, aber es gab drei Enthaltungen. Deng ordnete auf diese Überraschung sogleich an, die drei Abweichler ausfindig zu machen. Es stellte sich heraus, daß drei Delegierte während der Sitzung gestorben waren – ein Ergebnis, mit dem Deng bei der Größe der Versammlung, dem Alter der Genossen und der Länge der Reden hätte rechnen können.

Alice von Schlieffen, die in Leserbriefen der britischen Presse un-   494
ablässig und mit starken Gründen für den Plan ihres Vorfahren eintritt, der Deutschland im Ersten Weltkrieg den Sieg und damit Europa ein besseres Schicksal gebracht haben würde, ist unter der noblen Adresse Cumberland Square, mit der sie sich unterzeichnet, nicht aufzufinden. Inzwischen haben Nachforschungen beim Deutschen Adelsarchiv, im »Eisernen Buch Deutschen Adels deutscher Art« und im Gotha zum Ergebnis geführt, daß es eine Alice von Schlieffen als Nachfahrin des großen Militärs amtlich nicht gibt. Alfred Graf von Schlieffen hatte zwei Töchter, von denen

Marie unverheiratet starb und Elisabeth, verehelicht mit Friedrich Wilhelm von Hanke, nur eine Tochter hatte, Anna Josepha, deren Ehe mit Friedrich von Bötticher kinderlos blieb. Nach den offiziellen Quellen ist die Familie des Generals in allen Linien 1971 ausgestorben. Es bleibt die kleine Hoffnung, daß die unverheiratete Tochter Marie ein uneheliches Kind zur Welt gebracht haben könnte, das auch den Familiennamen weitergeführt hätte, doch ist diese Annahme weniger wahrscheinlich als die, daß irgendein Spottvogel sich des Namens bedient, um Unruhe zu stiften. In England vermuten einige den NS-aufgeschlossenen Historiker David Irving hinter dem Namen; das kommt mir sehr unwahrscheinlich vor, weil nach dem Räsonnement der Alice von Schlieffen Hitler und die Seinen nicht hätten an die Macht kommen können.

495 »Lieber, guter Freund, auf Ihre Bitte bin ich tätig geworden und habe beim Personalchef ein stark empfehlendes Wort für Ihren Protegé eingelegt; Frau Schmitz-Meier wird in den nächsten Tagen zu einem Vorstellungsgespräch eingeladen. Ich glaube hinzufügen zu dürfen, daß mir bei der Fürsprache Bedenken gekommen sind – nicht daß ich irgendeinen Zweifel in Ihr Urteil setzte, daß nur ein allgemeiner Grund da ist, der mir Apprehensionen machte, wie Goethe gesagt haben würde. Es ist die ganz schlichte Überlegung, daß derartige Empfehlungen ja nicht irgendwo eine Vermehrung angebotener Stellen bewirken, sondern im Erfolgsfall lediglich einem anderen Bewerber, der gleiches oder gar größeres Verdienst ins Treffen führen könnte, eine Chance verderben. Was machen tüchtige Leute, die keine Konnexionen haben, allenfalls von ihren Lehrern angepriesen werden könnten? Ich weiß, daß der Lauf der Welt so ist, wie er ist; er kann leicht in Zeiten der Knappheit von Arbeitsplätzen und Lehrstellen zu einem Kreislauf der Eliten führen, der spiralförmig nach unten geht. Mit festem Händedruck, Ihr ...«

Der Freund und Nachbar Kaspereit (unter dem Pseudonym Rudolf   496
Jürgen Bartsch den Eingeweihten geläufig) hat in einem ironiege-
tränkten, noch geheimen Handorakel seine Lust- und Lebensweisheit festgehalten. Ich kann daraus ein paar Begriffsbestimmungen
mitteilen. »Errungenschaft. Eine nach jedem Bankrott beliebte Vokabel, die der Salvierung eigenen Fehlverhaltens oder Unterlassens
dient. Leicht zu übersetzen mit Reichsautobahn oder Kinderhort.«
»Hyäne. Eine Bezeichnung für jenen Zeitgenossen, der stets auf der
Suche nach schlechten Nachrichten ist: ein Schnüffler vermeintli-
chen Aases. Schon der Gestank berauscht ihn, will heißen: stimmt
ihn fröhlich. Nichts schlimmer für ihn, als wenn der Mitmensch
auf die Frage, wie es ihm gehe, antwortet: Danke, gut!« »Utopie.
Etwas, das Ehemalige, wenn auch sonst nichts, gehabt haben. ›Wir
hatten doch eine Utopie!‹« »Arrogant. Sagen die Dummen, wenn
sie intelligent meinen.«

Vor jeder Jahrhundertwende wird das Publikum von Pedanten   497
belästigt, die umschweifend erklären, daß das Neue nicht am 1. Januar 00 beginne, sondern erst mit dem ersten Tag des folgenden
Jahres. Vordem hatte die Obrigkeit sich der Frage angenommen.
Der Kaiser verfügte, daß für das Deutsche Reich das 19. Jahrhundert am 31. Dezember 1899 zu Ende sei, während das Bureau des
Longitudes in Paris feststellte, daß Frankreich erst ein Jahr später
ins 20. Jahrhundert eintreten werde.

22. AUGUST 1997

Oft kommen mir Antisemiten und Deutschenhasser recht ähnlich   498
vor – trotz aller Unterschiede im gesellschaftlichen und politischen
Niveau: ordentlich dumm, angstgepeinigt, Verschwörungstheorien
anhängend.

Warum landen Ufos nur in den Vereinigten Staaten?   499

500 Kein Herr sei ein Held für seinen Kammerdiener, lautet eine alte
Weisheit. Das Gegenteil ist nicht selten richtig. Und gerade die
fürchterlichen Helden erzwingen nicht nur die Verehrung der vielen, ihre engste Umgebung blickt bewundernd auf. Hitler kann
schon lange tot sein, aber sein Kammerdiener hält zu ihm. Die
Putzfrau von Stalin bleibt voll der Lobpreisung. Oft fügt der Er-
barmungslose, Abscheuliche in seiner Privatsphäre der Aura der
Macht auch die der Güte, der Leutseligkeit hinzu, nicht selten auch
Charme. Vor der Haustür mag er Menschen zu Hunderttausenden
hinschlachten lassen, drinnen hält er auf Frieden und frohe Gesichter. – Umgekehrt geschieht es, daß der pflichtgetreue Ehren-
mann bei Kammerdiener, Chauffeur, Sekretärin kein freundliches
Andenken findet und hinterläßt. Der Korrekte erweckt keine Liebe
und macht keinen Anspruch darauf; seine Tugenden sind nicht die,
an die sich Bewunderung der Unteren bindet. Er selbst ist sich als
moralisches Wesen genug und meint des Aufblickens nicht zu bedürfen.

501 Die Popularität sexueller Themen in deutschen Fernsehprogram-
men hat eine geheime politische Rechtfertigung: die tiefe Sehnsucht der Gesellschaft nach Gleichheit. Sexuelle Befriedigung in
allen denkbaren Spielarten stellt Gleichheit her, von den Spitzen
der Gesellschaft bis zu ihrem Bodensatz. Auf allen anderen Feldern
findet Differenzierung notwendig statt; in der Sexualität mani-
festiert sich Gleichheit so unerbittlich wie im Tod.

502 »Ich habe einen großen Freundeskreis«, sagt mir jemand. Ich leider
nicht, ich habe zwar nicht wenige liebe Freunde, doch bilden sie
keinen Kreis; wenn sie einen bildeten, würde ich ihm nicht angehören.

503 Der Staat soll Armut verhindern, aber nicht Reichtum. Die Projekte
der Sozialbeglücker bewirken das Gegenteil.

Sie sind auf Reisen und haben ein nötiges, rezeptpflichtiges Medi- 504
kament vergessen. Sie suchen die nächste Apotheke auf, verlangen
das Fehlende und erklären die Notlage. Der Apotheker verweist
darauf, daß ihm das Arzneimittelgesetz die Abgabe untersage. Sie
scheuen aus Zeitnot oder Unlust den Gang zum Arzt, oder es ist
Nacht und mühsam, einen zu finden. Sie machen den Apotheker
aufs Strafgesetzbuch aufmerksam, wo sich der berühmt-umstrit-
tene Paragraph 323c befindet, der jedermann zur Hilfeleistung »bei
Unglücksfällen oder gemeiner Gefahr« verpflichtet. Wie soll, wie
wird sich der Apotheker verhalten? Die Frage ist juristisch leicht
zu klären, aber tatsächlich auch. Vor zwanzig Jahren, als es viel
weniger Apotheken gab und es ihnen besser ging, hätten Sie das
Medikament nicht bekommen. Heute würde der menschenfreund-
liche Gesichtspunkt den Sieg davontragen – Sie dürften Ihre Pille
kaufen.

Es ist gewiß ein dummes Vorurteil, aber ich komme nicht los davon. 505
Wenn ich von einer Religion höre, die in Amerika gestiftet ist, dann
halte ich sie gleich für Schwindel; und es braucht eine Anstrengung,
um die Frömmigkeit für ehrlich und achtenswert zu halten, die sie
erwecken kann.

Was andere einfach Haben nennen, nennen wir gern »Guthaben«. 506
Aber das Gegenteil heißt nicht Schlechtsoll! Mir scheint, daß unsere theologisch imprägnierte Sprache den erhabenen Begriff des
Sollens nicht mit einem mindernden Beiwort verunzieren mag,
doch vom Haben, das insgesamt eher verdächtig ist, das Annehm-
bare – wie das richtig geführte Privatkonto – durch den lobenden
Zusatz Gut ausnehmen will. Ältere Deutsche reden noch immer
von guter Butter, so als ob die ranzige das Normale wäre.

Der erfolgreiche Scharlatan hält sich für den Inbegriff der Serio- 507
sität.

508   Gesundheitsregel: sich von jeder Art Wetter fernhalten.

509   Arbeiter, Handwerker konnte man früher bei ihrer Verrichtung
       pfeifen hören. Es wurde nicht sehr bewußt, fast unmerklich, als Zei-
       chen aufgenommen, daß sie mit einigem Behagen bei der Sache
       waren. Heute pfeift keiner mehr, wie auch niemand mehr in der
       Frühstückspause eine Flasche Bier trinkt oder einen Stumpen
       raucht. Die Leute sind nicht verdrießlicher als früher, aber sie haben
       gelernt, daß niemand vergnügt bei der Arbeit scheinen darf. Zu-
       friedenheit oder Behagen sind nicht mehr öffentlichkeitsfähig.

510   Eine Scheidung muß für einen Politiker kein Unglück sein. Wenn
       die Ehefrau, die er verlassen hat, nur über genügend Rachsucht ver-
       fügt und sie öffentlich auslebt, so wächst ihm unverhoffte und un-
       verdiente Sympathie zu; von den Männern natürlicherweise, aber
       gemach von den Frauen auch, die allesamt mutmaßen, daß sie so
       töricht sich nicht aufgeführt hätten. – Die Wirkung der Rachsucht
       eines Weibes wäre in den USA ähnlich, doch wird in dem Land, wo
       die Scheidungsrate viel höher ist als bei uns, von den Männern des
       öffentlichen Lebens verlangt, daß sie verheiratet sind und eine or-
       dentliche Ehe vorweisen können – der Scheidungen durchaus vor-
       angegangen sein mögen. Das liegt an der höheren öffentlichen
       Moral der Amerikaner, die durch den höheren Grad an öffentlicher
       Heuchelei gut ausgeglichen wird. Dem Präsidenten Clinton hoff-
       ten die Republikaner mit dem ständigen Hinweis auf seine außer-
       eheliche Aktivität schaden zu können, doch hatten sie nicht be-
       griffen, daß in der überwiegend weiblichen Wählerschaft diese
       Anklagen nicht wirken konnten; denn Clinton hatte seine Frau
       zwar betrogen, doch sie durch eine bedeutende öffentliche Stellung
       vergütet, worauf sie ihre Doppelrolle als Gattin und weibliche
       Machthaberin mit Energie spielte. Da schadeten ihm seine Aus-
       schweifungen beim weiblichen Publikum wenig; die Frauen er-

kannten in seinen Ausläufen doch das herzliche Interesse an ihnen, das bei den hochsittlichen Gegenkandidaten nicht wahrzunehmen war.

Wenn ich das Wort »ganzheitlich« höre, schlägt im Hinterkopf eine kleine Alarmglocke an. 511

Die amerikanische Regierung ist dank Gerichtsentscheidungen und einem Gesetz des Kongresses zur Offenheit, zur Offenlegung auch bei vertraulichen Vorgängen verpflichtet. Der Präsident hat 1995 entschieden, daß alle Geheimdokumente, die älter sind als 25 Jahre, automatisch für die Inspektion durch die Öffentlichkeit freigegeben werden; die Regierungsbehörden haben bis zum Jahr 2000 Zeit, die Ausnahmen von der Freigabe zu melden, die auf elementaren Sicherheitsinteressen des Staates beruhen müssen, z.B. Listen amerikanischer Spione. Wie sich herausstellt, ist irgendeine Gefährdung des Gemeinwesens durch die liberale Informationspolitik nicht zu besorgen – die CIA alleine hat 166 Millionen Seiten solch betagter Geheimnisse gespeichert, das Verteidigungsministerium 998 Millionen, das Außenministerium 45 Millionen. Das Nationalarchiv in Washington rechnet nicht damit, daß jemals mehr als ein Prozent der gespeicherten Informationsmenge einen interessierten Leser finden wird. 512

Es gibt einen auffälligen, aber unauffällig gebliebenen Unterschied der beiden großen Parteien. In der CDU/CSU pflegen nur Leute aufzusteigen, die das Deutsche mit einem starken Beigeschmack von Dialekt reden: Adenauer rheinisch, Erhard fränkisch, Kiesinger schwäbisch, Strauß bayrisch, Kohl pfälzisch etc. Dagegen reden die Erfolgreichen in der SPD ein reinlicheres Deutsch – Brandt, Schmidt, Wehner und Heinemann. In der jetzigen Troika kommt der westerwäldisch sprechende Scharping nicht zum Zuge, der Wettbewerb wird unter zweien ausgefochten, deren Redeweise gesamtdeutsch ist. 513

514 Was für wohlorganisierte Gesellschaften gilt: Wenn der Staat kriminell wird, läßt er nicht zu, daß die Bürger es werden. Das Gewalt-Monopol nahm er schon vorher in Anspruch; nun hat er auch noch das Monopol aufs Plündern, Klauen, Morden und Falsch-Zeugnis-Reden. Beispiele: NS, DDR, SU, China; daher auch die Nostalgie nach den ordentlichen Zuständen.

515 Nachtrag zu den Janus-Wörtern. Wie im Englischen ist auch im Deutschen das Wort Sanktion/sanktionieren doppeldeutig-widersprüchlich. Zu einem anderen Janus-Wort, »erhalten«, erhalte ich von Dr. med. Olk einen Beleg aus der Nazizeit: »Gott erhalte Adolf Hitler! / Gott erhalte Robert Ley! / Röhm, den hat er schon erhalten. / Gott erhalte alle drei!«

31. Oktober 1997

516 Der Chef der Hamburger Spielbanken ist seit langem Professor, fast kenne ich keinen mehr, den der Titel nicht zierte, meistens aus Hamburg. Jetzt hat es auch den Chef des Springer-Verlages gegriffen, aber die Welle schwappt weiter; es wird einfacher, die Bedeutenden aufzulisten, die den Ehrentitel nicht haben und nicht haben wollen – Dr. Cromme, Dr. Vogel, Dr. Wössner beispielsweise. Aber für die mittleren Kaliber bleibt ein schönes Feld der Erfüllungen, schön auch für die Umwelt, welche die Namen nicht mehr zu speichern braucht.

517 »Aber als Jean Paul im Jahre 1817 von den Studenten nach Heidelberg eingeladen war, Hegel lehrte damals dort, haben die beiden sich an einem Freitagabend wundervoll zusammen betrunken (Hegel hatte das in der Jugend gelernt, Jean Paul erst im Mannesalter); und Heinrich Voß, Sohn jenes alten Voß, der seinerzeit die Luise geschrieben hatte, jetzt Kollege Hegels in Heidelberg, erzählt, daß um Mitternacht dann Hegel, auf Jean Paul deutend, gesagt

habe: der muß Doktor der Philosophie werden; Hegel sei richtig ausgelassen gewesen, schreibt Voß. Am Dienstag habe Hegel dann einen Punschabend gegeben, mit Pudding und Arrak, und man habe Voß gesagt, er solle die Fakultät zusammenrufen; das geschah am Donnerstag. Eins der Mitglieder sei gegen Jean Paul gewesen, der sei kein Christ und trinke zuviel, beides habe Hegel sofort widerlegt; Freitag war die Urkunde fertig, Jean Paul Doktor, und dann, so Voß, hätten sie alle wieder richtig gefeiert.« (R. Vollmann, Romanführer Bd. 1)

Wo der Mensch im Mittelpunkt steht, ist für die meisten Leute kein Platz.   518

Der amerikanische Gelehrte Frank J. Sulloway hat mit großem statistischen Aufwand und dickleibig die These vertreten, daß die Neigung zur Rebellion nicht sozialökonomisch determiniert werde, sondern durch die Stellung, die der einzelne in der Familie innegehabt habe, ob er als Erstgeborener aufgewachsen sei oder – auch der Abstand spielt eine Rolle – als Folgekind; der Hang zu Opposition, Aufstand und überhaupt Originalität eignet diesen, während die Stammhalter dem konservativen Prinzip anhängig bleiben. Ich hätte die These überzeugend gefunden, wenn nicht der Gedanke an die konservativste Einrichtung der Welt störend dazwischengekommen wäre, die katholische Kirche. Der Stifter unserer heiligen Religion war Erstgeborener und zugleich der größte Rebell der Geschichte. Aber nachdem sie sich zur Institution verfestigt hatte und ihr Kanon definiert war, hat sie an ihrem Patrimonium mit unvergleichlicher Zähigkeit festgehalten, jede Rebellion bekämpft und, solange sie es vermochte, mit Stumpf und Stiel ausgerottet. Dabei hat das Prinzip der Primogenitur, das angeblich überall sonst Konservatismus bewirkte, überhaupt keine Rolle gespielt, sondern das Gegenteil. Durch viele Jahrhunderte hindurch wurden die Leitungsfunktionen der Kirche mit Angehörigen der hohen Aristokratie besetzt, doch nicht mit den Erstgeborenen, die für die Fortführung der Dynastie bestimmt waren.   519

In diesem verdrießlichen, aber am Ende glücklichen Sommer auf ein Buch gestoßen, das mich viele Wochen unterhalten hat. Es ist die von Eckhard Henscheid edierte Kulturgeschichte der Mißverständnisse (Reclam), deren Titel das Mißverständnis nahelegt, es handele sich eben darum. In Wahrheit ist es ein sich über 500 dicht bedruckte Seiten ausbreitender Flohmarkt aus den intellektuellen Rückständen der Nachkriegszeit. Der Autor hat freundlicherweise genügend Schneisen durch den riesigen Trödelacker gebahnt, so daß der Wanderer mühelos von Adorno bis Zwerenz hier eine Scherbe aus der Frankfurter Schule findet, dort ein Souvenir aus der immer langweiliger werdenden Geschichte des Hauses Wagner; einen Schritt weiter wird die Nostalgie an die Unfähigkeit zu trauern aufgerufen (wie hießen die beiden noch mal?); Perlen dessen, was zu Heideggers Zeit als Philosophie galt, sind zu finden, auch Ausflüge nach Atlantis, in die deutsche Physik, die Orakel des Nostradamus oder die Mariae Lactantes kommen vor. Der ganze Ramsch so schön ausgebreitet, daß jedermann gern besichtigt, doch zu keinem Urteil genötigt ist, ja, wie auch auf jedem marché aux puces ihm Liebes oder Wertvolles ans Licht heben und erwerben mag. – Man verläßt das Trödelfeld mit der merkwürdigen Empfindung einer erfreulichen Depression; wieviel Zeit hat man doch einst auf Nichtiges verschwendet, aber wie heilsam, daß es nun einer sagt. Und es geht ja weiter – ein Nobelpreis für Dario Fo prämiert die Ansichten eines Clowns, die Böll nicht hatte, aber die ihm die gleiche Ehre einspielten.

1998

Patient ist kein Beruf für einen Gentleman.   521

Der Standort Deutschland hat sich in den letzten zwei Jahren in sei-   522
ner industriellen, sozialen und seelischen Verfassung stärker verändert als irgendein anderes europäisches Land und stärker als in den
zehn Jahren vorher; aber die Veränderung wird noch weniger wahrgenommen als die Stagnation, die er so ausdauernd gepflegt hatte.

Einer, der es wissen muß, Andrew Dick von der Kartellabteilung   523
des amerikanischen Justizministeriums, hat in einer sorgsamen
Untersuchung amerikanischer Kartelle und Kartellbekämpfung
herausgefunden, daß nach 1918, als der Kongreß die Bildung von
Exportkartellen erlaubt hatte, die von Marktwirtschaftsideologen
befürchteten Folgen fast allesamt ausblieben. Aus den Kartellen
wurden auch keine ökonomischen Giganten, ihr Anteil am amerikanischen Export ist zwischen 1918 und 1966 nie über fünf Prozent
gestiegen. Das hat vornehmlich daran gelegen, daß die Kartelle
ihren Vorteil nicht in Preisabsprachen suchten und fanden, sondern
in den Möglichkeiten der Kostenreduktion.

Die missionarischen Feldzüge der Amerikaner zur Liberalisierung   524
und Säuberung des Welthandels haben meist die Begleitwirkung,
den Interessen ihrer Wirtschaft zu dienen. So ist das internationale
Verbot, Aufträge durch Bestechung korrupter Regierungen etc.

hereinzuholen, moralisch nicht nur lobenswert (auch von den USA schon seit längerem praktiziert), sondern schneidet auch den europäischen Industrien Akquisitionsmittel ab, die sie nicht ersetzen können, während der amerikanischen nicht minder wirkungsvolle Mittel verbleiben. Wenn die Israelis sich in Optionen für Airbus-Flugzeuge engagieren, genügt ein Hinweis der Washingtoner Regierung auf die Abhängigkeit des Landes, und der Auftrag wird auf Boeing umgebucht.

525 Daß die Regel des heiligen Benedikt der Kunst der Konversation nicht hold ist und Gelächter im Kloster ausschließt, wird der Freund streng gesitteten monastischen Lebens verständlich finden. Doch warum das Verbot, Fleisch von vierbeinigen Tieren zu essen? Ist der Kapaun Gott wohlgefälliger als das Rindsgulasch?

526 Ein Neger mit Gazelle zagt im Regen nie. Das berühmteste deutsche Palindrom, um dessen Urheberschaft, glaube ich, sich immer noch Schiller und Schleiermacher streiten. Unser liebes Deutsch macht es schwierig, ganze Sätze zu bilden, die nicht nur von vorn wie von hinten gelesen werden können, sondern auch noch einigen Sinn enthalten. Ergiebiger, auch gesellschaftlich eher gepflegt, ist die Kunst im Englischen – ah! a Mayan on a Yamaha! Die schlagendsten findet man unvermutet im Französischen, das tiefe Aussagen in Palindromen zuläßt: A l'autel elle alla, elle le tua là.

527 Wenn einer seinem Überleben mehr Aufmerksamkeit widmet als seinem Leben, fängt er an, für die Freunde beschwerlich zu werden, die ihren Weg zum Friedhof nicht mit gleicher Sorgfalt planen wollen.

528 &? Jedermann weiß, was das ist, und keiner kann es benennen. Die meisten Sprachen, die ich kenne, verwenden das Zeichen ebenso

wie wir und haben wie wir kein Wort dafür. Im Englischen hingegen gibt es eine Bezeichnung, nicht jedermann, doch dem wahrhaft Gebildeten geläufig: das schöne Wort Ampersand. Es soll zurückgehen auf eine umgangssprachliche Abschleifung von »and per se and«, was mir nicht plausibel vorkommt, aber auch gleichgültig ist gegenüber dem Wort, das edlere Ursprünge vermuten läßt. Zudem klingt es nicht spezifisch englisch, so daß keine sittlich patriotischen Bedenken bestehen könnten, es in unsere Sprache zu übernehmen und wiederum ihre Ausdruckskraft kräftig zu steigern.

In vergangenen Jahrzehnten mochte jemand als pfiffig oder glückhaft angesehen werden, dem der Wechsel von der deutschen in die schweizerische Staatsbürgerschaft gelungen war. Heute wäre der gleiche Vorgang in wohlerzogener Gesellschaft kaum zu erwähnen; ein Rüchlein von Vulgarität hinge daran. 529

Gute Besserung! Ja, was für eine denn sonst? 530

20. FEBRUAR 1998

Präsentkörbe empfehlen sich, wenn kein Präsent sich empfiehlt. 531

Die feministische Bewegung hat allenthalben durchgesetzt, daß 532 statt der früher für beide Geschlechter geltenden, aber grammatisch männlichen Sammelbegriffe weibliche Formen verwendet, das heißt hinzugefügt werden – MitarbeiterInnen. Ein flauer Sieg. Die nun als soziale Pflicht zu gebrauchenden Doppelkennzeichnungen sind ja bloß Derivate von männlichen. Würdig und recht wäre es gewesen, wenn wie von alters her Mönch und Nonne, Pfleger und Schwester, Sau und Eber, Hengst und Stute, Dame und Herr jedes Geschlecht mit selbständiger Vokabel geehrt würde; doch dazu hat die Erfindungskraft nicht gereicht.

533 Vor zwanzig Jahren gab es in der täglichen Post ungefähr zwei oder drei externe Zuschriften, von ernsthaften Menschen gesandt und einer Beantwortung würdig. Mittlerweile hat sich die Zahl verdrei- oder vervierfacht. Kürzlich, nach längerem Krankenhausaufenthalt, fand ich, Einladungen, Reklamesendungen etc. waren schon ausgesondert, einen Stapel von mehr als vierhundert Briefen vor, die abzuarbeiten mir nicht gelingen wird. Von Freunden höre ich, daß sie ähnliche Erfahrungen gemacht und sich inzwischen daran gewöhnt haben, mit schlechtem Gewissen die Mehrzahl der ja doch sympathischen und intelligenten Briefe unbeantwortet zu lassen. Das Zeitalter der Kommunikation fällt mit jenem zusammen, da viel mehr Leute viel mehr Zeit haben und sich aus Lust oder Langeweile als Kommunikatoren betätigen.

534 Auf den Antwortkarten zu Einladungen steht oft als eine der Möglichkeiten anzukreuzen »ich kann leider nicht kommen«. Auf dem Vertrag einer Rundfunkanstalt, den ich als Mitwirkender unterschreiben sollte, war vor der Zeile für die quittierende Unterschrift eingedruckt »Betrag dankend erhalten«. Sehr geläufig ist die Wendung, wenn jemandem das Gespräch zu lange gedauert hat – »bitte entschuldigen Sie mich, ich habe noch einen wichtigen Termin«. Das ist alles freundlich und höflich gemeint, aber mißlungen; am ungeschicktesten, dem Gegenüber zu versichern, es gebe Wichtigeres als ihn. – Wenn der Hochgestellte dem Nachgeordneten im Brustton versichert, »ich übernehme die volle Verantwortung«, ist freilich weder Freundlichkeit noch Höflichkeit gemeint, sondern bloß die Bekräftigung eines Befehls, mit dem der Angewiesene, wenn es denn schiefgeht, allein gelassen wird.

535 Deutsche Frauen, deutsche Treue, deutscher Wein und deutscher Sang: heißt es in der zweiten, nicht gesungenen Strophe des Deutschlandliedes und bezeichnet genau, was des vaterländisch Gesinnten Herz höher schlagen läßt. Nur gelegentlich wandeln mich Zweifel an, wenn ich an deutsche Weiblichkeit denke. Wenn

unsere Frauen, von der Mädchenblüte zur Reife des Matronats gekommen, sich öffentlich darstellen, wird schmerzlich kar, daß wir
in dem Lande leben, in dem die Moral mehr gilt als die Schönheit.
Sommers kleiden sich neun von zehn der würdigen Frauen in sehr
helles Schuhwerk, das den Blick auch des Unschuldigsten auf
Knöchel und Unterbein lenkt; meist weniger vorteilhaft als das
charaktervolle Angesicht. In den kühleren Monaten, also bei uns
doch fast im ganzen Jahr, legen sie ein Kleidungsstück an, das in der
übrigen Welt auf dem tiefsten Land vorkommen mag, doch nicht
in der gesitteten Stadt – es ist die dreiviertellange Joppe oder wie
man die Dinger auch nennen mag, die statt eines richtigen, kleid-
samen, anständigen Mantels getragen werden und für die das Wort
Klumpfuß durch Klumpfigur zu ergänzen wäre.

Natürlich verwerte ich alles, was mir vorkommt, sagte Fanny   536
Trollope, die große Unterhaltungsschriftstellerin und Mutter des
großen Anthony, aber vorher matsche ich es so durcheinander, daß
Sie es so wenig erkennen wie das Schwein in der Wurst.

Von dem großen Lauschangriff, der schon vor seiner Einführung   537
die Verbrecherwelt zittern läßt, sollen neben Beichtstühlen pp. auch
die Abgeordneten ausgenommen sein; sie beschließen, daß sie nicht
abgehört werden dürfen. Das ist merkwürdig, weil die Kriminalität,
auch die organisierte, unter Politikern ja eher höher ist als in der
Bevölkerung, doch wiederum gar nicht merkwürdig, weil die Parla-
mentarier nie eine Gelegenheit auslassen, sich zu privilegieren,
wenn es sich denn irgend machen läßt, und damit die tiefe Verachtung wieder mit Material versorgen, die ihnen gern entgegenge-
bracht wird.

538 Die Erregung öffentlichen Ärgernisses ist ein ernsthafter Straftat-
bestand; die Erregung öffentlichen Vergnügens kommt im Straf-
recht nicht vor, braucht es auch nicht, weil die Obrigkeiten sie meist
unter Ärgernis subsumieren können.

539 Das ist nur zu deinem Besten! wurde früher dem abgestraften Kind
zugerufen; die Bibel hatte schon gelehrt, daß seine Kinder züchtige,
wer sie gern habe. Als seelischer Anschub für die Strafe wird, wenn
Haß nicht ins Spiel gebracht werden kann oder darf, beim Strafen-
den die Überzeugung benötigt, daß er Gutes tue und aus Zunei-
gung zuschlage.

540 Von Heiratsschwindlern ist öfters die Rede, doch nie von seinen
weiblichen Gegenstücken; nicht einmal das Wort Heiratsschwindlerin ist im Gebrauch, obgleich diese nicht seltener vorkommen.
Das mag am unterschiedlichen modus operandi liegen. Die Bösartigkeit des Heiratsschwindlers ist offensichtlich, wird schnell offenbar, zwar ist es nicht gänzlich der gewöhnliche Betrüger, weil er
doch eine gewisse Gegenleistung bietet, bevor er die Konten der angeblich Angebeteten räumt, indem er einige Tage freudvoller Hoffnung und des Glückes offeriert; er verschwindet schnell, Scham und
Tränen der Verlassenen kümmern den Unhold nicht. Ganz anders
die Heiratsschwindlerin. Sie verläßt den Partner gerade nicht, sondern bleibt bei ihm, um ihn zu bewirtschaften, und harrt aus, daß
er sie verlasse. Ihre Heiratsschwindelei hat auch im Gegensatz zur
männlichen den Vorzug des gekonnten, des richtigen Verbrechens:
Es ist legal, weder strafbar noch sozial geächtet.

541 Die eigentlichen Schicksalsmelodien sind doch solche, die Joachim
Kaisers Aufmerksamkeit nicht finden würden. Dem einen kommen
die Tränen, wenn »Moon River« erklingt und den unvergeßlichen

Augenblick seines Lebens aufruft. Über den andern bricht die ganze Jugend mit Glück und Unglück wieder herein, ist »Do Not Forsake Me, Oh My Darling« zu hören oder »Sentimental Journey«; ich kann eine Rührung nicht unterdrücken, wird irgendwo »Plaisir d'amour, Chagrin d'amour« gespielt. Die Schicksalsmelodien sind generationsgebunden; ich weiß nicht, wie Generationen ihren Seelenhaushalt versorgen, die mit Musik ohne Melodie und Text aufwachsen.

Im Auftrag des Herzogs Carl August, der die Nobilitierung seines Freundes Goethe längst als angezeigt empfunden hatte, wendete sich sein Chargé d'affaires in Wien, Christian Bernhard von Isenflam, am 9. April 1782 mit dem Begehren an den Reichsvizekanzler, den Fürsten R. J. von Colloredo, er möge die kaiserliche Zustimmung zur Erhebung in den Adelsstand fördern. Die Bitte des Herzogs war im schriftlichen Bericht Colloredos an Kaiser Joseph II. tags drauf enthalten. Der Kaiser reagierte mit eigenhändigem »placet« sofort; der Adelsbrief Goethes hat auch das Datum vom 10. April. Die Wiener Instanz kümmerte sich sogleich um ein Bankdarlehen (362 Taler), damit die Kosten des Verwaltungsvorgangs beglichen werden konnten; vor allem die Ausfertigung des Diploms aus vier Pergamentdoppelblättern, dem die Signatur des Kaisers, ein Wappen für Goethe (blaues Schild in silberner Einfassung, in der Mitte ein silberner sechseckiger Stern) sowie die Begründung der Nobilitierung, die auf Goethes Beiträge zu Gelehrsamkeit und Wissenschaft und die treuen Dienste für das Herzogtum abstellten, angefügt war. All das Sorgsame und Umständliche war am 10. Mai vollendet; Goethe konnte in Weimar das Adelspatent aus der Hand der Herzogin Anna Amalia entgegennehmen. – Das ganze Verfahren hatte einen Monat gebraucht; Goethe lebte noch nicht in einer schnelllebigen Zeit.

Zu den schönsten Leistungen der Europäer gehört es, daß sie den zipfelhaften Anhang der asiatischen Landmasse zum eigenen Kon-

tinent erklärten und ihren Kontinent als alle anderen bildend im
Lauf der Geschichte durchsetzten – während ein Territorium wie
Indien, Pakistan und Bangladesch zusammen zu einem bloßen Sub-
kontinent erklärt wurde. Es hat den Chinesen auch nichts gefruch-
tet, daß sie sich selber für das Land der Mitte hielten, so wenig wie
dem alten indischen Kartographen, daß er den indischen Kontinent
als Mittelpunkt der bewohnten Erde zeichnete und Europa nur als
bedeutungsloses Anhängsel – mit der Inschrift »England, Frankreich und andere huttragende Inseln«.

544 Adam und Eva wären gern wieder arbeitslos geworden, nachdem
der Drang nach Erkenntnis ihnen den Tod, die Lebensmühe ein-
gebracht hatte. Freilich setzt die adamitische Arbeitslosigkeit das
Paradies voraus. Heute wäre es leichter, den Arbeitslosen die Simulation eines Paradieses zu finanzieren, als haltbare Arbeitsplätze zu
beschaffen.

20. MÄRZ 1998

545 Lebensweisheit aus Kindertagen. Es ist immer erfreulich, wenn
etwas ausfällt.

546 Ein Mann mit Ecken und Kanten ist ein Flegel, den man nicht be-
leidigen will, kann oder darf. Mann der ersten Stunde heißt doch
meistens: der folgenden nicht mehr, der heutigen bestimmt nicht.
Der Mann von altem Schrot und Korn ist auch der vom alten Eisen.

547 Unterhaltung mit jungen Juristen über die eigene Studienzeit. Ich
erwähne zwei meiner akademischen Lehrer, Schultz-Schäffer und
Reinhardt. Schultz-Schäffer war ein älterer Herr, dem nachgesagt
wurde, daß er um die Zeit des Ersten Krieges den ersten Band eines
Werkes zum Schuldrecht verfaßt, aber nach der Bestallung zum

184

Professor alle weitere wissenschaftliche Tätigkeit eingestellt habe; er las, Stresemann, Stehkragen und Kneifer, Elementarstoffe, die im Studienbuch testiert werden mußten; jede Vorlesung mit »meine Herren« beginnend, weil Frauen fürs Jus nicht geeignet haltend. Reinhardt hingegen war eine Berühmtheit des Zivilrechts, im Auftreten ein arger Spießer, aber in der Wissenschaft so geachtet wie gefürchtet. Daß die heutigen Studenten von Schultz-Schäffer nie gehört hatten, verwunderte mich nicht. Doch auch Reinhardt war den Nachfolgenden so unbekannt, als sei er nie gewesen. Da überfiel mich der Gedanke an die Antiquariatskataloge, in denen die Werke akademischer Berühmtheiten schon nach wenigen Jahren nicht einmal mehr vorkommen. Die einst weit Bekannten sind zwar noch verzeichnet, aber zu den Preisen der Erscheinungszeit; selbst mit Forsthoff hätte kein Sammler sein Glück machen können. Carl Schmitt notiert besser, doch bei weitem nicht so gut, wie das Rumoren um Person und Werk in der akademischen Welt vermuten ließe. – Es bedarf nicht einmal eines Federstrichs des Gesetzgebers, wie ein unvergessener Jurist bemerkt hat, um Bibliotheken juristischer Literatur zu Makulatur zu machen.

Es genügt, einem Menschen ein paar persönliche Gegenstände wie Brille oder Uhr wegzunehmen und den Zugriff zum Telefon, so hat man ihn schon völlig entmündigt; Erfahrung, die im Gefängnis oder der Klinik leicht gemacht werden kann.   548

Bei der Abdankung des guten Menschen und großen Kochs Hans Stucki in Basel rief der Prediger der ansehnlichen Trauergemeinde zu, bevor sie zu Wagnerscher Musik das Gotteshaus verließ, sie möge nach dem Wunsch des Verstorbenen für einen von zwei wohltätigen Zwecken spenden, darunter der Verein der Freunde Bayreuths, und fügte hinzu: Der liebe Gott hört lieber Knistern als Klimpern.   549

550 Kenne ich Sie nicht von irgendwo? Kennen wir uns nicht von irgendwoher? Das zweite ist die manierlichere Variante, doch gehören diese Sätze zu den lümmelhaften Freundlichkeiten, an denen das Deutsche so reich ist. Das scheinbekannte Gegenüber wird zum Wühlen in der Erinnerung gezwungen, gar zur Preisgabe der Personalien. Ähnliche Wendungen kommen auch in anderen Sprachen vor, im Amerikanischen beispielsweise, sind aber eher Sache der einfachen, zutraulichen Leute, von denen gesellschaftliche Behendigkeit nicht erwartet wird.

551 Bekanntlich (das heißt seit meiner Lektüre des Frankfurter Psychologen Süllwold vor kurzem) sind die mancherlei Motivationen, die in Gebrauch sind, durchaus dazu angetan, reproduktive und fleißabhängige wissenschaftliche Tätigkeiten anzuregen, aber im Hinblick auf Kreativität bewirken sie gar wenig; weshalb sich niemand wundern sollte, wenn die öffentlichen Aufrufe zu derselben nicht das geringste fruchten. Die Politiker merken offenbar gar nicht, wie lächerlich sie aussehen, wenn sie immer andere Leute dazu auffordern, sich Gedanken zu machen und vor neuen Ideen nicht zurückzuschrecken. Auch auf den Wettbewerb ist zur Erzeugung von Kreativität nicht unbedingt Verlaß. Süllwold hat in Untersuchungen über Denkhemmungen herausgefunden, daß der Streß, den scharfer Wettbewerb hervorruft, zur Leistungssenkung führt: Sagte man Versuchspersonen, sie seien im Vortest schlechter gewesen als neunzig Prozent der Konkurrenten, so waren sie selber im Entscheidungstest sechzig bis hundert Prozent schlechter als in der Parallelstichprobe ohne Streß. Ähnliche negative Wirkungen, wenngleich nicht so kraß, hatten durch falsche Mitteilungen ausgelöste streßhafte Triumph- oder Überlegenheitsgefühle. – Für Politiker dürfte das alles keine Neuigkeit sein – ihr Wettbewerb war der Kreativität noch nie dienlich, und es ist ganz normal, wenn ihre intensivste Konkurrenz, nämlich der Wahlkampf, gänzlich gedankenfrei bleibt.

In der Politik (eines Staates, einer Partei, eines Unternehmens, eines Verbandes) heißt »wahr« soviel wie dementisicher. 552

»Der legt sich ins gemachte Bett«, sagt ein anderer vorwurfsvoll – als ob ein honetter Mensch sich nur in ein ungemachtes legen dürfte. 553

Memento für Politiker: Auf die Justiz und die Kirche ist zur Stützung kein Verlaß; außer in einer Diktatur, die sich beider Institutionen zu bedienen weiß. 554

In Zeitlers Handbuch über den wirtschaftlichen Betrieb und die Verwaltung von Krankenanstalten, erschienen 1911 in Leipzig, wird als Diätvorschrift festgehalten: »die Zahl der Gänge beim Mittagbrot übersteige nicht vier, die Zahl der Gänge beim Abendbrot übersteige nicht drei (für englische Gewohnheit umgekehrt) ... alkoholische Getränke: Bordeaux, Rheinweine, Moselweine, keine rheinischen Rotweine, nur beste Sorten! Höchstens zwei Glas pro Mahlzeit, ausnahmsweise herber Champagner, ein bis zwei Glas. Cognac: ein Likörglas. Bier: Sorten Pilsener, echte bayrische Biere. Menge: ein kleines Glas, das sind 200 ccm. Bier ist kein Mittagsgetränk. Nur gegen Schluß der Abendmahlzeit oder nach derselben.« 555

Woran man erkennt, daß einer wirklich krank ist: daß ihm kein Besuch und kein Anruf willkommen ist. 556

Der barbarische Akt, zu dem auch die Gesittetsten manchmal genötigt werden: einen schlafenden Menschen wecken zu müssen. 557

558 Der gegenwärtige Papst Johannes Paul II. regiert schon zwanzig Jahre, hat in dieser Zeit 270 Kanonisierungen vorgenommen und soll dem Gedanken, auch der Mutter Gottes noch höhere Ehren zu verleihen, sie zur Co-Redemptrix zu erklären, nicht unfreundlich gegenüberstehen. Die heilige Jungfrau verdankt ihre Erhebungen mehr der Frömmigkeit der Päpste als der Einsicht der Theologen. Der hl. Bernhard von Clairvaux hatte sich noch gegen die Exemtion Marias von der Erbsünde ausgesprochen, der hl. Thomas von Aquin war der Auffassung, daß Maria für unbefleckt empfangen zu erklären doch bedeute, daß Jesus seine Mutter nicht erlöst habe, Christus also die Ehre genommen werde, der Retter aller Menschen zu sein; auch sei der Status der Maria immaculata mit der Wahrheit unvereinbar, daß Jesus wahrer Mensch gewesen sei. Doch allen Einwendungen zum Trotz schritt die mariologische Entwicklung fort bis zu Pius IX., der die Unbefleckte Empfängnis in der Bulle Ineffabilis Deus dogmatisierte und ihr Fest am 8. Dezember 1854 vor den geladenen Bischöfen der Weltkirche zelebrierte. Die Frömmigkeit der Gläubigen hat die Entwicklung gedeckt; und seit dem 19. Jahrhundert pflegt bei den Erscheinungen nicht mehr wie vordem sich der Heiland zu zeigen, die Jungfrau ist an seine Stelle getreten. Vielleicht war die unfehlbare Erklärung, mit der Pius XII. die leibliche Aufnahme Mariens in den Himmel dem Glaubensschatz der Kirche einfügte, nur ein vorläufiger Höhepunkt. Die Kommission der dreiundzwanzig Mariologen, die Johannes Paul II. zum Studium der Frage der Co-Redemptrix eingesetzt hat, kann wohl rechtzeitig zur Jahrtausendwende den Entwurf eines neuen Dogmas dem Papst vorlegen.

559 Der moralisch perverseste Gedanke, der je aufgekommen, muß der von der Erbsünde sein.

560 Von einer Rührung überrascht, als ich nach Lektüre so vieler, oft verlegener Nachrufe die Todesanzeige von Ernst Jünger erhielt. Der große Mann gehörte ja nicht nur der Nation und der Literaturge-

schichte, auch einer Familie an. Ähnlich mag die Empfindung der Weimarer gewesen sein, als sie die ihnen längst bekannte Nachricht lasen, die Ottilie nach Goethes Tod ins Tagblatt hatte einrücken lassen. Dem Namen Ernst Jüngers hat seine Witwe nur die Zeile beigefügt: »Der letzte Ritter des Ordens Pour le Mérite«.

Wer sich rasch über die Beschaffenheit einer Ortschaft unterrichten will, braucht nur das Angebot ihrer prominentesten Parfümerie zu studieren.   561

Reich wird nur, wer andere für sich arbeiten läßt.   562

17. April 1998

Eine Weisheit von Al Capone: You can get a lot more done with a kind word and a gun than with a kind word alone.   563

Wahrhaft nützliches und angenehmes Lesen gibt's nur bei Zeitungen oder Zeitschriften: Jeder liest nur das, was ihn unterrichtet oder unterhält. Anders bei Büchern. Oft, vielleicht sogar meistens, quält man sich durch Passagen hindurch, die weder amüsant noch informativ sind, sondern langweilig, aber einem unentbehrlich vorkommen, »um des Ganzen willen«. Darum, denke ich, neigt man mit zunehmendem Alter, da das Pflichtgefühl für die Selbstbildung ohnedies abnimmt und abnehmen darf, dazu, nur Bücher zu lesen, deren Vorzüge man längst kennt, und sich im übrigen auf Journale zu beschränken.   564

Über wirtschaftspolitische Themen zu reden, sagte einst der volksnahe Präsident Lyndon B. Johnson, sei »like pissing down one's leg – you think it's hot, but nobody else does«. Aber was hilft das, wenn   565 nur noch Wirtschaftspolitisches auf der Agenda steht? Dann kann ein Politiker nur noch schweigen oder über nichts reden oder über sich selber.

566 Die Weltgesundheitsorganisation WHO hat sich große Mühe gegeben, die Ergebnisse einer Langzeituntersuchung mit 650 Lungenkrebspatienten vor der Öffentlichkeit zu verstecken. Es war nämlich dabei herausgekommen, daß Passivraucher keinem signifikant höheren Risiko ausgesetzt sind als sonst irgend jemand. Das paßt nicht ins Konzept der Anti-Raucher-Kampagnen, insbesondere der amerikanischen. Die WHO hatte schon früher erkennen lassen, daß sie politischen Einsichten vor medizinischen den Vorrang einräumen kann. Eine Untersuchung nach dem Unglück in Tschernobyl hatte ergeben, daß in einigen Gegenden der Ukraine und Weißrußlands das Vorkommen von Krebs hundertfach gegenüber dem, was als normal gilt, gestiegen war. Diese Untersuchung vertrug sich sehr schlecht mit regierungsamtlichen der USA nach dem Atombombentest in Nevada 1950; auch fürchtete die amerikanische Regierung offenbar Schadenersatzansprüche nach dem Desaster von Three Mile Island 1979.

567 Was ist noch frei an den freien Berufen? Die Frage hat sich dem amerikanischen Autor Elliott Krause gestellt (»Death of the Guilds, Yale«), und er kommt zum Ergebnis, daß die Entwicklung der kapitalistischen Gesellschaft den alten vornehmen Berufen nicht günstig gewesen ist. Die Spitzen der bürgerlichen Berufe, Anwälte, Notare, Ärzte pp., die ihren Erwerb auf ein akademisches Studium gründeten, aber sich nicht als Erwerbspersonen sahen und gegenüber Handelsleuten oder Handwerkern, vor allem aber öffentlich Bediensteten, ein hohes Selbstbewußtsein hatten, pflegten sich in einer Art von Zünften zu organisieren, die wie die alten Zünfte im Mittelalter die Privilegien des Standes definierten und verteidigten und vor allem den Marktzugang regelten. Davon ist nicht mehr viel geblieben. Das Publikum hatte längst den Verdacht, daß die Stan-

desorganisationen nur noch Interessenvertretung wahrnehmen, aber die diesem entsprechenden Kontrollen, Garantien untadeliger Berufsausübung viel weniger, und registriert heute den Zerfall der überkommenen Ordnung bei den Freiberuflern ohne erkennbare Teilnahme. Immerhin lohnt die Mitteilung, daß selbst in den USA nur noch die Hälfte der Doktoren der früher überaus mächtigen American Medical Association angehört, ein Innehalten; wie die dazu passende Nachricht, daß auch ungefähr die Hälfte nicht mehr frei schafft, sondern dem Beruf als Angestellter nachgeht. Daß in Europa die Sozialpolitik den freien Stand des Arztes effektiv vernichtet hat, wird nur noch von der an Traditionen sich orientierenden Rhetorik mühsam bemäntelt. Die Advokatur ist überall viel freier geblieben, worin sich aber nur die melancholische Wahrheit ausdrückt, daß das allgemeine Bedürfnis an ihren Dienstleistungen viel schwächer ist.

Marktwirtschaft. »Nein, wir brauchten höhere Tarife und haben sie schließlich bei der Stadt durchgesetzt«, sagt der Taxifahrer in Köln, »die Fahrgäste und die Fahrten wurden immer weniger, da mußte ein Ausgleich her!« 568

Weshalb sieht ein alter Mercedes verkommen und vulgär aus, ein alter VW aber nicht? 569

30. April 1998

Den ohnedies gewünschten Kandidaten zum Nachfolger eigenen Entschlusses öffentlich auszuschreien ist ein guter Trick. Er gestattet, die Verweildauer im Amt zu sichern, zu verlängern: Jedermann hat erfahren, daß der Amtsinhaber die Zeichen der Zeit erkannt hat, sein Haus noch gut bestellen will, womit jedes Drängeln auf Abschied überflüssig, ja unanständig erscheint; der angebliche Nachfolger ist durch Pflicht zur Dankbarkeit gelähmt; andere, die 570 öffentliche Meinung eingeschlossen, sind auf lange Weile stillgestellt. Beim glücklichsten Verlauf mag sogar die Verlängerung der eigenen Amtszeit dazu dienen, den Nachfolger erschlaffen zu lassen, so daß sie wiederum verlängert werden muß. Bei Rau ist es nicht bis zum Ende geglückt, die Schrödersche Kampagne hat die Verjüngung erzwungen und stellt den tüchtigen Clement an den Platz, auf dem er längst hätte stehen sollen. Dr. Schäuble hingegen darf die Kanzlerschaft sichern, solange sie zu sichern ist, und gute Miene zum Sankt-Nimmerleins-Tag machen, an dem er an die Spitze berufen wird. – Der listenreiche Adenauer hat den Trick noch nicht gekannt oder ihn nicht verwenden können, weil er zwar gerne log und gut, ihm aber alle Verlogenheit abging; hätte er frühzeitig den verhaßten und verachteten Erhard als seinen Nachfolger ausgezeichnet, hätte er dem Wirtschaftswundervater den Schneid abkaufen, die Fraktion ruhigstellen und sich selber noch ein Jährchen oder zwei verlängern können.

571 Wenn es zum Leben einen Beipackzettel gäbe, würde niemand damit anfangen.

572 Ich hatte schon immer die Neigung, Bücher um so weniger sorgsam zu lesen, je besser ich ihre Verfasser kenne; die Bücher guter Freunde gar wurden meist befriedigt beiseite gelegt, kaum daß sie angekommen waren – angenehm, sie zu besitzen, noch angenehmer, sie nicht lesen zu müssen, weil man meinte, schon zu wissen, was darin steht. – Bei denen, die jetzt in meinem Bett liegen, verhält es sich ganz anders. Sie erzwingen die Lektüre, obgleich von Altvertrauten verfaßt. Das gilt für Henryk Broders Reportagen über die Irren von Zion, die deplorable Entwicklung der israelischen Gesellschaft mit dem Witz und Scharfsinn schildernd, den er sonst deutschen Zuständen zuwendet; es gilt für Scholl-Latours Buch über die Lügen im Heiligen Land, sein vorläufig letzter und großer Versuch, die politische Naivität seiner Landsleute durch geopolitische Wahrheiten zu zerstören, vergeblich natürlich; es gilt für den

unvergleichlichen Anti-Baedeker, in dem das vereinigte Deutschland von der Wirtin an der Lahn bis zu den großen Mordsgestalten in aller Lustbarkeit und Abscheulichkeit aufgezeichnet ist. Nicht zuletzt gilt es für die Biographie von Sainte-Beuve, deren Verfasser, Wolf Lepenies, bislang nur eine literarische Bekanntschaft war: die Biographie nicht eines Mannes, sondern einer Zeit und einer Gesellschaft, von höchster Gelehrsamkeit und zugleich von anmutigster Prosa; ein Buch, wie es in Jahrzehnten nicht von einem deutschen Lehrstuhl gekommen; die aus dem Überfluß des Kopfes rührenden Epigramme, unmerklich fast im Fluß der Erzählung versteckt, sollten noch für Leser gesammelt werden, die mit dem eigentlichen Gegenstand des Werkes zu wenig anfangen können.

Im Wettbewerb der Systeme gewinnt das öffentlich-rechtliche. 573 Neben die beiden Hauptprogramme sind ein halbes Dutzend dritter Programme mit bundesweiter Verbreitung getreten und die guten Zusatzprogramme Arte, 3sat und Phönix, die kein Verständiger missen möchte; auch einen Kinderkanal gibt es; das Radio wird allenthalben öffentlich-rechtlich dominiert. Dagegen zwei oder drei belanglose Musiksender und ein paar kommerziell finanzierte Generalprogramme, von denen zwei tatsächlich Geld verdienen. Die ausnahmslos kommerziell finanzierte geschriebene Presse hält die Nase über der Welt des Profits erhoben, drückt die Verachtung gegenüber allem Unterhaltenden aus, das sie selber verschmähen muß, und unterstützt die Kampagnen der Ministerpräsidenten für höhere Gebühren und die kostenlose Ausstrahlung von Sportereignissen, mit denen ein Geld zu machen wäre: Fußball ist Grundversorgung. Grundversorgung ist das öffentlich-rechtliche System für die Länderchefs, die ohne ihre Sender eine lebensgefährdende Einbuße an Patronage und Publizität besorgen müßten.

Wahlkampf. Als 1945 der Labour-Ideologe Harold Laski mit immer 574 mehr enthusiastischen Erklärungen hervorgetreten war, erhielt er eines Tages ein Brieflein von Clement Attlee, dem Parteivorsitzenden und nachmaligen Premierminister: »A period of silence from you would be welcome.«

575 Bravo, Sie sind Nichtraucher geworden! Ja, seit vier Monaten. Und wie fühlen Sie sich? Danke, nur unwesentlich schlechter als vorher.

576 Wichtiger als Ehrlichkeit ist Glaubwürdigkeit – die Berufsvoraussetzung der Heiratsschwindler, Hochstapler und Anlageberater, überhaupt aller, die auf Menschen Wirkung haben wollen und müssen. Bestandteil beständiger Glaubwürdigkeit ist Wahrhaftigkeit durchaus, aber die Glaubwürdigkeit geht vor.

577 Vorsicht bei Instanzen, deren Namen auf -schutz endet. Den Naturschutz mag der Verständige noch willkommen heißen. Der Datenschutz mag ihm unerheblich, allenfalls lästig vorkommen, doch schon mit dem Verbraucherschutz tritt er in die Welt der Betreuung ein; Betreuung, das ist nach Sternberger derjenige Terror, für den der Terrorisierte noch dankbar zu sein hat. Öffentlich bezahlte oder bezuschußte Vormünder regieren die Münder der andern – freundlich redend, nicht barsch befehlend, eher Angst als Schrecken verbreitend, immer der Erkenntnis folgend, daß die Mündigkeit des Bürgers sich in seinem frag- und gedankenlosen Gehorsam bewährt. Ganz finster kann's beim Ehrenschutz werden, erst recht beim Jugendschutz, wo sich der Haß auf die freie Regung mit dem Mantel der Moral schmücken kann. Wer schützen will, will regulieren; oft notwendig und recht; oft überflüssig, nicht selten niederträchtig.

578 Zur Selbstbehauptung des Patienten kann es nützlich sein, wenn er des Morgens schneller ist als der freundliche Arzt und ihm gleich

entgegenruft: »Wie geht es Ihnen heute, Doktor Feuerstein, Sie sehen ein wenig blaß aus, war's ein langer Abend?«

Eine alte englische Regel fürs Einkaufen: Wenn ich eigenes Geld für mich selber ausgebe, steht die Qualität, nicht der Preis im Vordergrund. Gebe ich eigenes Geld für einen andern aus, denke ich zuerst an den Preis und dann an die Qualität. Gebe ich fremdes Geld für mich selber aus, ist die Qualität wichtiger als der Preis. Gebe ich fremdes Geld für andere aus, sind Qualität und Preis egal. $\quad$ 579

Der Senator Helms hat der amerikanischen Außenministerin bedeutet, daß der Senat einem internationalen Abkommen über eine Gerichtsbarkeit oder Arbitrage wohl beitreten könne, doch nur dann, wenn die USA ein Vetorecht erhielten. Die Herald Tribune berichtet ausführlich über eine mächtig hervortretende neuere Tendenz bei amerikanischen Veranstaltungen internationaler Sportwettbewerbe, die Regeln notfalls nachträglich so zu ändern, daß auf den vorderen Plätzen auch ein Amerikaner zu finden sei; der Grund ist nicht nur Nationalismus, sondern Ökonomie, weil weder Berichterstattung noch Einschaltquoten zu organisieren sind, wenn keine einheimischen Stars sich zur Geltung bringen. Die Beispiele für den imperialen Stil der USA lassen sich beliebig vermehren. Jedoch: Eine Supermacht beweist sich gerade darin, daß die Regeln des Völkerrechts oder schlichter: internationaler Vereinbarungen für sie nicht gelten. $\quad$ 580

Nach dem schönen Überschallflugzeug der Engländer und Franzosen, der Concorde, ist einer der Irrtümer benannt, die in der Politik am häufigsten vorkommen. Als die für die Concorde bewilligten hohen Summen fast aufgebraucht waren, ohne daß ein Flugzeug auch nur in Sicht gewesen wäre, wurden die erforderlichen immensen Nachtragsgelder nicht zuletzt mit dem starken Argument lockergemacht, es seien ja schon so viele Milliarden ausgegeben $\quad$ 581 worden, da sei es doch unsinnig, das Projekt wegen der Schlußfinanzierung aufzugeben. Einer, der rechnen kann, weiß aber, daß die zusätzlich aufgewendeten Mittel sich selber legitimieren müssen; das ausgegebene Geld ist ausgegeben und in eine Rechnung für die Schlußfinanzierung nicht einzusetzen. Der Irrtum kommt noch häufiger vor als der des Roulettespielers, dem sich die Einsicht verschließt, daß die Chance, Schwarz zu sehen nach hundertmal Rot nicht größer ist, als wenn noch kein Wurf getan wäre.

582 Die Rucksäcke, die bei jüngeren Reisenden immer beliebter werden, haben für ihre Träger unbestreitbare Vorteile – sie erhalten, ohne ihn zu fordern, den doppelten Platz im Flughafenbus und können in jedem Gedränge den künstlichen Buckel die Stöße ausführen lassen, die kein Wohlerzogener absichtsvoll austeilen würde.

29. Mai 1998

583 In Amerika ist eben ein Buch sehr erfolgreich geworden, das die mörderische Greuelherrschaft der Japaner in Nanking darstellt, bei der in wenigen Wochen 250 000 Chinesen dahingeschlachtet wurden. In allen ankündigenden und empfehlenden Texten wird, wie bei ähnlichen Anlässen, von Holocaust gesprochen. Für die Banalisierung des Begriffs sind jene verantwortlich, die ihn besonders ehren wollten, an jeder Straßenecke, an jedem Kalendertag.

584 Erst 310 Jahre ist es her, daß das Wort Nostalgie erfunden wurde. Am 22. Juni 1688 verwendete es der elsässische Student Johannes Hofer in seiner medizinischen Doktorarbeit Dissertatio medica de Nostalgia. Mit der Zusammensetzung aus nostos – Heimkehr – und algos – Schmerz – wollte er die spezifische Krankheit der Schweizer Söldner bezeichnen, die man ihrer Bergwelt entrissen hatte.

Das herzliche deutsch-französische Einvernehmen, das auch durch   585
europäische Einigungsvorgänge kaum noch zu erschüttern ist,
bleibt beim Betrachten der Unterschiedlichkeit der Nationen noch
immer mirakulös. Nicht nur, daß die Tiere anders Laut geben, von
der Katze bis zum Hahn, der auf deutsch Kikeriki ruft, aber auf
französisch cocorico, auch das Geschichtsbild der beiden Nationen
ist tief andersartig von Anfang an. Nach der deutschen (und der
englischen) Erinnerung bedeckten Adam und Eva nach dem Sün-
denfall ihre Blöße mit einem Feigenblatt; im Gedächtnis der Franzosen ist es ein Weinblatt gewesen, mit dem sie sich verhüllten.

Der faulige Geruch des Champagners. Nicht immer, aber auch   586
nicht selten.

Horst Janssens Meinung über andere Künstler war zuerst von der   587
einfachen Frage bestimmt, ob sie ihrer Profession handwerklich gewachsen seien. Wenn er für irgend etwas eine Empfindung von Verachtung aufbrachte, dann für Scharlatanerie, übrigens nicht nur die
seines Metiers; sie galt auch den Schwall- und Schönrednern der
Politik, den sprachlich und intellektuell hilflosen Moralisierern der
Medien, den Schriftstellern, die mehr Resolutionen verfassen als literarischen Text. Er selber war sich als erstes seiner handwerklichen
Überlegenheit sicher, hat auch immer beklagt, daß in der Ausbildung zu seinem Beruf die lehr- und lernbaren Voraussetzungen
weder gelehrt noch gelernt würden, statt dessen das ausdrucksun-
fähige Ausleben einer konformistischen Subjektivität ermutigt
werde. Doch war ihm selbstverständlich, daß ein Judiz über handwerkliche Fähigkeiten wohl zur Verdammung ausreicht, doch nicht
zum Lobpreis eines Talents. Janssen wußte sehr genau, daß Naivität
das liebenswerte Attribut eines Menschenkindes sein kann, aber
eines europäischen Künstlers des ausgehenden 20. Jahrhunderts
nicht. Auch wenn die einzelne Produktion es nicht herauskehrt, so
wird sie als ernstzunehmende Kunst heute ars docta sein, eine
Kunst, die die bisherige voraussetzt, sie kennt, sie entwickelnd oder

abweisend fortsetzt. Wer nicht zeichnen oder malen kann und als Künstler posiert, ist ein Scharlatan. Wer als Originalgenie das Unerhörte und gänzlich Neue zu schaffen vorgibt, aber auch.

588 Familienehre. Mein hochgeschätzter Freund William Polk pflegt nicht, wenn die Rede auf Familiengeschichten kommt, den heute nicht mehr jedermann gegenwärtigen Präsidenten Polk zu erwähnen, der doch immerhin in seiner Amtszeit das Territorium der USA verdoppelt hat, sondern jenen Urahn, der den letzten Sheriff von Laredo von hinten erschoß – d. h., die Kugel hat den verbrecherischen Ordnungshüter von vorn getroffen, doch hatte der alte Polk mit dem Rücken zum Feind kunstfertig gefeuert. – Der Nachfahr Polk schätzt das historische Interesse seiner Zeitgenossen richtig ein.

589 In einem Fernsehkrimi ist eine Truppe von Wissenschaftlern am Werk, der es endlich gelingt, eine Energiequelle für die ganze Menschheit zu entwickeln, die nichts verschmutzt und nichts kostet. Die Bösen in dem Forscherteam aber schlagen im Verein mit der Verbrecherorganisation CIA die Edlen tot, weil die Energiekonzerne die Entdeckung nicht begrüßen können. Die Skrupulanten unter ihnen trösten sich mit dem Gedanken, daß, wenn die Energieversorgung auf der Erde zum Nulltarif verfügbar werde, Arbeitslosigkeit, Börsenkräche und allerlei Unheil die Folge sein werden. Am Schluß siegt aber doch das Gute; es bleibt der Gedanke nicht aus, wie denn die Menschheit, wenn dermaleinst fünf Prozent der Ihren die Ansprüche der übrigen 95 Prozent befriedigen könnten, die Frage beantworten werde, wie sie denn ohne Erwerbstätigkeit, praktisch ohne Arbeitsplätze, und ohne Sozialpolitiker überleben könne.

Politiker sind wie Schauspieler, ohne Engagement verkommen sie.   590

»Alles unser Wissen ist ein Darlehn der Welt und der Vorwelt. Der   591
thätige Mensch trägt es an die Mitwelt und Nachwelt ab; der un-
thätige stirbt mit einer unbezahlten Schuld. Jeder, der etwas Gutes
wirkt, hat für die Ewigkeit gearbeitet.« Die bedeutenden Sätze
waren eine dankbar empfangene Freundesgabe von Martin Walser;
geschrieben hat sie Friedrich Schiller aus Jena am 22. September
1790 »Für Johannes Gross«. Fundstelle ist der erste Band der großen Schiller Nationalausgabe in den Stammbuchblättern; die Fundstelle für den edlen Adressaten, den ich als Vorfahren gern einver-
leiben möchte, habe ich noch nicht entdeckt.

Lincoln und Kennedy. Kennedy wurde 1946 in den Kongreß ge-   592
wählt, Lincoln genau 100 Jahre früher; der trat das Präsidentenamt
1861, Kennedy 1961 an. Lincolns Sekretär hieß Kennedy, Kennedys
Sekretärin hieß Lincoln. Beide Präsidenten wurden an einem Freitag von Südstaatlern ermordet. Lincolns Mörder Booth floh aus
dem Theater, wo er das Attentat verübt hatte, und wurde in einem
Lagerhaus gefangen. Oswald flüchtete aus dem Lagerhaus, von dem
er die Schüsse auf Kennedy abgefeuert hatte, und wurde in einem
Theater verhaftet. Beide Staatsmänner hatten einen Nachfolger namens Johnson. Der erste, Andrew, war 1808 geboren, der andere,
Lyndon, 1908. Beide Präsidentenmörder, Oswald und Booth, wurden umgebracht, bevor sie vor Gericht gestellt werden konnten. –
Solche Fakten lassen sich gut in eine Geschichte des Zufalls einfü-
gen oder in eine des Schicksals, je nach Temperament.

Die Lehre der Kirche unterscheidet bei Reue/Buße sehr fein zwi-   593
schen der attritio und der contritio. Die wahrhaft verdienstliche
und gnadenbringende ist die contritio, die Reue aus Liebe zu Gott,

während die andere bloß auf der Angst vor Entdeckung und Strafe beruht, doch immer noch viel besser und nützlicher ist als Verharren in Irrtum und Bosheit. In der Politik kommt nur attritio vor, und die nicht oft.

594 Zu Beginn des 17. Jahrhunderts hat Francis Bacon sich darüber verwundert, daß die drei wichtigsten Erfindungen, die sein Zeitalter von der Antike abhoben, nämlich Schießpulver, Papier und bewegliche Metalltypen, allesamt zuerst in China oder in der chinesischen Einflußsphäre im Fernen Osten entdeckt worden waren; hinter seiner Verwunderung stand diejenige, daß erst nach der Wiederentdeckung der drei Erfindungen im Abendland die Verwandlung der Welt in die Neuzeit begonnen hatte. Solchen Mirakeln ist der Gelehrte David Landes nachgegangen (»The Wealth and Poverty of Nations«) und hat neben weniger Überraschendem – wie der Tatsache, daß Gesellschaften, in denen Jugendmut mehr gilt als Erfahrung, Wagemut mehr als Sicherheit, wohlhabend werden – herausgefunden, daß die Unterdrückung der Frauen als das größte Wachstumshindernis angesehen werden kann. Deshalb, nach Landes, das Zurückbleiben der islamischen Gesellschaften im Nahen Osten, deshalb seine für Indien viel bessere Prognose als für Pakistan.

595 In jedem Wahlkampf plagt mich die Erinnerung an die athenische Demokratie, an die Zeit, als die öffentlichen Ämter durch das Los besetzt wurden. Da konnte es keine Berufspolitiker geben, die Machtgier des einzelnen hatte keine Chancen und die von Parteien keine große. Das Los unterscheidet freilich nicht zwischen dummen und schlauen, würdigen und unwürdigen Personen, eine Unterscheidung, die jeder Wähler sich zutraut, die jedem Wähler zugetraut wird.

Keine Kultur ist multikulturell, sie lebt von der Hochschätzung des Eigenen und der Geringschätzung des Fremden. Multikulturelle Zivilisationen mögen sich da finden, wo eine Reichsidee sie überwölbt, wie im römischen oder amerikanischen Imperium, und viele Kulturen in Gleichgültigkeit überleben läßt.

Parkinsons Gesetz hat der Schriftsteller Kingsley Amis eine akademische Ergänzung hinzugefügt: die Pseudo-Erforschung der Non-Probleme. 597

26. Juni 1998

Jesus hat nicht geschrieben. Hätte er seine Lehre schriftlich niedergelegt, hätte er kaum Schüler, Apostel, Ausleger, Theologen gefunden. Leser statt Gemeinden, die Religion hätte sich nicht ausgebreitet, wäre nicht innerhalb von drei Jahrhunderten zur herrschenden geworden. 598

»Den Armen Gerechtigkeit!« heißt es auf einem Plakat der Aktion Brot für die Welt. Das klingt recht, ist es aber nicht. Hilfe für die Armen ja, Brot für die Armen ganz gewiß, aber Gerechtigkeit für die Armen? Gerechtigkeit muß für alle sein, selbst die Reichen sollen nicht ungerecht behandelt werden. 599

Im Deutschen kann man jemanden rühmen, er beherrsche drei oder vier Sprachen. Er kann im guten Fall drei oder vier sprechen, lesen, verstehen – er beherrscht keine. 600

Meine blassen Erinnerungen aus früher Jugend sind in der Folgezeit unentbehrlich geworden. Im Hause der Großmutter, das ich so nennen muß, obgleich es den Großvater noch gab (er sagte nichts, 601 saß still am Tisch und las in der Bibel, unterbrochen nur vom Füllen und Anzünden der Pfeife, zu der er den Tabak mit Hilfe einer kleinen Maschine von einer wurstähnlichen Tabakrolle abschnitt), konnte man aus ihren Ermahnungen und den Gesprächen der Erwachsenen untereinander, die nicht leicht zu verstehen waren, die Soziologie eines kleinen Dorfes, die Psychologie des einfachen Volkes in Erfahrung bringen. Ausgeprägt waren die Klassenunterschiede: Wer fünf Kühe hatte, rechnete sich einer ganz anderen Kategorie zu als der Hüttler mit nur zweien. Die evangelische Mehrheit mied jeden Kontakt mit den wenigen katholischen Familien, eben noch grüßend, doch kein Wortwechsel. Widrige, dem aus der Ferne Kommenden nicht verständlich zu machende Umstände hatten zu lebenslangen Feindschaften, selbst unter Geschwistern, geführt, die durch nichts zu überwinden waren. Sonst gab es nur innerhalb der Familie, allenfalls noch unter Kriegskameraden pp., nähere Verhältnisse, doch mit niemandem, der mit einer Obrigkeit in irgendeiner Beziehung stand. Der Staat und die Kirche – das waren die anderen. Selbst die Briefträgerin, die doch aus dem Ort stammte, war leicht suspekt. Ein Polizist, wenn es denn in Kleinkhausen einen gegeben hätte, hätte nur überleben mögen, wenn er ständig kleine Zugeständnisse gemacht, mindestens das Auge, das auf eine Ordnungswidrigkeit gefallen war, geschlossen hätte. Die Kirche wurde sonntags aufgesucht, doch gingen die wirklich Frommen zur »Stunde«, die von pietistischen Predigern abgehalten wurde; der Pfarrer der Landeskirche, der Akademiker und auch einer »von denen« war, führte sich auch, trotz aller Versuche zur Freundlichkeit, bestenfalls als herablassender Moral-Vogt auf; zwischen Pfarramt und Steueramt ist für den Bittsteller wenig Unterschied. Kriminell war niemand, doch auch niemand gesetzestreu. Die vom Staat erschlichene Wohltat (und sei es mit Hilfe gefälschter Dokumente, erfundener Tatbestände) wurde als sittlich rechtmäßig erworben angesehen. Gesetze, mit denen Abgaben abgepreßt oder Geschäft und Beruf eingeschränkt, belästigend geregelt werden sollten, zu umgehen, war selbstverständliche Pflicht des Haushaltungsvorstandes, für den im übrigen Arbeitslosigkeit so willkommen war wie ein Urlaub; für seine Frau war das die

Schwangerschaft. Wenn einer in solche Gesellschaft kommt und ruft:»Der Staat sind wir!« oder»Der Staat seid ihr doch!«, dann rührt sich keine Hand, gleichviel, ob der Satz unter einer Diktatur, der Monarchie oder in der Demokratie ausgegeben wird. Denn wenn die Leute eines verläßlich wissen, dann dies: Der Staat sind sie nicht, sie sind es nie gewesen, und sie werden es nie sein. Trotz der gemeinsamen Überzeugung, daß sie von denen»da oben« stets betrogen werden, gibt es kurioserweise Sozialdemokraten, Nazis, Kommunisten und Christdemokraten. Ich meine, daß diese nicht ausdrückbaren Anhänglichkeiten sich nicht auf einen Glauben oder eine Hoffnung stützen, sondern vor allem auf Abneigung gegen andere, anderes. – Sicher hat das Leben auf dem Land seine Schönheiten, der Umgang mit ländlichen Menschen seine Befriedigungen; in der Stadt glaubt man gern daran.

Marcel Proust hat einen Mangel an Takt bei Personen festgestellt, 602
die in ihrer Konversation nicht andern gefällig sein, ihnen ein Vergnügen geben wollen, sondern egoistisch Sachverhalte explizieren, die sie selber interessieren. Die Konversation verlange aber eine gewisse Abdankung des Selbst aus Zartgefühl gegen die Partner; alle müssen sich ein wenig anpassen, nicht ihre Eigentümlichkeit herausstreichen. Ein Deutscher, der auf Seriosität abstellt, ist gut beraten, wenn er die Proustsche Regel nicht achtet.

Die Ratten verlassen das sinkende Schiff. Nicht nur sie, alle Ge- 603
scheiten tun das, nur die Narren bleiben.

10. JULI 1998

Die Rache ist mein, spricht der Herr. So redet jede Obrigkeit, die 604
ihr Geschäft versteht. – Kein Mann von Ehre hat das je akzeptiert, wenn es um seine Sache ging.

203

605 Kurz nach dem Krieg gab es im britischen Kabinett den ordentlichen Sozialdemokraten Ernest Bevin als Außenminister und den Gesundheitsminister Aneurin Bevan, den radikalen Wüterich mit viel Anhängerschaft bei trüben Intellektuellen. Auf die Bemerkung eines Freundes, Bevan sei doch selber sein ärgster Feind, antwortete Bevin: »Nicht, solange ich lebe.«

606 Ab wann wird aus einem Unglück eine nationale Tragödie? Für fünf oder zehn Tote wird nicht Halbmast geflaggt. Für zwanzig gibt es noch keinen Staatsakt mit Präsident, Kanzler, Ministerpräsidenten, was aber für hundert schrecklich und unerwartet Umgekommene gilt. Mit einem genauen Begriff von Tragik hätte sich vordem ein auf banalem technischem Versagen beruhendes Ereignis kaum verbinden lassen; auch heute noch gibt es ein Empfinden für den Unterschied im Schrecklichen, wenn es auf ein Verbrechen zurückgeht wie beim Mord an einem Kind, beim Überfall auf ein Fremdenheim. – Wenn junges Gesindel im andern Land einen Polizisten erschlägt, dann genügt das scheltende Wort, der Ausdruck nationaler Scham, in dem wir geübt sind wie kein anderes Volk der Erde.

607 Dem Gelehrten Heiner Müller-Merbach von der Universität Kaiserslautern verdanke ich die wichtige Information, daß die bedeutendsten Deutschen in einem perfekten Jahr geboren wurden. Ein perfektes Jahr ist ein solches, dessen Zahl, bildet man ihr Querprodukt, durch die Quersumme teilbar ist – wie das jetzige, 1998, das letzte der 102 perfekten Jahre unseres Jahrtausends. Und in der Tat sind Luther, Bach, Händel, Kant und Goethe in perfekten Jahren zur Welt gekommen. – Eine andere statistische Merkwürdigkeit hat der Präsident Reagan ruiniert. Vor ihm gab es eine Liste, in die Lincoln, Kennedy und Roosevelt gehörten, die Präsidenten umfassend, die in einem durch 20 teilbaren Jahr gewählt wurden und während ihrer Amtszeit starben; Reagan, 1980 gewählt, hat ein Attentat überlebt, ist lebend aus dem Amt geschieden und hat damit den Fluch des legendären Indianers aufgehoben, mit dem diese Todesfälle beschworen waren.

In jeder Woche gibt es Einladungen zu Buchpräsentationen in
Bonn, die regelmäßig in der Vertretung des Landes stattfinden, das
den Autor hervorgebracht hat. Es sind meist Werke, die nur von
wenigen gekauft, von niemandem gelesen werden und nur dank
freundlicher Unterstützung in die Buchhandlungen gelangen und
dort im Regal bis zum Wahltag ausharren. Zu diesen Autoren, die
ihre Rolle so affektieren wie früher sozialdemokratische Politiker
die eines Redakteurs (weil eine eindrucksvolle Berufsbezeichnung
nicht zur Verfügung stand), ist Norbert Blüm nicht zu rechnen, dessen literarischem Talent schon ein Kinderbuch zu verdanken ist
und der jetzt wieder (»Diesseits und jenseits der Politik«) mit einem
Buch hervortritt, in dem man nicht nur liest, sondern auch mit
Vergnügen; Privat-Sympathisches mit dienstlich Eindrucksvollem
mischend, darunter eine Replik an Konrad Adam, mit der endlich
ein Journalist so ernst genommen wird, wie er es wünscht und verdient; und mit der sich eine Politik ein intellektuelles Denkmal
setzt, die nun zu Ende geht.

Kina! Kina! schrie, Jahrzehnte ist's her, der Bundeskanzler Kiesinger, der sich für einen großen Außenpolitiker hielt. Daß China die
große ökonomische, wenn nicht gar politische Hoffnung der Welt
sei, ist vor und nach dem vergessenen Kiesinger von Wirtschaftlern
und Politikern aller größeren Mächte unablässig ausgerufen worden, derzeit wieder vom Präsidenten Clinton, der damit rechtzeitig vor der Peking-Reise seine heuchelhafte Menschenrechtspolitik
beendet. Gegen den China-Enthusiasmus können Fakten nichts
ausrichten. Immerhin ist ja auch Chinas Wirtschaft so bedeutend
wie die Spaniens; immerhin gehen in das Reich der Mitte mehr als
ein Prozent der westlichen Exporte; immerhin investieren die westlichen Länder in China fast soviel wie in Brasilien; immerhin hat
China ein richtiges Bankensystem, unter Kennern gilt es als noch
hinfälliger als das japanische. Das nächste Flugzeug, mit dem ein
Kanzler, Präsident oder Ministerpräsident nach Peking reist, wird
wieder voll sein von Unternehmern, die von einer Milliarde po-
tentieller Kunden träumen. Im Reich des Potentiellen wird der

Mittelständler zum Magnaten; irgendwann, in der nächsten Generation oder der übernächsten, auch im Reich der Realität.

610 Wer sich sorgsam auf ein Gespräch vorbereitet, verhindert es. Für Verhandlungen gilt das Gegenteil.

24. JULI 1998

611 Kann es sein, daß der Name Harvard an Glanz verliert? Es bekommt einem akademischen Institut vielleicht nicht gut, wenn es reichlich MBAs hervorbringt.

612 Dem rumänischen Außenminister Andrei Plesu ist gleich beim Beginn seiner Amtstätigkeit aufgefallen, daß beim Zusammentritt einer internationalen Konferenz zuallererst das Abschlußkommuniqué in Angriff genommen wird.

613 Vorgestern, in der Sitzung eines Stiftungsrates unserer Gelehrtenrepublik, bemerkte ich, was ich schon öfter und bei anderen Gelegenheiten hätte bemerken sollen, daß bei Wahlen und Abstimmungen nur zu negativen Voten aufgerufen wird. Wer gegen die vorgeschlagene Berufung von Professor X Bedenken hegt, ist um ein Handzeichen gebeten, oder wer dem Vorschlag der Verwaltung nicht zustimmt, möge sich nun melden. Doch keine Stimme erhebt sich, keine Hand rührt sich, das Petitum ist angenommen. Das ist ein bequemes und gutes Verfahren. Es braucht niemand mit einer Meinung hervorzutreten, niemand muß Zustimmung bekunden, das Gremium beschließt in erfreulichem Einvernehmen, das auch die Enthaltungen verdaut, deren deutlichen Ausdruck das Procedere gar nicht vorsieht.

Als der große Ökonom Milton Friedman erfuhr, daß ihm der No- 614
belpreis verliehen sei, hat er angemerkt, daß die hohe Ehrung oft
Laureaten veranlasse, sich fortan zu vielen Themen mit Autorität
zu äußern, von denen sie nicht das geringste verstünden.

Der Professor Peter Reuter von der Universität von Maryland hat 615
mitgeteilt, daß die Schätzung der Vereinten Nationen, der internationale Drogenhandel mache jährlich 400 Millionen Dollar aus,
um mindestens das Zehnfache übertrieben sei. Die UN haben für
ihre Zahl keine halbwegs überzeugende Begründung beigebracht,
während für Reuters Überlegung die Auswertungen der statistisch
verfügbaren Verbrauchszahlen sprechen. Es darf vermutet werden,
daß es sich mit den jüngst veröffentlichten Zahlen über Aids ebenso
verhält; für die Jahrtausendwende werden 40 Milliarden HIV-In-
fizierte weltweit prognostiziert. Über die epidemiologische Zu-
verlässigkeit der Zahl wird nichts mitgeteilt. Das wird ihre Glaubwürdigkeit nicht beeinträchtigen, da die Horrorzahlen einem
Bedürfnis der Massenmedien genügen und entsprechend nachdrücklich publiziert werden, und, da es sich bei der schrecklichen
Krankheit mutmaßlich um eine mit politisch korrekter Ursache
handelt (im Gegensatz zum Lungenkrebs), öffentliche und private
Hilfsbereitschaft auslösen. Dies kommt dann nicht nur den Dro-
gensüchtigen und den Aids-Kranken zugute; sondern eher über-
proportional auch den Organisationen, die die Hilfe verwalten. Die
organisierte Humanität hat längst machtvolle Bürokratien aufgebaut, die sich nicht mehr würden entfalten können, wenn der Eindruck entstünde, daß irgend etwas sich zum Besseren wende.

»Gleitend auf schwülen Daktylen/Mischt hier ein Kosmopolit/ 616
Hochpietistisches Fühlen/In sein exotisches Lied. – Grell mexika-
nische Gamben/Tätowieren die Haut,/Während in Blankversen-
Jamben/Still ein Vergißmeinnicht blaut.« Das Gedicht, von Carl
Schmitt unter dem Pseudonym Musil Maiwald veröffentlicht, wäre
sofort als eine Parodie auf Benn kenntlich, auch wenn er nicht

»Gottfried« darüber geschrieben hätte. Das hübsche Stücklein ist aber näher an einem Gymnasiastenscherz als an dem großen Dichter: Es nährt den Verdacht, daß ein Text um so weniger sich zur Parodie eignet, je mehr er einen Gedanken auszudrücken versucht, als im Stil zu glänzen, die preziöse Feder vorzuweisen. In einem seiner nachgelassenen Aufsätze sagt Hans Blumenberg in anderm Zusammenhang: »Kant ist schlechthin nicht parodierbar«, und »keiner hat Adorno verstanden, aber alle haben nach wenigen Seiten kapiert, wie man es macht«. Adorno hat schließlich seine Prosa so hoch getrieben, daß er seine eigene Parodie schrieb. Auch so kann man unparodierbar werden.

617   Einen Provinzler mag man daran erkennen, daß er gern über Provinzialismus Klage führt.

1. OKTOBER 1998

618   Wer nichts Höheres kennt als das eigene Seelenheil, ist schon verdammt.

619   Kritik am Bestehenden gibt es überall, die Kritik am Entstehenden ist eine deutsche Spezialität.

620   Term limit, die gesetzliche Begrenzung einer Amtsdauer, gilt in allen Demokratien als wünschenswert und tugendhaft. Sie gehört zur Abdankung des Politischen, der Selbstbeschränkung der Demokratie; das Volk legt sich selber oder seinen Delegierten Fesseln an, erzwingt in jedem Fall den Wechsel im Amt, auch wenn es im Einzelfall ein Mandat verlängern möchte. Dem steigenden Mißtrauen gegen Leute, die kraft Wahl über andere herrschen, entspricht das sinkende Mißtrauen gegen jene, die es ohne direkte Volksermächtigung tun, in Zentralbanken, Gerichten oder Medien.

Freunde in der Not sind nicht so selten wie im Sprichwort. Einige warten geradezu auf die Not, um zu helfen. Es ist ihnen verdrießlich, nicht helfen zu können, zu dürfen, zu sollen; am ärgerlichsten, wenn der Freund mit seiner Not selber fertig wird. 621

Wann beginnt der Überdruß an leitenden Personen? Bei Langweilern oder offenkundig Erfolglosen sehr rasch. Bei all den andern scheinen bis zum Beginn des Fernsehzeitalters die vom Machthaber Entfernten Übersättigung als fixierbares Phänomen nicht empfunden zu haben. Offenbar erst in der Fernsehgesellschaft ist das anders geworden; es wird Kurzweil verlangt, auch in der Politik oder im Geschäftsleben. Als Adenauer mehr als ein Dutzend Jahre Kanzlerschaft hinter sich hatte, begannen selbst die Anhänger seiner müde zu werden. Das Prestige des Papstes begann nach ungefähr der gleichen Zeit zu zerfasern. De Gaulle weinten nach elf Jahren wenige nach. Diktatoren mögen sich länger in Gunst erhalten – sie können ihre Öffentlichkeit dosieren, sind den Medien nicht verfügbar. Kohl hat angesichts der eigenen, ihm wohlbekannten Vortrefflichkeit eine Kanzlerübersättigung nicht wahrnehmen können. 622

»… Allerdings muß ich Dir sagen, daß ich mich gründlich mißverstanden fühle. Der Satz, die Rache ist mein, spricht der Herr, ist ja so wenig theologisch wie meine kleine Bemerkung im ganzen, sondern politisch. Theologisch macht der Satz, wie ich finde, überhaupt keinen Sinn, weil wir den Begriff Rache mit unserer Gottesvorstellung nicht verbinden können, wohl aber Worte wie Gerechtigkeit, Barmherzigkeit, Gnade. Vielmehr gehört dieser Satz, den ich, wie bei Notizbüchern ja üblich, aus dem Gedächtnis angeführt hatte, zu den vielen politischen Bemerkungen im Alten Testament, mit denen der Allmächtige Seinem auserwählten Volk Wege gewiesen hat zu der Zeit, als dieses eine politische Existenz hatte. Konkret: Der Satz spricht vielleicht zum ersten Mal in der Geschichte die Erkenntnis aus, daß in einem geordneten Gemeinwesen Selbst- 623 justiz verboten sein muß und die Obrigkeit ein Gewaltmonopol innehat; dieser unbestreitbaren politischen Wahrheit habe ich die andere beigefügt, daß ein Mann von Ehre sich ihr in extremis nicht unterwirft, sondern dann, wenn die Obrigkeit das Schwert nicht zieht und das Recht nicht schützt, seine gute Sache in die eigenen Hände nimmt, wenn anders der Rechts- und Seelenfriede nicht mehr hergestellt werden kann. Daß das nie den Beifall einer staatlichen oder kirchlichen Obrigkeit gefunden hat, ist selbstverständlich und gehört zum Risiko, das die Wahrnehmung persönlicher Ehre einschließt. Es ist nicht zufällig, daß im Weltbild von Staat und Kirche die Ehre als Attribut des Untertans oder des Gläubigen nur rhetorisch vorkommt; sie soll allein der obersten Majestät vorbehalten bleiben.«

624 »Ein Hamann-Brevier«. Das Wort Brevier (von der noblen Verwendung in der römischen Kirche abgesehen) ist ein verläßlicher Hinweis darauf, daß ein Buch mit einer läppischen Blütenlese ein Publikum sucht, das den großen Schriftsteller nicht lesen, ihm aber doch huldigen will.

625 Mit dem erhebenden Beiwort »der Große« sind die Deutschen ihren Herrschern gegenüber großzügiger gewesen als andere, als selbst die Russen; im Englischen oder Französischen kommen »die Großen« nur selten vor.

626 Für die wichtigsten sozialen Rollen gibt es keine Ausbildung. Jemand wird Vater oder Mutter, Patient oder Vorgesetzter – dafür hat er wenig gelernt. Trotzdem macht er es meistens gut.

16. Oktober 1998

627 Wo es keinen Wettbewerb gibt, ist Privatisierung sinnlos.

Macht behält am zuverlässigsten, wer sie nur zu ihrer Erhaltung   628
nutzt.

Perspektivlosigkeit. Früher hatten die jungen Leute eine Perspek-   629
tive: Der Wunsch der Eltern, die Lage der Familie gab sie vor. Freie
Berufswahl war die Sache der Privilegierten. Es gibt keine Autorität mehr, die Berufswahl vorschriebe; jeder kann seinen Lebens-
weg wählen. Doch entdeckt er oft, daß der sich nicht wählen lassen
will. Er ist nicht perspektivenlos, er hat die Perspektive – aber mehr
nicht.

»Hochgeehrter, lieber Herr Bundeskanzler, Sie hatten entschieden,   630
daß die Aufzeichnung unseres Gespräches vom 11. September nicht
im Oktober-Heft von Capital veröffentlicht werden könne, dessen
Erstverkaufstag der Freitag vor der Bundestagswahl ist. Die Begründung, die mir von einem der zuständigen Beamten des Bundes-
kanzleramtes auf Anfrage gegeben wurde, war die, daß das Gespräch als eine Art von Vermächtnis gelesen und verstanden werden
könne, was im Hinblick auf die Wahl von nachteiliger Wirkung
sein möchte. Ich will nicht nachträglich gegen die Verweigerung
der Genehmigung zum Abdruck protestieren – dergleichen ist Ihr
gutes Recht und wird auch von einem Gesprächspartner und dem
publizistischen Gewerbe respektiert –, aber ich benutze gern den
Anlaß, auf eine Fehlbeurteilung hinzuweisen, die in der Begründung liegt. Ich konzediere, daß das Gespräch vermächtnishafte
Überlegungen enthält, wie ich auch einräume, daß historische Ge-
dankengänge im Text wie politisch resümierende über die Politik
des Jahrhunderts die Verdienste und glücklichen Fügungen für die
Deutschen nach dem Zweiten Weltkrieg ganz gegenüber Planun-
gen, Zukunftsentwürfen oder Prognosen zum Gang der Dinge
überwiegen. Ich denke aber, daß ein Übergewicht der Vergangenheit gegenüber allen Versprechen, Erwartungen oder Hoffnungen
an Zukunft unvermeidlich ist, wenn ein erfolgreich amtierender
Regierungschef zusammenfassend über Politik sich äußert – um so

211

mehr, wenn einer sehr vernünftigen Abrede gemäß die unmittelbare Aktualität nicht Gegenstand des Gespräches sein soll. Es ist nicht zufällig, daß auch aus anderen Ländern und anderen Zeiten keine öffentlichen Äußerungen zu Zukünftigem überliefert sind – von solchen Personen, die sich noch damit quälen, ihre Gegenwart zu gestalten; die ein Gerede von der ›Gestaltung der Zukunft‹ allenfalls ihren Windmachern erlauben. Wie die Zukunft beschaffen sein werde, wie sie beschaffen sein solle, haben Denker und Intellektuelle oft gedacht, gefordert, ausgesprochen, vom Propheten Daniel bis zu den Nachsängern von Karl Marx; von Caesar, Friedrich, Napoleon, Bismarck, Churchill, Roosevelt, de Gaulle wissen wir nichts dergleichen; wenn sie sich (nach ihrer eigenen) mit Zukunft befaßten, ging es um die Beständigkeit ihres Werkes und die literarische Vorkehr dafür. Das waren dann echte Vermächtnisse. Unser Gespräch, für das ich Ihnen herzlich danke, war keines. Mit den allerschönsten Empfehlungen, Herr Bundeskanzler …«

631 Clinton, der mächtigste Mann der Welt, der sich vier Stunden lang von Geschworenen über seine Sexualspielereien verhören lassen muß, der die Veröffentlichung des Films über das Verhör nicht verhindern kann, Clinton, der mächtigste Mann der Welt, der sich vor Familie, Kongreß und Volk unaufhörlich entschuldigen darf, der beim Gebetsfrühstück mit geschmeichelten Geistlichen um Verständnis und Vergebung einkommt, Clinton, der mächtigste Mann der Welt, der hauptberuflich um den Verbleib im Amt barmt … Hail to the Chief!

632 Jacques Attali, der intellektuelle Einbläser Mitterrands, hat in seinem flotten Wörterbuch des 21. Jahrhunderts zum Stichwort Justice notiert, daß sie mit Hilfe der Presse zur ersten Gewalt im Staat aufgerückt sei, mit der öffentlichen Meinung regiere und eine neue ethische Norm durchsetze, die die Missetaten der Mächtigen schärfer verfolge und die der sozial Schwächeren begünstige. »So wird sie die systematische Beseitigung der alten Eliten herbei-

führen, deren gesellschaftlichen Zerfall – einer Guillotine ohne Schreckensherrschaft zu vergleichen.« Zu spät, meint er, werde die Justiz entdecken, daß sie in einer Gesellschaft des Marktes und ohne politische Form selber überflüssig geworden sei.

Richter: »Sagen Sie mal, Frau Meisterin, was haben Sie denn eigent- 633 lich gedacht, als Sie die beiden so heftig miteinander raufen sahen?« Meisterin: »Herr Richter, ich hab gedenkt: eu jeujeujeu!« Der alte Witz von Ernst Heimeran kann zugleich als Inhaltsangabe fast aller Leitartikel dienen.

30. Oktober 1998

Humorlose Leute lachen oft, laut und gern; aber sie lächeln nicht. 634

Unsere strukturelle Arbeitslosigkeit ist Zeichen und Folge des 635 industriellen, des technologischen Fortschritts. Alle Rezepturen, sie zu beseitigen, laufen auf die Rücknahme dieser Fortschritte hinaus.

Wie deutsche Richter sich den richtigen Tagesablauf vorstellen, 636 verrät ihre Rechtsprechung – geschützte Nachtruhe ab 22 Uhr, ge- schützte Mittagsruhe von eins bis drei.

Jede Wirtschaftspolitik scheitert nach ein paar Jahren, auch die ge- 637 scheiteste. Und ein politisches System ohne alle Wirtschaftspolitik ist in der modernen Demokratie nicht haltbar, die einer Chimäre von Gerechtigkeit nachjagen muß.

213

638   Kommt einer in die Bar, sagt zum Barmann: »Martinus, bitte.« »Sie meinen Martini?« »Wenn ich zwei will, sag' ich's Ihnen schon.« Die Sorte Witz, deren Erfolg ganz vom Adressaten abhängt.

639   Der milliardenschwere Wachstumsfonds LTCM (Long Term Capital Management) hätte bei seinem Zusammenbruch schier unermeßliche Schäden ausgelöst, wenn nicht die amerikanische Zentralbank die helfende Hand ausgestreckt hätte. Unter den Begründern und Betreibern des Fonds sind die beiden Gelehrten Robert Merton und Myron Scholes, die letztes Jahr gemeinsam den Nobelpreis für Ökonomie erhalten hatten. Ihr Arbeitsgebiet war das wissenschaftlich korrekte Einschätzen finanzieller Risiken.

640   Menschen mit Allerweltsnamen brauchen sich nicht die Mühe zu machen, einen unterscheidenden Zusatz anzubringen – Schmitt-Vockenhausen, Müller-Erftstadt, Hoffmann von Fallersleben. Wenn mich die Beobachtung eigenen und anderer Verhaltens nicht gänzlich täuscht, wird gerade bei Allerweltsnamen mehr Sorgfalt darauf verwendet, sie zu memorieren und mit dem Gesicht in Erinnerung zu halten (separat werden Gesichter und Namen im Gedächtnis ganz treulich aufbewahrt, doch will sich oft eins von beiden Elementen beim Wiedersehen nicht einstellen). Helmut Schmidt und Harald Schmidt werden gut erinnert, auch tritt keine Verwechslung ein; so wenig wie bei dem Gerhard Schröder, der Kanzler wurde, und dem früheren Gerhard Schröder, der Kanzler werden wollte; auch Arthur Miller und Henry Miller hatten keine Last mit ihren Namen.

641   Alte Damen sind in Deutschland selten geworden; es dominiert selbst bei Frauen von Stand die patente Person – das eisgraue Haar kurz geschnitten, der Schuh praktisch, beim Aufschlag lauter als der Pferdetritt auf Pflasterstein. Ach, angenehmer war's doch, als Frisur getragen wurde, Twinset mit Perlenkette, und Frauen jünger

und schöner sein wollten, als die Geburtszahl vorgab, die sie jetzt mit ihrer festen Stimme zur Kenntnis bringen.

Politik ist das Schicksal: so Napoleon. Dagegen Rathenau: Die Wirtschaft ist das Schicksal. Jedermann ist klar, daß im Konflikt Napoleon gegen Rathenau Sieger bleibt, daß das politisch Gewollte den Vorrang behauptet vor dem wirtschaftlich Sinnvollen. Aber Napoleon ist hinzuzufügen, nach den Erfahrungen des letzten halben Jahrhunderts: Nicht eine einzige gesellschaftlich relevante Entwicklung hat auf einer politischen Entscheidung beruht. Das Politische hat so wenig wie der Staat seinen gestaltenden Rang halten können. 642

Was ich nicht laut aussprechen will, ist der Verdacht, daß Ehrfurcht, selbst vor altehrwürdigen Weisheiten, etwa der Philosophie, heutzutage nicht mehr zu erwecken ist. Die epikureische These, daß der Tod uns nichts angehe, weil wir ihn weder als Lebende noch als Tote empfinden könnten, tröstet niemanden, mutet eher läppisch an, wie auch die Wette von Pascal. Die subtilen Distinktionen des heiligen Thomas langweilen auch die, die sie verstehen. Daß der Tod, wie Aristoteles meint, für den Glücklichen verdrießlicher sei, weil er mehr zu verlieren habe als der arme Wicht, wird heute kaum ernst genommen; zumal die uralten Fragen nach Tod und Unsterblichkeit pp. als nicht mehr so dringlich wahrgenommen werden. – In der Welt der Erkenntnis gibt es einen Fortschritt allenthalben, und auch das Absinken, Absterben großer, tiefer Lehren von ehedem. 643

13. November 1998

Das abgebrochene Studium, gleich welcher Disziplin, ist die Fachausbildung für das künstlerische, das kreative Talent. Das abgeschlossene Studium erbringt ein Diplom, das allerlei Berechtigun- 644 gen, Anwartschaften verheißt – alles Versuchungen, denen der sich zu Höherem bestimmende Brausekopf nicht nachgeben darf.

645 Treue heißt die Anhänglichkeit, die andere Interessen über die eigenen stellt. Das kann bewunderungswürdig sein oder ganz töricht; seltener zugleich praktisch und niedrig – wie im Fall der Generale, die Hitler die Treue hielten. Solange der Führer lebte, war das praktisch, und als er abgeschieden war, unschädlich. Das eigene Interesse war mit dem anderen zusammengefallen. Treue gilt als hoher Wert; daß in der Treue Verrat liegen kann (wie auch umgekehrt), weiß die Literatur besser als das Leben.

646 Von John Mortimer stammt der Bericht von dem eingeschlafenen Geschworenen im Strafprozeß. Da es dem Opfer, das vom Angeklagten sexuell bedrängt worden war, aus Scham unmöglich war, die schlimmen Wörter in der Gerichtsverhandlung zu wiederholen, die der Unhold zu ihr gesprochen, wurde ihr vom Lordrichter erlaubt, sie niederzuschreiben. Der Zettel mit dem Satz »Wollen wir vögeln?« ging auf der Geschworenenbank von Hand zu Hand bis zu der ansehnlichen Jurorin, die ihn ihrem eingenickten Nachbarn weitergab. Der las, aufgeschreckt, während sein Gesicht ein frohes Lächeln überzog, nickte und steckte das Papierchen ein. In das schreckliche Schweigen des Gerichtssaals knurrte der Richter: »Geben Sie mir den Wisch raus.« »Geht nicht, ist ganz privat, Mylord«, sagte der Geschworene.

647 Ein bißchen mehr Blüm, ein bißchen mehr Süssmuth, ein bißchen weniger Waigel. Dafür hätte man keine Wahl zu veranstalten brauchen.

648 Wenn's um die eigene Umgebung geht, ist jeder ein Grüner.

Die Angelsachsen, vor allem die Amerikaner, waren stets davon   649
überzeugt, daß Demokratien friedlicher seien als autoritäre Regime
oder gar Diktaturen. Das ist zwar ein frommer Glaube, aber eben
Irrglaube – die USA und Britannien sind eher kriegslüstern zu nennen –, doch ist nun in historischer Untersuchung bewiesen, daß
Demokratien untereinander sich friedlich verhalten; einander ähnlich verfaßte haben, wie der Blick durch die ganze bekannte Geschichte belegt, überhaupt noch nie gegeneinander Krieg geführt.
Die Erkenntnis verdankt man dem Direktor des Zentrums für die
Geschichte der Physik am amerikanischen Institut für Physik, Spen-
cer R. Weart. Mit naturwissenschaftlicher Akribie hat er die
Geschichte der griechischen Stadtstaaten untersucht, die der italienischen Republiken der Renaissance, der Kantone der mittelalter-
lichen Schweiz bis zu den modernen, immer demokratischer
werdenden Demokratien. Der Unterschied zwischen den oligar-
chischen und den wenigstens im Grundsatz demokratischen Republiken ist ihm nicht entgangen; diese haben gegeneinander Krieg
geführt und begründen die Distinktion verfassungspolitischer
Gleichartigkeit. Wearts Erklärung für das ausnahmslose Gesetz der
Friedfertigkeit demokratischer Republiken untereinander beruht
auf der psychischen Verwandtschaft demokratischer Führungen. In
ihrer Innenpolitik mit Konflikt, Konsens und Kompromiß arbei-
tend, neigen sie zum ähnlichen Verhalten im Umgang mit anderen
Führungen gleicher Verhaltensübung und Erfahrung. Die Lehre des
Buches ist natürlich die, daß die Welt erfreulicher wäre, wenn sie
nur aus Demokratien bestünde. Doch das zu schaffen ist schwieriger, als Diktaturen zu Friedlichkeit zu zwingen.

Die verlogene Diskussion über Ausländerfeindlichkeit will fast   650
überall nicht wahrhaben, daß es bei der Feindseligkeit, die bis zum
Haß sich steigern kann, selten um Rassismus geht, sondern um eine
Verachtung, die der Fremdheit in Verbindung mit einer Armut gilt,
die auch noch Ansprüche stellt und sich lästig macht. Ein Ausländer,
der seine Rechnungen selber bezahlen kann, hat auch in Sachsen-
Anhalt, in Marseille oder in Südafrika wenig zu befürchten.

651 Der Schürzenjäger scheint eine deutsche Besonderheit zu sein, mit dem Hang zu Köchin und Küche. Der philanderer oder homme a' femmes ist ein anderes Kaliber, aber weniger komisch, weniger liebenswürdig.

652 »Müller ist im Bundestag als Abgeordneter vertreten.« Durch wen eigentlich?

27. NOVEMBER 1998

653 Im Traum wird mir von einem Übles angetan. Ich wache auf, bin sehr verstimmt und ihm sehr böse. Ich brauche lange, bis ich ihm verziehen habe.

654 Naherholungsgebiet. Keine echte Stadt hat eins. In New York, London oder Paris würden Leute, die am »Feierabend« oder zum Wochenende ins Grüne fahren, als abartig gelten; es sei denn, sie hätten einen Landsitz, eine Jagd oder Freunde, die dahin einladen.

655 »How do you do?« ist keine Frage, sondern eine Vorstellungsformel, die ebenso sinnlos beantwortet wird. Auf die Frage »How are you?« ist nur die Zusicherung zulässig, daß es gut gehe. »Comment ça va?« wird unter guten Bekannten gefragt und kann mit »ça va« beschieden werden. Die lieben Deutschen geben auf die Frage nach dem Wohlbefinden ernsthafte Auskünfte und provozieren den Ausbruch jener fürchterlichen Neugierde, die sich als Teilnahme tarnt.

656 Es sind die Männer, die vom Wehrdienst freigestellt sind, Umgang mit dem anderen Geschlecht nicht haben sollen, in beamtenhaft-

gesicherter Existenz vor viel Alltagslast geschützt werden, von keinem bürgerlichen Beruf Ahnung haben: Diese Männer sind dazu berufen, ihren Mitmenschen in Lebensnot und Seelennot zu raten, beizustehen. Auf den Gedanken muß einer kommen.

Mein Beitrag zur Gastronomie ist unbeachtlich. Ich kann nichts   657
kochen. Ich hatte aber einst geglaubt, es sei die Erfindung eines guten Gerichts mir gelungen, das weder Kenntnis noch Mühe verlangt; Spaghetti, ein paar Tropfen Olivenöl, weiße Trüffel darüber. Grotesker Irrtum, das hatte es schon längst gegeben. Doch bin ich jetzt stolz auf ein Dessert. Erdbeeren, die bis auf ein, zwei Wochen im Jahr überhaupt nicht mehr wie Erdbeeren schmecken, werden zerteilt, mit Erdbeermarmelade übergossen und darin eine Weile mariniert. Sie schmecken wie Vorkriegsware, wie in der Jugendzeit.

Am 19. Oktober wurde der Staatssenator Tommy Burks von Tennessee   658
erschossen aufgefunden, rasch war sein Mörder und Wahlgegner Byron Looper ergriffen. In Kalifornien hatte die Abgeordnete Loretta Sanchez ihren Gegenkandidaten Bob Doran, von dem sie auf dem Parkplatz hinter Ralphs Lebensmittelladen in Santa Anna angehalten worden war, kräftig verprügelt. Der üble, am Ende geschlagene New Yorker Senator D'Amato hatte seinen Herausforderer mit dem üblen jiddisch-amerikanischen Schimpfwort »putzhead« belegt, fast so bösartig wie »schmuck«. Der Demokrat Fritz Hollings aus Südkarolina, von dem Republikaner Bob Inglis zu einer Absprache für einen fairen Wahlkampf eingeladen, nannte ihn darauf »ein gottverdammtes Stinktier, das mir den Arsch küssen kann«. In Michigan versicherte der Demokrat Geoffrey Fieger, daß es sich beim Gouverneur Engler um das Ergebnis blutschänderischen Umgangs mit Stalltieren handle. Der Fraktionsvorsitzende der Senatsmehrheit in Washington, Trent Lott, hat Freundliches über die Schwulen sagen wollen, als er therapeutische Bemühungen für nicht aussichtslos erklärte »wie bei den Kleptomanen auch«.

Alles Beispiele aus einem einzigen Zeitungsbericht, aus dem Lande Clintons, aus einer vitalen Demokratie.

659 In Paul Noacks schöner Biographie von Ernst Jünger (aus der der große Schriftsteller so wenig gesteigert hervorgeht wie in seinem Buch über Carl Schmitt der große Staatsrechtslehrer) findet sich eine Photographie von jener »trunkenen Stimmung von Rosen und Blut«, als im August 1914 die feldgrauen Männer, begleitet vom rasenden Jubel der Zurückbleibenden, der Frauen, Mädchen, Kinder, in die Schlacht zogen. Wie sinnlos alles! Zurück blieben nur Schmerz und Tod. Aber diese Reaktion ist selber sinnlos. Der Rausch gilt sich selbst, die Begeisterung erfüllt sich selbst; der Augenblick ist Ewigkeit.

660 Ich hatte es immer für selbstverständlich gehalten, meinen Krankenbericht lesen zu dürfen. Nun hat ein hochrichterliches Urteil den Anspruch des Patienten bekräftigt und hinzugefügt, er müsse in einem Laien verständlichen Deutsch abgefaßt sein. Das ist freilich Unsinn. Wer medizinische Prosa nicht verstehen oder sich erläutern lassen kann, könnte auch ein hochrichterliches Urteil nicht richtig auffassen.

661 Wo liegt die politische Mitte? Da, wo die Mehrheit ist.

11. Dezember 1998

662 Menschenrechte. Das sind immer die der anderen, nie die eigenen.

663 Die Entwicklung des Fernsehens vollzieht sich in drei Phasen: 1. Kluge Leute machen Programm für kluge Leute. 2. Kluge machen Programm für Dumme. 3. Dumme machen Programm für Dum-

me. Wir befinden uns im Übergang von der zweiten zur dritten Phase.

Eine Biographie über das politische Bruderpaar McGeorge und 664 William Bundy hat eine Kontroverse über die Gründe ausgelöst, die die beiden in den Hauptpunkten ihrer Karriere versagen ließen – die Beurteilung des Kriegsverlaufs und Kriegsausgangs in Vietnam und die der Kubakrise. Die Auffassung, sie hätten das jeweils Richtige erkannt, aber nicht die Courage besessen, es gegenüber dem Präsidenten, den Generalstabschefs pp. deutlich auszusprechen und als Politik durchzusetzen, scheint mir weniger glaubwürdig als die Vermutung, die beiden Hochbegabten seien das Opfer ihres Expertentums und ihrer vermuteten Allwissenheit geworden. Gerade weil sie so viel wußten, mehr als fast alle anderen, konnten sie keine intellektuelle Neugier mehr mobilisieren, sondern hielten sich gefangen in der von allgemeinen Prinzipien bestätigten Überzeugung, daß weder Kuba noch Vietnam irgendeine Art von Selbständigkeit gegenüber ihrer Vormacht besessen hätten und daß es deshalb nicht lohne, sie als mögliche Verhandlungspartner überhaupt in Erwägung zu ziehen. Das Ganze erinnert an die seit Adenauer in der deutschen Politik implantierte Denkweise,»der Schlüssel zur Wiedervereinigung liegt in Moskau«. Dort hat er auch gelegen, aber es hat neben dem Hauptschlüssel noch ein paar kleinere gegeben, in Ostdeutschland und anderswo. Aber mit der rituell wiederholten Formel ließ sich ein Verzicht auf Politik, die über bloße Bestandswahrung hinausgegangen wäre, vortrefflich begründen.

Ein großer Schriftsteller will dem Gewissen der Deutschen aufhel- 665 fen, der Präsident der jüdischen Gemeinschaft widerspricht, will das gleiche, aber im Gegensinn; die Positionen respektabel und unversöhnlich. Das regt die Deutschen auf, Pack schlägt sich, aber Pack verträgt sich auch; die vielen Bundespräsidenten in Reserve eilen mit Versöhnungs-, mit Begütigungskleister herbei. Die Kontra-

henten nehmen den Seim nicht an. Honette Leute. Sehr verdrießlich den lieben Deutschen.

666 In seiner Vorlesung über Ethik bemerkt Kant, daß der Freund, der
seinem Freunde in Not oder Verlegenheit beisteht, sich vom Freund
in einen Gönner verwandle; der Hörer mochte daraus schließen,
daß es zugleich mit der offenen unbefangenen Freundschaft ein
Ende habe. Der große Philosoph schließt den Gedanken an, daß
auch mit dem Abtragen der Freundesschuld nichts gewonnen, das
ursprüngliche Freundesband nicht wieder frisch geknüpft worden
sei – es sei denn, die Wohltat des Freundes sei von dem in der
Schwierigkeit Steckenden erbeten worden. Für zart empfindende
Gemüter läßt sich daraus folgern, daß man nicht, außer wenn es
anonym möglich ist, einem Freunde ohne vorgängige Bitte helfen
solle, so stark die Verlockung auch sein mag, die eigene Güte spontan zu bewähren. Es ist immer eine Demütigung für den anderen
darin, über die die Wärme des eigenen Gewissens nicht hinweg-
trösten sollte.

667 In seinem neuen Weinkompendium befaßt sich Hugh Johnson wieder mit der Frage, welcher Wein zu welchem Essen paßt. Über den
sorgsamen Darlegungen liegt ein Hauch von Verlegenheit, so als ob
er im Grunde des Herzens meine, aber natürlich nicht sagen könne,
zu Speisen gehöre gar kein Wein. Für Salat und Obst war das nie
streitig, auch gegen schwer aromatischen Käse kann sich nur ein
allzu robuster Rotwein behaupten, ein Weißwein viel besser. Doch
insgesamt hat der überaus tüchtige Weinkenner nicht recht, dem
das Getränk einfach viel wichtiger geworden sein mag als die Mahlzeit. Mich stört eher der Weinwechsel beim Essen, der oft auf
Prestigegründen zu beruhen scheint; durchgängig ein anständiger
Rotwein wäre mir lieber. Hingegen ist mir Wein in den Speisen verdächtig geworden; viele Soßen könnten, wenn sie gut wären, ohne
Wein noch besser sein.

8 »Sie haben recht – ich bin kein armer Mann. Ich bin's deshalb nicht,
weil ich für Arbeiten bezahlt werden möchte, auch von Ihnen.«

9 Lehrsatz, unterirdisch. Wer nach Gründen sucht, sucht Ausflüchte.

1999

5. FEBRUAR 1999

Können Sie mich einen Augenblick entbehren? So darf doch nur   670
einer fragen, der sich unentbehrlich vorkommt oder dessen Ab-
wesenheit schmerzlich ist.

Die neue Regierung mag sich so tolpatschig anstellen, wie sie kann –   671
die Erleichterung des Publikums, von der alten erlöst zu sein,
gleicht alles aus. Das wird noch eine gute Weile halten.

Brot statt Böller! So der Aufruf der Tier- und Menschenschutz-   672
bünde in Deutschland zum Jahresende. In Tirana, der Hauptstadt
des ärmsten Landes in Europa, wird gern Silvester gefeiert und ordentlich geböllert, vom frühen Morgen des alten bis in den frühen
Morgen des neuen Jahres. Die Tier- und Menschenschützer ahnen
gar nicht, wie sie ihre edlen Zwecke beflecken, wenn sie sie durch
Miesmachen der unschuldigen Fröhlichkeit befördern wollen.

Das Jahresheft 1999 des Economist gekauft. Zum letzten Mal. Wie   673
die Wochenzeitung selber wird die Zukunftsübersicht immer
wichtigtuerischer, offiziöser. Auch wenig förderlich die eingekauf-
ten Artikel von Prominenten. Solche Leute, gleichviel ob Unternehmer, Bankiers, Politiker oder Kirchenfürsten, dürfen ja nicht
originell oder gar amüsant sein – ihr Terrain ist die überra-
schungsfreie Prosa. Dafür sollte niemand Geld verlangen.

674 Billy Wilder, lese ich gerade, erhielt kurz nach dem Krieg den Hilferuf seiner in Europa umherfahrenden Frau, er möge ihr rasch ein portables Bidet besorgen. Postwendend bekam sie sein Telegramm aus Hollywood: »Bidet nicht aufzutreiben. Empfehle Handstand in der Dusche.«

675 Die guten Vorsätze werden immer bescheidener. Für 1999 nur: Nie am Wochenende verreisen – weder zu Wasser, zu Lande, noch gar in der Luft. Gutes direkt tun, ohne die Großvereine, die erst einen Laib verzehren müssen, ehe sie eine Krume weitergeben können.

676 In Gegenden, wo die drei monotheistischen Religionen gleichermaßen zu Hause sind, kann sich die Beobachtung aufdrängen, daß Judentum und Islam näher beieinanderstehen als eine der beiden zum Christentum. Die strenge Bindung an Gesetze, die leicht zu verstehen und nicht übermäßig schwer zu befolgen sind (auch nicht bei den Juden, anders als die Christen annehmen), auf der einen Seite und ein unvorstellbar wuchernder theologischer Reichtum auf der anderen, mit drei Göttern, die einer sind, einer jungfräulichen Muttergottes dazu, Tausenden von Heiligen, wundertätigen Reliquien, Pilgerstätten ohne Zahl, einer subtilen Dogmatik, die von ihren akademischen Lehrern nicht immer verstanden wird, einer hochentwickelten hierarchischen Bürokratie, kirchlicher Justiz und Polizei; ein unerschöpflicher Schatz von Ritualen und Ornamenten, historischen Reminiszenzen und Legenden; das Ganze nicht festgestellt, sondern weiter wachsend, obgleich die Offenbarung eigentlich beendet ist. Merkwürdig genug, daß auf dem christlichen Boden die intellektuelle Rationalität triumphiert hat; verständlich genug, daß auf dem christlichen Boden sich Theokratie als Ideal nicht behaupten konnte, sondern zwischen Religion und Politik, Himmel und Erde schon früh Gewaltenteilung einsetzte.

Der dritte von den wichtigen Lehrern, die meine akademischen nicht waren, ist neben Carl Schmitt und Dolf Sternberger der Kriminologe Hans von Hentig gewesen. Der witzige, anekdotenreiche Kopf wird unter Fachleuten noch erinnert als Urheber monographischer Anstrengungen auch zu abwegigen Themen wie der sadistischen Kriminalität der Lesbierin oder dem grumus merdae, den Einbrecher gern hinterlassen. Ich verdanke ihm, dem politische Korrektheit nie in den Sinn gekommen wäre, einige Kenntnisse von der Kunst des Friedensschlusses, über die er ein heute vergessenes Buch geschrieben hat, einer der wichtigsten Texte der politischen Literatur nach dem Krieg. Ich verdanke ihm auch die schlechteste Mahlzeit meines Lebens, eine Milzwurstsuppe im Bahnhof von Tölz, wohin er mich geladen hatte – freigebig mit Gedanken, mit den Groschen geizig; bei Professoren kommt das öfter vor.

Empört höre ich jemand sagen: Widersprechen Sie mir doch nicht 678 immer! Dabei hatte der andere seinen Widerstand noch gar nicht kundgetan. Die Zurückweisung des antizipierten Widerspruchs ist eine beliebte Redefigur, besonders bei den Eingeübten des öffentlichen und privaten Streits.

Schlimme Nachricht. Telefonieren wird noch billiger. 679

19. FEBRUAR 1999

Wer kennt sie nicht – die Leute, die sich immer vordrängen und 680 doch nie vorn sind.

Es genügen Kleinigkeiten, eine Religion sympathisch oder unsym- 681 pathisch erscheinen zu lassen. Sehr lästig die Bedingung, das Schuhwerk abzulegen, bevor eine Kultstätte betreten werden kann. Doch sehr erfreulich der Abscheu des Propheten vor Hunden, der den

Aufenthalt in islamischen Ländern durchs Fernhalten des gräßlichen Getiers angenehmer macht.

682 Wenn ein verabschiedeter Machthaber seinem Nachfolger die Geschäfte übergibt, dann ist es selten mehr als ein protokollarischer Vorgang. Das Gespräch ist kurz, höflich und inhaltsleer, kaum mehr als kleine praktische Hinweise betreffend. Beide sind ja Profis, der Alte weiß, daß der Neue von ihm nichts hören will, der Neue denkt, wenn der Alte etwas zu sagen hätte, wäre ich ja nicht hier. Doch weiß man von Ausnahmen. Als Präsident Truman den General Eisenhower ins Weiße Haus einführte, machte er ihn darauf aufmerksam, daß ihm eine völlige Umstellung bevorstehe. Wenn der General in der Armee einen Befehl gegeben habe, sei der nicht lange diskutiert, sondern sofort ausgeführt worden; gebe der Präsident eine politische Anweisung, geschehe erst einmal gar nichts. Er müsse sich jeden Tag erkundigen, nachfassen, auf Ausführung drängen, bis sie endlich bewerkstelligt werde.

683 Hochrechnungen führen meistens zu niedrigen Ergebnissen. Wer von den gegenwärtigen Unlösbarkeiten ausgeht, hält sie erst recht für zukünftige. Beispiel: alle Betrachtungen zur Wiedervereinigung, die vor ihrem Eintritt angestellt wurden. Solche Hochrechnungen negieren den Eintritt von Faktoren, die das Ergebnis positiv beeinflussen könnten – am häufigsten das Element des Willens. Besonders Intellektuelle neigen dazu, weil sie selber keinen haben. Das Defizit der Berechnungsbasis hat zwei Voraussetzungen. Die erste dieses Unvermögen, die Kraft des Willens in der Geschichte zu denken. Zweitens das Mißverständnis, man sei der Laplacesche Dämon und kenne alle Elemente zukünftiger Entwicklungen. Das ist ein großer Irrtum, wie der ökonomische Zusammenbruch der DDR und der Zusammenbruch der Sowjetunion bewiesen haben. Die Menge der die Politik bestimmenden Faktoren ist längst nicht den Zeitgenossen bekannt. Das wahrzunehmen fällt im Medienzeitalter dem Allwissenheitsdünkel der Nachrichtenkonsumenten schwer.

Im Zahnarztstuhl sitzend und den gefürchteten Eingriff mühelos 684
erduldend, ja die hochtechnologische Kunstfertigkeit bewundernd,
denke ich daran, wie sich das Berufsbild des Hochstaplers verändert
hat. Er hätte heute keine Chance mehr, wie noch im 18. oder auch
im 19. Jahrhundert, einen Zahnarzt oder einen praktisch handeln-
den Arzt zu simulieren. Dafür haben sich neben den alten, ihm
immer nutzbaren Berufen des Priesters oder des Advokaten andere
für ihn aufgetan – Psychotherapeuten, andere Geist- und Seelen-
heiler und obendrein alles, was mit dem Stichwort »alternativ« sich
verbinden läßt; auch die unzähligen administrativen Nebenberufe,
die aus klassischen oder kreativen herauswachsen. – Es gibt auch
Berufe, in denen Scharlatane und Professionelle nicht zu sondern
sind, Journalisten, Galeristen, Politiker etc. Hier sitzen die Hochstapler, die keine sind, weil sie nicht enttarnt werden können. Die
Verurteilung der Hochstapelei ist nicht selten zu harsch, weil die
Täter oft wenig Schaden anrichten, außer dem am Interesse der korrekt Diplomierten; unbefriedigend auch, daß die Leute, die dem
Hochstapler das Geschäft ermöglichen, außer Verfolgung und Verachtung bleiben.

Ehe und Familie stünden unter dem besonderen Schutz des Staa- 685
tes, behauptet das Grundgesetz. Wäre das wahr, bestünden sie längst
nicht mehr.

Es ist schon viele Jahre her, daß Professor Kurt Tudyka einen Stu- 686
dienausflug mit Studenten nach Berlin (West) unternahm. Beim
Verlassen des zugewiesenen Quartiers am frühen Morgen fiel ihm
der dick gemalte Aufruf an gegenüberliegender Mauer auf: Wessis
raus! Bei der Erkundigung, was die Inschrift bedeuten solle, erklärte
ihm der Quartierwirt, daß damit die westdeutschen Besucher gemeint seien, die den Berlinern so lästig geworden seien. Die Wessis
sind also von mißmutigen West-Berlinern erfunden worden; es
liegt nah, ihrem Erfindungsgeist auch die Ossis gutzuschreiben.

687 Nach dem ewigen Leben dürsten Ungezählte, die an einem Regen-
sonntag nichts mit sich anfangen können.

688 See, der rüstige Chauffeur, sagt: Kaffee muß so schmecken, wie er
riecht.

689 »Figarissimo« nennt Günter Gaus den Staatsminister Naumann.
Das ist ein hübsches Kompliment.

690 Eduard VII., damals noch Fürst von Wales, schritt eines Abends auf
dem Weg zu einem großen Empfang eine Treppe hinauf, ließ dabei
einen fahren. Die Dame der Gesellschaft hinter ihm, große Robe,
mächtiger Straußenhut, wedelt heftig mit ihrem Fächer und ruft:
Das ist mir noch nie passiert! Geschwind wendet sich der Thron-
folger um: Tatsächlich, Madame? Ich dachte, ich wär's gewesen.

691 David Howard, hochgestellter Funktionär in der Stadtverwaltung
zu Washington, mußte seinen Abschied nehmen, weil er in einer
Konferenz beim Oberbürgermeister das Wort »niggardly« verwendet hatte; darin hatten Gesprächsteilnehmer einen rassistischen Anschlag gesehen. Howard mochte noch so sehr beteuern, daß dem
Wort nichts Rassistisches anhafte, es, wie jeder gebildete Englisch-
sprecher weiß, seit Jahrhunderten im Englischen heimisch ist, mit
nigger nichts zu tun hat, einfach kärglich oder knauserig bedeutet;
es half ihm alles nichts – die schnaubende politische Tugend in Verbindung mit massiver Unbildung behauptete sich. Doch nicht für
lange, Howard hat seinen Schreibtisch wieder.

Helmut Schmidt, obgleich in guter Form, wird von der Sorge ge- 692
plagt, die auch viel Jüngere kennen, es gehe ihm allmählich das Gedächtnis verloren, insbesondere für Namen. Kürzlich, so erzählte
er vor einiger Zeit, habe er einen Vortrag über die deutsch-russi-
schen Beziehungen gehalten und an einer Stelle Mussorgski nennen wollen – der sei ihm nicht eingefallen, er habe eine Weile her-
umgeredet und schließlich in seiner Verzweiflung Tschaikowsky
gesagt. Ich konnte ihn leicht trösten, weil dergleichen jedermann
widerfährt und im Publikum niemand einen Ausfall bemerkt
haben wird. – Vergeßlichkeit bei Namen lebender Personen ist
heikler. Da hatte ich großes Glück, als beim hohen Geburtstag des
geistwitzigen Botschafters Günther Diehl eine Gesellschaft zu begrüßen war, in der Gesichter und Namen ich nicht mehr hätte verbinden können. Doch waren es alle gnädige Frauen oder Botschafter, und so war alles gut.

Das glückliche Ende Clintons hat die den politisch Denkenden 693
tröstliche Erfahrung bestätigt, daß die Macht stärker ist als die
Moral. – Die angestrengten Beobachter der Affäre haben selten bemerkt, daß die Ablösung eines parlamentarisch gewählten Regierungschefs durch das Parlament prinzipiell unproblematisch und
legitim ist, was von der Absetzung eines plebiszitär gewählten Präsidenten durch einen Gerichtshof (nach Anklage eines Parlaments)
nicht gesagt werden kann; und Clinton war ja nicht nur vom Volk
gewählt, er hatte Volkes Unterstützung bis zuletzt.

Über ein heikles Hindernis bei der Einführung des Euro berichtet 694
die Kirchenzeitung des Kölner Erzbistums. Der Vatikanstaat ist wie
die Republik San Marino der italienischen Währung angeschlos-
sen. Infolgedessen mußte der Vatikan nun einen Antrag auf Über-
nahme des Euro stellen. Die EU-Kommission verweigert das nicht,
verlangt jedoch, daß die Euro-Münzen des Vatikans von Italien ge-
prägt werden müssen. Nach den Verträgen zwischen Vatikan und
Italien hat aber der Vatikan das Recht, Lire-Münzen in eigener

Regie prägen zu lassen, von welchem Recht er nicht gern abgehen wird, weil seine Münzen zu Sammelzwecken oft mit höherem als dem Nennwert gehandelt werden. Setzt er das Recht auf Münzeigenständigkeit durch, obwohl nicht förmlich Euro-Land, gibt's eine neue Schwierigkeiten. Die Französische Republik, seit 1905 auf strikteste Laizität verpflichtet, will nicht dulden, daß Münzen mit einem Papstbild auf der Rückseite in europäischen Umlauf kommen.

695 Wenn die Realität schweinischer wird, muß die Berichterstattung es auch werden. So will es die Wahrhaftigkeit, gegen die der Anstand keine Chance hat. Gegen Wahrhaftigkeit siegt Anstand nur, wenn er ein politischer ist.

696 Der Science-fiction-Schriftsteller Arthur Clarke antwortet auf eine Anfrage: »Ich glaube nicht an die Astrologie. Ich bin Schütze, und Schützen sind skeptisch.«

697 Vom polnischen Poeten Czeslaw Milosz: Wenn in eine Familie ein Schriftsteller geboren wird, ist sie am Ende.

19. MÄRZ 1999

698 Ich meine es doch nur gut mit Ihnen! gehört zu den Bösartigkeiten, die sich die guten Gewissen erlauben.

699 Die wichtigsten Einweisungen in den Beruf verdanke ich Walter Fredericia. Beim ersten Aufbruch zur Bundespressekonferenz sagte er mir, ich solle nie eine Frage stellen. Mit einer dummen dürfe ich mich nicht blamieren, und mit einer gescheiten, die vielleicht auch noch gescheit beantwortet werde, liefere ich bloß den konkurrie-

renden Kollegen Material, das mir exklusiv verbliebe, wenn ich die Frage nur im Zwiegespräch stellte. Daran habe ich mich meistens halten können, außer bei den großen Pressekonferenzen, deren hochgestellte Auskunftgeber dem jungen Journalisten unerreichbar waren. Pressekonferenzen nützen der Eitelkeit, dem Veranstalter und, werden sie vom Fernsehen übertragen, der Werbung für die Zeitung.

Eine andere Berufsregel verdanke ich Hans Ulrich Kempski, dem Reporter der Süddeutschen Zeitung. Eines sehr fernen Tages, als die Nato noch in Paris ansässig war, jeweils vor Weihnachten eine große Jahrestagung veranstaltete, wurde ich auf dem Marsch zum Pressegespräch von ihm abgefangen, der sich behaglich vor Austern und Chablis auf einer Terrasse unweit des Trocadéro niedergelassen hatte: Lassen Sie das, setzen Sie sich zu mir, Sie finden gleich genügend Leute, die alles erzählen wollen, was sie gehört haben. 700

Kempski hat jetzt, sich selbst zur Feier und zum Vergnügen von Lesern, die persönlich gefärbte Geschichte mögen, seine Erinnerungen an 50 Jahre Bundesrepublik und ihre sieben Kanzler veröffentlicht. Dem großen Reporter ist es gelungen, seine angeborene Bescheidenheit unter Kontrolle zu halten; das Selbstbewußtsein eines solchen Zeitungsmannes (newspaperman, wie die Amerikaner achtungsvoll sagen, die Gattung stirbt aus) verlangt, jedes Ereignis als erster wahrgenommen, jedes bedeutende Interview als einziger erhalten zu haben, mit den Mächtigen auf vertrautem Fuß und zugleich in kritischer Distanz sich zu befinden. Die Seelenverfassung setzt eine gewissermaßen professionelle Naivität voraus, die sich mit Lebenszynismus im übrigen gut verträgt, und ein Interesse, das sich ganz auf die Person richtet; Überzeugungen, Gesinnungen, Taten sind Accessoires. Zum Temperament des Reporters gehört die Bereitschaft, alles, was ihm widerfährt, dramatisch zu nehmen, »historisch«, in allem Gehörten das Unerhörte zu finden. Er findet es auch und belegt es mit der Wucht der Authentizität, 701 die die Wirklichkeit selber hat. Er kennt alle Machthaber und ihre Tricks und fällt auf sie herein. Denn auch mit seinem Publikum steht er auf vertrautem Fuß und hält auf kritische Distanz.

702 Es gibt bei Kempski eine Menge kleiner Stücke, die ganze Charaktere offenlegen. Adenauer hatte ihm nach der Anbetung, die ihm im Wahlkampf widerfahren war, gesagt: »Schrecklich, diese gläubigen Augen.« Kohl, ergriffen und glücklich auf der Jubelreise durch die sterbende DDR: »Sehen Sie sich diese Gesichter an, solche Gesichter gibt es bei uns nicht, solche gläubigen und offenen Gesichter.«

703 Die Feier zum 80. Geburtstag von Helmut Schmidt war nur das prominenteste Beispiel dafür, daß die öffentliche Zelebration der runden Geburtstage regelmäßig mißlingt. Bei diesen Anlässen werden die Veranstalter von einem lästigen Pflichtgefühl angetrieben, nicht vom Wunsch, Jubilar und Gästen ein Vergnügen zu machen. Der runde Geburtstag, den man in den meisten Ländern achtlos vorübergehen läßt, ist eben ein leeres Datum, an dem nur Zeit vertrieben, aber nicht erfüllt werden kann. Die Reden sind lang und lieblos, kaum einer mag sich für die Nichtigkeit anstrengen, Speis und Trank knapp an der Schwelle der Genießbarkeit, weil auch nicht viel Geld beigebracht worden ist. Bei Geburtstagen längst Verstorbener findet das nämliche statt. Die Einladung zum 250. Geburtstag Goethes verheißt Düsternis. – Ganz anders die Abdankung beim Hinschied des lieben Freundes, des großen Zeitgenossen; der Tod hat Substanz.

704 Aus Leuten, die daheim geblieben sind, ist auch daheim nichts geworden.

Jedermann kann sich erinnern, ob er eine Geschichte schon einmal   705
erzählt hat oder nicht. Aber wem? Mitten im Redefluß mag er ins
Stocken kommen, weil er durch Wiederholung zu langweilen
fürchtet. Das müßte er nicht, wohlerzogene Zuhörer geben keinen
Überdruß zu erkennen – wäre nicht die mithörende Lebensge-
fährtin.

1. April 1999

Der Text zur Menschheitsmelodie »Plaisir d'Amour – Chagrin d'   706
Amour« stammt von Jean-Pierre Claris de Florion, 1755–1794, aber
die Musik ist von »Marrini«, im Leben Johann Paul Ägidius
Schwarzendorf, 1741 in Freistadt geboren, Superintendent der
Musik des Königs, in Paris gestorben 1816. Es heißt, daß Marie An-
toinette das Lied gerne gesungen habe. Damit wäre es der älteste
Schlager der Welt, der schönste obendrein.

Im Oktober 1933 trat in San Antonio (Texas) eine Internationale   707
Konferenz zusammen, um das grammatische Geschlecht der Staatennamen endgültig zu ordnen. Die Ordnung war vornehmlich
fürs Französische gedacht, das damals in der Diplomatie domi-
nierte, wie auch heute noch im Protokoll. Einigen Ländern wurde
ein Doppelgeschlecht zuerkannt, wie Monaco oder Großbritannien, das sich auch Vereinigtes Königreich nennt. Der Wunsch der
Schweiz, ihre Neutralität möge durch ein Neutrum des Staatsna-
mens bekräftigt werden, konnte sich nicht durchsetzen, weil das
Französische kein Neutrum hat. Der Antrag der Türkei, vom weiblichen Geschlecht zum männlichen überzugehen (auch um sich
vom femininen und feindlichen Griechenland abzusetzen), wurde
abgelehnt. Deutschland hingegen, nach der Machtergreifung auf
Männlichkeit bestehend, setzte das Maskulinum für Allemagne
durch. Seit 1945 sind wir aber wieder weiblich.

237

708 Die Leute, die von »sozialer Gerechtigkeit« reden, verraten damit, obwohl sie es damit verbergen wollen, daß ihnen Gerechtigkeit nicht genügt. Vergleichbare Mißempfindung hatte vor vielen Jahren Friedrich August von Hayek überfallen, als Ludwig Erhard die »soziale« Marktwirtschaft populär machte, die als Konzept nicht vorzeigbar war. Aber sie ist nützlich gewesen, um katholische Soziallehre als Konterbande einzuführen; und es hat das Wort »sozial« die Marktwirtschaft unangreifbar gemacht, ihren Gegnern die Sprache verschlagen. – Das Wörtlein sozial hat im politischen Denken, im politischen Fühlen der Deutschen einen Rang wie sonst nirgends; bei den meisten Wortbildungen verursacht es Unübersetzbarkeit.

709 Als auch endlich Lafontaine sein Scheitern wahrgenommen hatte und abrupt seinen Rücktritt erklärte, reagierte die Bundesregierung mit dem Ruf »Respekt, Respekt!« Als ein paar Tage darauf die Kommission der EU das Zeugnis ihrer Bestechlichkeit und Unfähigkeit erhielt und gleichfalls ihren Rücktritt erklärte, war es wiederum Respekt, den die Bundesregierung bekundete. Wie muß ein Rücktritt aussehen, der die Bundesregierung nicht zu Respektsbekundungen veranlaßt?

710 Hermann Graf Keyserling ist, glaube ich, der erste gewesen, der darauf hingewiesen hat, daß nicht Nietzsche sich als Neuerer jenseits von Gut und Böse stellen wollte, sondern Christus es war, der über diese Unterscheidung aller Moral sich erhoben hatte. Wer die Evangelien unbefangen und ohne die theologische Unterweisung liest, die freilich jedem christlichen Leser mitgegeben wird, kann leicht sehen, wie gleichgültig dem Heiland die überkommenen Einteilungen von Gut und Böse gewesen sind, daß ihm die Unterscheidung von jenen, die ihm nachfolgten, und jenen, die ihn ablehnten, allein wichtig war, und daß sein stärkster Affekt – der gegen die Schriftgelehrten – ihnen gerade als Verwaltern von Moral und als Peinigern der Sünder gegolten hat. Daß in den Briefen des Apo-

stels Paulus und denen der Verfasser gleich eine neue und eher
mühsamere Moral als die alte konstituiert wurde, ist im Gegensatz
zu Jesus geschehen. Man darf nicht denken, ob und wie ein Christentum sich entwickelt hätte, wenn nur die vier Evangelien, vielleicht noch mit der Apostelgeschichte, als Neues Testament kano-
nisch geworden wären. – Paulus wäre uns geblieben wie der hl.
Augustinus: großer Schriftsteller, anregender Denker – aber kein
Gesetzgeber.

Vorfahren, Anhalten, Aussteigen geht nicht, der Eingang ist links   711
und rechts mit Fahrrädern und Fahrradständern vollgestellt. Da
weiß der Besucher: In dieser Verwaltung steht nicht das Wohl der
Kunden, die Bequemlichkeit der Angestellten steht im Vordergrund.

Julien Green notiert am 28. Februar 1951, daß kurz nach dem Tod   712
von André Gide François Mauriac ein Telegramm erhalten habe:
»Eine Hölle gibt es nicht. Du kannst dich verziehen. Warne Clau-
del. André Gide.«

Eine faszinierende Tendenz in der Hochgastronomie: je origineller   713
die berühmten Köche, desto ähnlicher ihr Produkt.

16. APRIL 1999

Am 1. November 1646 hat René Descartes an seinen Freund Hector   714
Pierre Chanut, Botschafter in Schweden und, wie er selber, Berater
der Königin Christina, einen Brief gerichtet, in dem er beschreibt,
was die Wilden von den Affen denken: »Sie stellen sich vor, daß die
Affen reden könnten, wenn sie bloß wollten, es aber nicht tun aus
Angst, sie müßten dann arbeiten.«

239

715 »Gustave Flaubert war ein guter Mensch. Er hatte eine ungeheure Begabung für Begeisterung und Mitgefühl. Aus diesem Grund war er alleweil zornig.« (Anatole France über Flaubert)

716 Aktuelle Berichterstattung im Fernsehen. Etwas Wichtiges, scheint es, hat stattgefunden. Der Sprecher verliest eine dürre Nachricht, die von der Agentur stammt, mehr weiß er nicht. Er gibt deswegen ab an den Korrespondenten in Bonn, der gleichfalls nichts weiß, aber das authentisch. Dann wird Paris abgefragt, London und Moskau dürfen nicht fehlen, auch nicht das Standfoto vom Weißen Haus, vor dem der Korrespondent in flüssigem Deutsch – denn dort stehen die Besten – gleichfalls bekundet, daß nichts weiteres vorliege und aus eigenem hinzufügt, daß die Entwicklung sorgsam beobachtet werde. »Schönen Dank, Volker, nach Washington!« ruft endlich die Zentralperson; es sind acht Minuten gefüllt; der Zuschauer weiß noch immer nichts, aber eben dies weiß er nicht mehr.

717 Es gibt zwei Typen von Einwanderungsländern. Die einen, wie die USA, legen pedantisch fest, welche Leute sie hereinlassen, ökonomisch und sozial integrieren können. Die anderen, für die es bis jetzt nur ein historisches Beispiel gibt, bevorzugen Zuwanderer, mit denen sie nichts anfangen können, aber die sie wenigstens unterstützen wollen.

718 Mir wird eine Polemik gegen einen oft genannten Philosophen zugesendet. Ich lese sie so wenig wie den Philosophen selber, der wegen seiner schlimmen Prosa sich nicht zur Lektüre empfiehlt. Ich vermute auch, daß er die Aufmerksamkeit des Feuilletons nicht überlebt, aber gönn' ihm gern die Nachwelt, in der er so tot sein wird wie in der Gegenwart. – Für die Philosophen gilt das gleiche wie für die Historiker. Zuerst müssen sie Schriftsteller sein, dann kann über alles andere geredet werden, Marquard, Albert, Blumenberg, Korff sind für jeden Leser legitimiert. Von den fremd-

ländischen Quine oder Nisbett oder Lévy-Strauss, der dem Fach
nach nicht dazugehört.

In dem Film »The Untouchables«, dem heroischen Kampf eines be-   719
herzten Polizeitrüppleins gegen das Gangstertum in Chicago gewidmet, gibt es eine eindrucksvolle Szene, die sich für Unterneh-
mensschulungen gut eignete: Ein festlicher Saal mit großer runder
Tafel, an der die Gangster im Smoking für ein Incentive Dinner versammelt sind, zu dem Al Capone, der Vorsitzende, geladen hat. Er
hält eine Rede über Teamgeist, ohne den weder der einzelne noch
das Ganze gedeihen können. Jedesmal, wenn das Kennwort fällt,
murmelt die Runde, keiner will sich ausschließen, jawohl, das
Team, das Team, jawohl. Schließlich kommt Capone darauf zurück,
was solchen droht, die sich dem Teamgeist versagen, nimmt plötzlich aus seinem Rücken einen Baseballschläger hervor und zer-
schlägt mit zwei, drei wuchtigen Hieben den Schädel dessen, der
vor ihm sitzt.

Die Konversion des Politikers Joschka Fischer zum Staatsmann   720
Josef Fischer in bürgerlichem Gewand und bürgerlicher Gesittung
hat das Publikum so entzückt, daß es, in seinen Anblick von Sorge
und Verantwortung für Deutschland und Europa versenkt, überhaupt nicht zu der Frage kommt, ob er denn eine Außenpolitik
habe, wie er sie mache, ob von einem Erfolg zu berichten sei. Sein
Auftritt beantwortet die Frage, die keiner stellt. Wer nicht ange-
fochten wird, ist unangefochten. Seit es die Kleidung nicht mehr
ist, wird die Kritik schäbig.

Im Magazin zum 1. April hatte ich an die Internationale Konferenz   721
zur Bestimmung des grammatischen Geschlechts der Staatennamen
erinnert, die 1933 in San Antonio stattgefunden hatte und heute
vergessen ist. Selbst sonst verläßliche Fachwerke führen sie nicht
mehr auf. Hier muß auf ein Nachschlagewerk verwiesen werden –

Bechtel/Carrière, Dictionaire des Révélations –, das sich nicht nur die Aufgabe gestellt hat, vergessene, unterdrückte, virtuelle Tatbestände aus Politik und Gesellschaft fürs Gedächtnis zu sichern, sondern sie auch löst.

722 Das eherne Lohngesetz. Je angenehmer die Arbeit, desto besser wird sie bezahlt.

29. April 1999

723 Sage mir, welche Zukunft du willst, und ich sage dir, welche Vergangenheit du gerne haben möchtest. Kernsatz aus dem so instruktiven wie materialreichen Aufsatz von Karl Ferdinand Werner über Karl den Großen in der NS-Ideologie.

724 Zwei Leseblüten. D. H. Lawrence schreibt in einem Brief: »Wenn ein Künstler sagt ›meine Arbeit‹, bekomme ich Lust, ihn umzubringen.« Vladimir Nabokov: »Ich habe die Gemälde von Chagall immer unerträglich primitiv und grotesk gefunden.«

725 Zu den Grußformeln im Deutschen findet sich bei Ernst Jünger (»Siebzig verweht V«) folgender Beitrag: »Lakonische Begrüßung: ›Wie gehts?‹ ›Muß!‹« Leser Hüter trägt die wichtige Frankfurter Variante bei: Ei, gude, wie? In der eiligen Fassung: Ei, wie? Bei mehrfacher Begegnung gleichen Tags genügt auch: Ei?, worauf der Begrüßte antwortet: Ei, gud. Die Kürzestform einer Frankfurter Begrüßung heißt immer: Ei? Die Frankfurter Fassung unterscheidet sich wohlgefällig von der kleinbürgerlichen Normalfrage nach dem Befinden dadurch, daß keine Auskunft als Antwort erwartet wird; ähnlich diskret ist die oft zu hörende Antwort auf die niederrheinische Frage »Wie is et?«, aus der Gegenfrage bestehend: »Wie soll et sein?«

Man kann darauf vertrauen, daß die Weltgesundheitsorganisation 726
in Genf sich immer politisch korrekt verhält, wenn auch nicht wissenschaftlich. Der Chef des Instituts für Klinische Pharmakologie
in Hannover, Professor Frölich, macht mich darauf aufmerksam,
daß der Bericht des Generaldirektors über das »Leben im 21. Jahr-
hundert/Der Weltgesundheitsbericht 1998« das Hauptproblem des
neuen Jahrhunderts oder Jahrtausends unterdrückt, nämlich die
Zunahme der Weltbevölkerung, sich dafür aber der Frage zuwendet, wie die den Frauen in zivilisierten Ländern zukommende
höhere Lebenserwartung von sieben Jahren sinnvoll genutzt werden könne. Logischerweise, meint Frölich in einem Brief an den
Generaldirektor, hätte doch zunächst die Frage erwachsen sollen,
»wie wir die Lebenserwartung der Männer verlängern können«.
Die Beschwerde des Professors ist originell; er respektiert nicht, daß
ein Beschwerderecht gegenüber Benachteiligungen nur bestimmten Bevölkerungselementen zusteht, zu denen die Männer nicht
gehören.

Gleich nach der Wende konnte ich beim Familienausflug das 727
berühmte Panorama von Tübke in Thüringen betrachten. Nach
dem Rundgang wurde von dem freundlichen Verwalter, der vordem Besucher anderen Zuschnitts betreut hatte, ein Gästebuch zum
Eintrag vorgelegt. Da war guter Rat nicht zu haben. Schließlich
schrieb ich, gelernt ist gelernt, mit festen Buchstaben: »Ein Meisterwerk der politischen Theologie!« Das gefällt mir heute noch –
dunkel, bedeutend, sinnlos.

Der Obrigkeit ist wieder eine glückliche Wortbildung gelungen: 728
Vorteilsannahme. Daß der Mensch lieber Vorteile annimmt als
Nachteile, ist das Natürlichste von der Welt, eben dies will die deut-
sche Behörde unter Verdacht stellen. Das gelingt auch; das hiesige
Publikum akzeptiert lieber von der Regierung verordnete gleiche
Nachteile für alle als den Vorteil, den ein Beherzter sich erwirbt.
Daß die Vorteilsannahme in kriminellen Zusammenhängen steht,

tut nichts zur Sache, sie soll im Grunde überhaupt nicht sein – wie der Wettbewerb im Juristendeutsch, der nur zusammen mit »unlauter« vorkommt.

729 Die Beobachtung, daß aus den Daheimbleibern auch daheim nichts wird, muß vor dem Einwand von Dr. Richter zurückweichen, der bloß den Namen Kant, des Alleszermalmers, anzuführen brauchte. Ich selber müßte auch auf Wolf Jobst Siedler verweisen, der seiner Geburtsstadt Berlin treu geblieben und ihr bedeutendster Essayist geworden ist, wenn ich mich widerlegen wollte. Aber es bleibt doch allgemeine Wahrheit, daß in großstädtischen Eliten kaum Einheimische vorgefunden werden, daß umgekehrt ein Verharren in Oberhundem, Barsur-Loup oder Salinas/Michigan die Wahl eines Lebenszuschnitts anzeigt, der auf Behagen durch Beschränkung abstellt; Daheim heißt der Ort, in dem anstrengende Karrieren nicht möglich und nicht lohnend sind.

730 Demnächst haben wir drei ehemalige Bundespräsidenten, Herzog, Weizsäcker, Scheel und einen neuen, der schon wie ein ehemaliger aussieht.

11. JULI 1999

731 Eindrucksvoller Abstand zur Zeitgeschichte und ihren Vorurteilen. Warum glauben Sie, hat niemand bemerkt, sagte einst Jorge Luis Borges, daß General Galtieri und Frau Thatcher ein und dieselbe Person sind?

732 Der Bundespräsident hat sich vor einiger Zeit für eine Amtsdauer von sieben Jahren ausgesprochen, ohne die Möglichkeit einer anschließenden Wiederwahl. Was er damit gemeint hat, ist so sympathisch wie klar – er hätte gern noch zwei Jahre weitergemacht,

aber nicht fünf. Ansonsten ist nicht zu sehen, was für eine sieben-jährige Amtsperiode spräche, außer dem magischen Zauber der Sie-ben-Zahl.

Es gibt eine zuverlässige Methode, sich zum Sklaven zu machen – 733
wenn man gute Dienste als Chauffeur oder Dolmetscher für liebe
Freunde erbringt. Ohne einen bösen Willen wird man von den
Nutznießern gleich als Diener oder en canaille behandelt. Man läßt
ihn warten, dann werden Fahranweisungen gegeben; der Sprach-
unkundige schleppt den Gehülfen in Läden, deren Vokabular ihm
selbst auf deutsch fremd ist, und bewegt sich in großer Unbefangenheit gegenüber Personal und Material, weil er sicher ist, jeder-
zeit die Walstatt verlassen zu können, während der andere, mit
Sprachkenntnis geschlagen, auf den Entschuldigungen, Erklärungen pp. sitzenbleibt. Merke: Unkenntnis schützt nicht vor Strafe,
aber vor vielem anderen.

Richard Holbrooke hat sich mit Recht umbenannt. Er ist ein unge- 734
schlachter Wüterich und so ehrgeizig-zupackend wie ein Germane,
der gerade aus dem Unterholz kommt.

Alle Macht geht vom Volke aus – aber nicht dadurch, daß es regiert, 735
sondern dadurch, daß es sich regieren läßt.

Von lieben, mich nicht ganz richtig einschätzenden Freunden find' 736
ich mich in einem Golfhotel untergebracht, nicht allzu viele Mei-
len von Palm Beach entfernt. In den ersten Stunden rettungsloser
Langeweile sehe ich ein Bild zukünftiger Gesellschaft vor mir. Sie
hat sich im angenehmsten Klima der Welt versammelt, vor dem
Haus ist kein Taxi, weil niemand irgendwohin fahren will, im Haus
gibt es keine Zeitung, weil alles aus der Außenwelt nur unerfreulich sein kann; alle Menschen sind freundlich miteinander, die

Konversation sparsam, ihre Gegenstände nicht zahlreich; die Landschaft ist wunderbar gepflegt, die Dienerschaft ganz unsichtbar wirksam; jeder Gedanke an Krankheit, Verbrechen oder andere Mißlichkeit ganz fern, ganz abwegig; eine Ruhe, die völlige Stille wäre, wenn es nicht den Ballknall, das Summen der Caddie-Wagen, das Klingen des Eises im Cocktailglas gäbe; eine in sich gegründete Welt, aus der niemand ausbrechen will, in die niemand eindringen kann. Dies Modell zukünftiger Welt ist nicht für alle gedacht, es wird auch andere geben.

737 Je wichtiger ein Buch ist, desto kürzer darf das Vorwort sein. – Wenn ein Autor ein Buch vorlegt, das ihm selber gut gefällt, dessen er sich sicher ist, hat er keine Lust auf ein langes Vorwort.

738 Placere placet. Das Motto des schönen Hotels Connaught prangt auf den Pantoffeln, den Wappenschildern, die dem Gast den Weg weisen, dem Briefpapier wie dem Geschirr; es könnte sich auch den Herzen der Gäste einpflanzen und Grundsatz einer Minimalethik sein, dem Zusammenleben der Menschen vielleicht eher dienlich als die heroisch-überspannten Gebote, die von den großen Kündern und Propheten ausgehen.

739 Zweihundert Jahre, nachdem Goethe sie erdachte, geht es mit »Weltliteratur« wieder zu Ende. In den vielen Listen, in denen sich amerikanische Komitees zur Jahrhundertwende gefallen, in denen die intellektuellen Höchstleistungen des Jahrhunderts aufgeführt werden, befinden sich unter den ersten zehn Titeln von Romanen oder wissenschaftlichen Büchern nur solche von angelsächsischen Autoren. Kein Proust, kein Mann, kein Borges, kein Max Weber, selten Sigmund Freud. Selbst die anglophonen Gebildeten brauchen keine andere Sprache mehr, ihr Horizont wird kleiner, ohne daß sie es merken, und uns drängen sie aus der Geistesgeschichte hinaus.

Freudestrahlend tritt Norbert Blüm hinzu: »Gerade bin ich zum 740
dritten Mal Enkel geworden.«

25. AUGUST 1999

Es gibt Leute, die sich auf Schnäppchen verstehen, Schleichwege mit 741
Erfolg nutzen können, beim Handeln um Rabatte hübsche Erfolge
heimholen, und andere, die das nicht gut können. Die müssen
streng beachten, daß sie auf ein freundlich vorgezeigtes Sonderan-
gebot nie, aber auch nie eingehen.

Henry Miller hat am 21. November 1942 an Lawrence Durrell 742
geschrieben: »Churchill kündigt an, daß er das Empire nicht aufgeben werde. Diese Bemerkung ist hier nicht sehr freundlich auf-
genommen worden. Wir wollen doch, daß die Engländer ihr
schmutziges Weltreich aufgeben. Weiß das der alte Schwätzer
nicht?«

Das Ziel des Militärs ist Kampf und Sieg, das der Polizei Ruhe und 743
Ordnung, Armeen können nur richtig operieren gegen einen Feind
(der muß kein Verbrecher sein). Die Polizei hat keinen Feind, nur
den Gesetzesbrecher, der stillgestellt werden muß. Für Tyrannen
wird jeder Konflikt zum Krieg, innen wie außen; den Unterschied
von Polizei und Armee heben sie auf. Moralisch aufgepumpte
Demokratien führen Straf-Aktionen statt Kriegen und setzen ihre
Soldaten als Polizisten ein.

Gelegentlich kommen Einladungen, zu einer Anthologie beizutra- 744
gen. Das Oberthema ist plausibel, die eingeladenen Schreiber sind
alle honorige Leute, das Honorarangebot ist schäbig, scheint aber
den Verleger nicht zu genieren. Der Versuchung mitzumachen, wo-
zu die Eitelkeit rät, muß widerstanden werden. Schon öfter habe ich

die Erfahrung gemacht, daß die ordentlichste Anthologie (es geht nicht um Lyrik oder seltene erhabene Prosa aus Jahrhunderten) bei Kritikern, Lesern und Käufern einen Erfolg hat, der nicht einmal als Achtungserfolg auszugeben ist. Bücher mit Stücken mehrerer Autoren sind mühsam zu rezensieren, der Käufer soll vierundzwanzig Stücke bezahlen, wenn ihn nur eines interessiert. Nur der Herausgeber der Anthologie hat regelmäßig wirklichen Gewinn – die geringste Arbeit, das höchste Honorar, die Ehre der Gesamtautorschaft. Der verstorbene Werner Höfer gehörte zu den Meistern solcher Veranstaltungen, konnte auch erfolgreich einladen, weil er zugleich Einlader zu Fernsehsendungen war; keines der Werke ist noch in den Buchhandlungen oder in der Erinnerung.

745 Ich kenne Schriftsteller, die ihren Ruhm selber allmählich zugrunde schreiben, indem sie bei ihrem erfolgreichen Thema bleiben und ein Buch auf das andere folgen lassen.

746 Erzählung von George Turner. Wie man die drei baltischen Staaten unterscheide: an ihrer Bettelei. In Litauen wird demütig-katholisch gebettelt, in Lettland frech und fordernd, in Estland entschieden, aber immer mit dem Angebot einer Gegenleistung, den Weg zu weisen, ein Gepäckstück zu tragen etc. Daran der Charakter und der ökonomische Erfolg der drei Länder auch erkennbar: Litauen mäßig, Lettland wenig, Estland am besten.

747 Politisches Gespräch mit einer großen Zahl erstklassiger Unternehmer. Keiner von ihnen mag sich anderes vorstellen, keiner bekundet anderes, als daß jede politische größere Krise durch den Einsatz von Barmitteln gelöst werden könne. So ist auch der Glaube allgemein, daß, wenn man den Russen nur genügend Geld böte, sie von der Unterstützung der Serben ablassen und sich auf eine für den Westen erfreuliche Beilegung dieses Krieges einlassen würden.

Wir sind fast am Ziel! Unser breakeven ist schon am Horizont zu   748
sehen! ruft der Manager frohgemut aus. Er hat die Eigentümlichkeit des Horizonts nicht bedacht, der genau um den Schritt zurück-
weicht, den man in seine Richtung tut.

Wer ein Taxi benutzt, wird über die soziale Ordnung belehrt. Der   749
Fahrer muß nicht fragen, ob er seine Radiomusik weiter dröhnen
lassen dürfe; der Fahrgast ist es, der um Ruhe bitten muß.

9. JULI 1999

Marzipan in der Stolle. Der Wunsch, das Gute noch besser zu   751
machen, hat schon viel verdorben.

Maria Jana Korbelova sind schon zwei Biographien gewidmet; sie   752
heißt heute Madeleine Albright und ist Außenminister der Vereinigten Staaten. Die energische Frau ist als Jüdin in Prag zur Welt
gekommen, was, wie sie behauptete, ihr unbekannt geblieben sei
und was beide Biographen ihr nicht glauben; sie wurde zu Beginn
des Zweiten Weltkrieges in England katholisch und später, als sie
in Amerika einen reichen Mann heiratete, ihm zuliebe protestantisch. Sie ist es geblieben – eine richtige Entscheidung, weil man den
Charakter des Katholischen oder des Jüdischen, theologisch recht
betrachtet, nicht ablegen kann, aber protestantisch sein muß, um es
zu bleiben. Sie hat sich sehr früh politisch engagiert, Geld gesammelt für Senator Muskie, Ideen gesammelt bei Zbigniew Brze-
zinski, nie als besonders gescheit gegolten, doch fleißig und ambi-
tioniert. Der britische Botschafter hatte seinem Amt bei ihrem
ersten großen Auftritt gemeldet, sie sei am besten bei allgemeinen
Themen und vor einem Mikrophon. Sie selber sieht sich zu intellektuellen Zeugnissen über andere wohl in der Lage und hat beispielsweise über ihren Kollegen vom Verteidigungsressort geschrieben, als er noch Senator war, Cohen habe eine übermäßige

Meinung von seinen intellektuellen Fähigkeiten, aber sei ein schlauer Streber und werde deshalb mehr reden als andere. Das letzte ist nicht richtig; aber sicher die Feststellung, Albrights Karriere sei die einer Quotenfrau – ein Mann mit gleicher Bildung und Erfahrung wäre nicht Außenminister geworden. Jetzt ist sie's aber, und die Welt muß mit ihr auskommen.

753   Im Bundestag gibt es einen Abgeordneten, der Caesar heißt, mit Vornamen Cajus Julius. Er ist in Rom nicht der Zweite, aber in Kalltal auch nicht der Erste.

754   Anderswo wird einem zu jeder Stunde des Tages und der Nacht ein Essen gebracht. Anderswo mietet man sich einen Besorger, der die Gänge zu den Ämtern erledigt oder die lange Liste von Einkäufen abarbeitet. Anderswo werden in den Hotels und auf der Straße die Schuhe geputzt. Anderswo wird im Supermarkt an der Kasse die Fülle der Waren vom freundlichen Personal in eine Tüte getan und übergeben. Anderswo stehen in den Kaufhäusern uniformierte Verkäuferinnen und Verkäufer, eilen, munter in England, mürrisch in Frankreich, herbei, dem Kunden zu helfen. Das alles kostet Geld. Aber es ist mühsam, in einem Land zu leben, in dem für's bloß Bequeme, bloß Angenehme kein Geld ausgegeben werden kann, darf oder soll.

19. Juli 1999

755   Niemand ist vor seinem Tode glücklich zu preisen. Nach dem Tode auch nicht. Niemand kann wissen, wie glücklich oder unglücklich einer gewesen ist. In dem ewig Unzufriedenen kann ein Kern des Behagens stecken wie im Glückstrahlenden der nagende Wurm des Ungenügens.

Konrad Adam

Staat machen

Warum die neue Mitte keine ist und wir die alte Mitte brauchen

160 Seiten, Leinen

»Adam setzt auf einen Konservatismus, der den Staat nicht von oben denkt, sondern von unten her, als eine Veranstaltung von Bürgern, die sich über den Wert ihrer Freiheit im klaren und ebendeshalb nicht dazu bereit sind, für wirtschaftliche Annehmlichkeiten einen politischen Preis zu zahlen.«   *FAZ*

»Die Regierung, so Adam, wurde im Herbst 1998 nicht eigentlich abgelöst, sondern nur ersetzt. Die Position des kritischen Blicks kann bis auf weiteres beibehalten werden. Neu ist nur, dass Adams Charakterisierung Gerhard Schröders inzwischen auf Seiten der Linken weitgehend geteilt wird. In postideologischen Zeiten richten sich die Affekte nicht mehr auf Weltbilder, sondern auf den Habitus der Stellvertreter. An die Stelle der Harmlosigkeit Kohls ist Schröders diabolische Unberechenbarkeit getreten. Woran rüttelt der Mann, da er den Zaun des Kanzleramtes überwunden hat?«

Frankfurter Rundschau

»Adam formuliert polemisch. Mitunter genußvoll höhnisch.«   *NDR*

Siedler

Hartmut Boockmann

Wissen und Widerstand

Geschichte der deutschen Universität

288 Seiten, Abbildungen, Leinen

»Boockmann hat eine Vorliebe für leichthin tot genannte Gegenstände wie etwa Urkunden, Gebäude und Gebrauchsgegenstände aus alter Zeit. Und er versteht es, sie ganz erstaunlich lebendig werden zu lassen. Er hat die Gabe, sich in fremde Ansichten und Gefühle hineinzuversetzen und damit Fragen in die Hand zu bekommen, die bisher noch niemals gestellt worden sind, um von den Antworten zu schweigen. Er liebt die Realien, bleibt aber nie bei ihnen stehen, sondern arrangiert sie so, dass sie von sich aus zu erzählen beginnen.«
Frankfurter Allgemeine Zeitung

»Der große Atem ist überall zu spüren, der ihn befähigte, auch im Kleinen das Große durchscheinen zu lassen.«
Wolf Jobst Siedler

Siedler

David S. Landes

Wohlstand und Armut der Nationen

Warum die einen reich und die anderen arm sind

684 Seiten, Karten, Leinen

Warum sind Armut und Wohlstand zwischen den Nationen so ungleich verteilt? In seiner umfassenden Geschichte über die Weltwirtschaft der letzten 600 Jahre kommt David Landes, einer der führenden westlichen Wirtschaftshistoriker, zu provozierenden Antworten.

»Selten ist die Lektüre einer wissenschaftlichen Darstellung so kurzweilig und anregend, aber doch auch so herausfordernd und gewohnte Sichtweise in Frage stellend wie in diesem Fall. Landes' Buch ist ein Glückstreffer der Wirtschaftsgeschichtsschreibung, die gerade in Deutschland während der vergangenen Jahrzehnte recht dröge geworden ist.« *DIE ZEIT*

Siedler

Schutzumschlag: Rothfos + Gabler
Satz: Bongé + Partner, Berlin
Druck und Buchbinder: GGP, Pößneck
Printed in Germany 1999
ISBN 3-88680-625-1
Erste Auflage